DUNCAN MINSHULL

Von Wegen und Umwegen

Betrachtungen über ein Leben zu Fuß

Aus dem Englischen von
Reiner Pfleiderer, Friedrich Pflüger, Elsbeth Ranke,
Stephanie Singh, Wolfram Ströle

HarperCollins

Die Originalausgabe erschien 2022 unter dem Titel
Where My Feet Fall. Going for a Walk in Twenty Stories
bei William Collins, London.

1. Auflage 2023
© 2022 by Duncan Minshull
Deutsche Erstausgabe
© 2023 für die deutschsprachige Ausgabe
by HarperCollins in der
Verlagsgruppe HarperCollins Deutschland GmbH, Hamburg
Published by arrangement with
William Collins, an imprint of HarperCollins *Publishers*, London
Gesetzt aus der Garamond Premier Pro
von GGP Media GmbH, Pößneck
Druck und Bindung von CPI books GmbH, Leck
Printed in Germany
ISBN 978-3-365-00455-5
www.harpercollins.de

Dem Andenken an meine spazierende Mutter
June Minshull, 1931–2021

Inhalt

Einleitung

Bevor Sie den wunderbaren Wanderern und Spaziergängern in *Von Wegen und Umwegen* auf den Seiten dieses Buches folgen, zunächst ein kurzer Blick zurück – in den April 1336: zu dem Tag, an dem der Dichter Petrarca »in milder Luft« die zerklüftete Flanke des Mont Ventoux in Südfrankreich bestieg. Er hatte viel zu erzählen – über Mitreisende, die Gegend, den Aufstieg und den Blick in die Ferne. So schuf er wohl eine der ersten Betrachtungen, die sich ausschließlich einer Wanderung widmete. Er fragte darin nach den Gründen, warum jemand zu Fuß geht, und er notierte auch, wie erfüllend dies sein kann. Sein Text war wegweisend.

Der Weg, der sich öffnete, führte etwa zu den englischen Romantikern (Samuel Taylor Coleridge, die beiden Wordsworths), die in erhabener Prosa und Dichtung das Betreten der Natur in Worte fassten. Ein anderer, William Hazlitt, wanderte, um über das Wandern selbst nachzudenken. In einem populären Essay riet er dazu, lieber allein aufzubrechen, weil unsere Freunde viel redeten und die Aussicht versperrten. Auf die Romantiker folgten die Viktorianer und Edwardianer, aufmerksame Beobachter einer Blütezeit des Zufußgehens, in dem sie mehr sahen als die bloße Notwendigkeit (in Armut) oder die Möglichkeit zur Erholung (in Wohlstand). Sie sprachen davon, urbane und nicht näher bestimmte Orte zu durchstreifen, und ließen sich dabei auf die geistige Dimension des Gehens ein. Charles Dickens erklärte, er müsse womöglich »explodieren und umkommen«, könnte er nicht immer in der Morgen- und Abenddämmerung das Haus verlassen. Virginia Woolf sagte Ähnliches über ihre nächtlichen Spaziergänge.

Und was sehen wir, wenn wir uns nach diesem Rückblick der jüngeren Vergangenheit zuwenden? Ein Bedürfnis nach Luft und Bewegung, nach Ausblicken, Geräuschen und Gerüchen, nach Entschleunigung und einer Offenbarung der Welt hat es immer gegeben. Aber geht es bei unseren Spaziergängen nicht um mehr? Wenn wir in der Natur sind, konzentrieren wir uns zunehmend auf Umweltprobleme und die »richtige Art« zu wandern. Unterwegs in der Stadt analysieren wir, wie unsere Umgebung uns beeinflusst (wir sind jetzt alle Psychogeographen), und verzichten bereitwillig aufs Auto. Wir sind ständig in Bewegung, mal um zur Ruhe zu kommen, mal um die Gedanken anzuregen. Und oft, Mr. Hazlitt, sind wir aus Gründen der Geselligkeit sogar in größeren Gruppen unterwegs. Es gibt immer mehr Gruppenwanderungen, es gibt weiterhin Pilgerreisen. Protestmärsche und Umzüge sind allgegenwärtig. In Scharen stürmen wir Stadien, Geschäfte und so weiter. Gemeinsam ebnen wir den Weg.

Festgehalten werden solche Ausflüge in Reiseberichten und Memoiren, in Naturschilderungen und Sozialgeschichten. Doch für mich ist es die kürzere Betrachtung, verdichtet oder lose hingeworfen, die den Verlauf einer Wanderung am besten einfängt. Wie befriedigend sich eine Strecke von fünf bis acht Kilometern in drei- bis viertausend Wörtern entfaltet!

Man erfährt vom Warum, Wie und Wozu dieser elementaren Tätigkeit, von ihren Richtungsänderungen und Stimmungswechseln, ihrem Rhythmus, wie er sich im Rhythmus der Zeilen abbildet. Dickens, der unermüdliche Wanderer, hat es auf den Punkt gebracht. Beim Gehen, sagte er, »passiert immer etwas«. Ganz gleich, ob es im Kopf oder auf dem Weg vor einem passiert, immer kann man es in Essaylänge aufschreiben. Was mich nach einigem Hin und Her zum Ziel dieses Buchs bringt. Ich habe zwanzig Autorinnen und Autoren gebeten, ganz einfach von einer Reise zu erzählen, die sie gemacht haben. Also auf geht's, damit wir nicht vom Weg abkommen.

* * *

Die Autorinnen und Autoren, die aus verschiedenen Teilen der Welt stammen und ganz verschiedene Gegenden bereist haben, hatten die Wahl: Sie konnten sich an eine Wanderung von früher erinnern oder von einem gerade bestandenen Abenteuer berichten. Die Einladung erfolgte zu Beginn der Pandemie 2020 mit all ihren Einschränkungen. Trotzdem haben sich eine ganze Reihe von ihnen für die zweite Option entschieden. Dass die Pandemie ihre Berichte nicht überschattet, ist schon mal positiv zu vermerken. Vielleicht liegt es daran, dass Erleichterung, Freiheit und Freude des Aufbruchs für drei Stunden oder auch drei Tage eine alternative Welt eröffnet haben. Eine Reise zu Fuß kann das bewirken.

Die zwanzig sagten also zu und trafen ihre Vorbereitungen. Dabei unterschieden sich im Großen und Ganzen zwei Typen. Die einen stellen die Tätigkeit in den Mittelpunkt – nennen wir sie die wandernden Autoren. Sie befinden sich auf den Spuren eines Dickens und einer Woolf, sind aber weniger rigoros als ein Hazlitt. Und dann gibt es die Neulinge, deren

Schritte bis dahin noch auf keiner Buchseite ihre Spuren hinterlassen haben. Hinzu kommen noch einige spazierende Ausreißer. Harland Miller schreibt, er hätte Spazierengehen »eigentlich immer gehasst«, und erinnert sich dann an ein durch Benzinmangel verursachtes Erlebnis, das ihm in Erinnerung geblieben ist – und sich sogar »gelohnt« hat. Derweil eröffnet Richard Ford die Sammlung mit gemischten Gefühlen – er hat nicht die richtige Ausrüstung, mag kein schlechtes Wetter, ist aber oft draußen und damit eigentlich auch ganz zufrieden. Man kennt das.

Ford gebraucht für die Gemeinschaft der Wanderer den schillernd-schönen Begriff der Kavalkade, der einen feierlichen Reiteraufzug beschreibt. Es war mein Wunsch, dass dieser Aufzug in *Von Wegen und Umwegen* so viele Gegenden wie möglich erreicht. So wird in Großbritannien gewandert und in Europa, in Nordamerika und Australien, Indien, Pakistan und Japan. Am hellen Tag, in der Dämmerung und bei Nacht, bei Regen, Sonnenschein und Schnee. Und wohin führen die Wanderungen? Einige erklimmen Höhen (nicht unbedingt den Mont Ventoux, aber A. L. Kennedy besteigt immerhin eine Flanke des Skiddaw in Cumbria), andere erkunden die Natur in der Ebene, wandern über Wiesen und durch Wälder und an Seeufern und Küsten entlang. Und immer wieder lockt das städtische Pflaster, aber auch schwerer zu definierende Orte, die sich etwa in der Vorstadt oder in einem unbestimmten Dazwischen befinden.

Manchmal sind diese Orte so ungewöhnlich, dass es einen Grund – oder sogar ein Anliegen – braucht, sie zu erkunden. Oder man lässt sich einfach ohne Erwartung treiben. Das hilft Kathleen Rooney auf dem Heimweg vom Horseshoe Casino in Hammond, Indiana, zurück in ihr Viertel in Edgewater, Chicago. Überall gibt es lärmende Straßen, seltsame Schilder und unheimliche Dinge, die Unternehmung ist kein Vergnügen, in ihrer Nacherzählung wird sie dennoch reichhaltig. Mit dergleichen Neugierde, wahrscheinlich aber mit größerer Hingabe, »schweift« Will Self einmal mehr durch die Weiten des östlichen Kent, wo rauchende Schornsteine, rostige Geschütztürme und metallisch schimmernde Gewässer ihm die Ahnung einer neuen Erhabenheit vermitteln. Und was die Vorstadt angeht, so wohnt Pico Iyer in einer, nämlich in Nara unweit von Tokio. Auf seinen täglichen Spaziergängen notiert er, wie das Alte (der Schrein) und das Neue (der Beauty-Salon) seltsam nah beieinanderliegen – und wie das zähnefletschende Knurren eines Hundes am Tor seinen Status als »Fremder« an diesem Zwischenort bezeugt.

Von den Höhen also hinab in die Niederungen des städtischen Pflasters. Zehntausende verschiedenartiger Schritte in verschiedenartigem Schuhwerk, genossen »in milder Luft«. Und doch haben viele unserer Wanderungen und Spaziergänge etwas gemeinsam – die körperliche Betätigung genauso wie die innere Reise als wichtigen Teil unserer Erfahrung. Nämlich immer dann, wenn unsere Gedanken sich ebenfalls auf den Weg machen.

Eine Gestalt betritt den Mühlenbecker Forst nördlich von Berlin: »Regen. So viel, dass ich nicht über den Rand meiner Kapuze hinaussehen kann. Er fällt wie eine Wand, schräg und von der Seite, getrieben von Böen. Der Regen weht im Wind wie Wäsche an der Leine.« Und trotz des schlechten Wetters sind die Sinne überwiegend hellwach. Der Gesichtssinn auf jeden Fall und der Hörsinn (»knirschen« und »schmatzen«) ebenso wie das Fühlen (der »dichte Tonboden« unter den Füßen). Und obwohl es nicht direkt gesagt wird, meint man die verschiedenen Düfte zu riechen, die über dieses Land der Kiefern und des Efeus dahinziehen. Wundersame

13

Entdeckungen auf dem Waldboden wie »gelbe Pfifferlinge« zeugen von einem schönen Tag an der frischen Luft und davon, dass man schon ganze sieben Kilometer zurückgelegt hat. Doch Jessica J. Lees Spaziergang beschränkt sich nicht auf den Weg vor ihr, er findet genauso in ihrem Kopf statt. Sie denkt über die Geschichte des nahegelegenen Schlosses Dammsmühle nach und erinnert sich, wie sie sich zu verschiedenen Jahreszeiten und Gelegenheiten in dieser Gegend aufgehalten hat. Schließlich wird der anhaltende Regen zum Omen, dass dies ihr womöglich letzter Besuch im Mühlenbecker Forst sein könnte.

Auf trockenerem Gelände, dem Jakobsweg, bewegt sich Ingrid Persaud, die sich als Anfängerin versteht: »Ich hatte vergessen, mich auf die Reise vorzubereiten. Mit ›vergessen‹ meine ich, dass ich mir wirklich überhaupt keine Gedanken gemacht hatte.« Doch ist sie eine scharfe Beobachterin der Leute, denen sie begegnet (und die ihr begegnen), und trotz großer Erschöpfung nach drei heißen Tagen scheint ihre innere Reise in keiner Weise beeinträchtigt: »Merkwürdigerweise entspannte ich mich jedoch mental immer mehr. Ich dachte an gar nichts und konzentrierte mich einfach nur auf das Gehen selbst. Sogar wenn der Schmerz größer wurde, blieb mein Geist klar.« Sie wird es doch hoffentlich zum heiligen Jakob schaffen?

Einem anderen vielbesuchten Weg folgt Joanna Kavenna, nämlich einem Abschnitt des Fernwanderwegs Grande Randonnée 4 ab dem südfranzösischen Grasse. Sie denkt dabei an alles Mögliche, an »die verrücktesten Dinge«, nur nicht an die Richtung, in die sie wandert. Es geht nicht um das Ziel, sondern mehr um die nächste Erscheinung, das nächste Traumbild. Welche Abenteuer stehen ihr unterwegs noch bevor?

Mir hat immer die Vorstellung gefallen, dass ein Weg, der sich gerade und eben vor uns erstreckt und uns einlädt voranzukommen, uns zugleich unwillkürlich rückwärtsgehen lässt. Es sind Zeitreisen auf zwei Beinen, weil der Rhythmus unserer Schritte alle möglichen Erinnerungen und vergessenen Augenblicke in uns beschwört. Doch andere haben das besser formuliert. Etwa Agnès Poirier, zu den meisten Zeiten ihres Pariser Lebens eine *flâneuse* (und Paris ist nach Meinung des Herausgebers *die* Stadt der Fußgänger), Cynan Jones, wenn er von Stein zu Stein über einen winterlichen Strand in Wales springt, oder Sally Bayley, wenn sie sich bei einem mittäglichen Spaziergang auf dem geschwungenen Maltravers Drive im Sussex ihrer Kindheit erinnert.

Um bei der Idee der Zeitreise zu bleiben – kann man dabei auch einen verwandten Geist begleiten? Sinéad Gleeson reiht sich in die Menschenströme von New York ein: »*Links, rechts, links, rechts,* die Lunge voller Luft«, registriert alle Eindrücke und denkt daran, wie eindringlich die Schriftstellerin Maeve Brennan hier Szenen der 1940er- bis 1960er-Jahre eingefangen hat. Jede Menge Luft brauchen Tim Parks und seine Gefährtin Eleonora, wenn sie mit den Stiefelschritten Hauptmann De Cristoforis' mithalten wollen, einem Freund Giuseppe Garibaldis. Ein Bericht über den letzten Marsch des Hauptmanns inspiriert ihre eigene Wanderung durch die Lombardei, das Seenland Norditaliens: »Sonnenhüte ... Sonnencreme. Sonnenbrille ... Sonnenbrand.« Und in den malerischen Orten, an denen sie vorbeikommen, haben alle einen Hund.

Wie sich herausstellt, geht es in diesem Buch nicht nur um uns beschuhte und gestiefelte Zweibeiner. Vielmehr begegnet man auf den folgenden Seiten einer ganzen Kavalkade weiterer vertrauter wie überraschender Wesen. Etwa nächtlichen Schafen, galizischem Blondvieh, Füchsen vermutlich, Kojoten und

Bären, außerdem dem Tasmanischen Teufel und dem »Raego-wrapper«. Und als Bestätigung dafür, dass die Welt uns zu Fuß näherkommt, spürt Josephine Rowe auf ihrem Gang durch die Natur von Bar Haven, Neufundland, der Anwesenheit von Elchen und deren Liegeplätzen nach.

Und ja, alle haben einen Hund ... Hunde verkünden den Wanderern Wahrheiten. Einige bellen nur von ferne, aber Pico Iyer wird auf seinem Spaziergang durch den Vorort Nara angeknurrt, weil er den Buttergeruch des Fremden verströmt. Die Hunde, die Delhis Gehwege bevölkern, teilt Keshava Guha, ein Einwohner der Stadt, im Wesentlichen in zwei Gruppen ein: die Straßenhunde, denen man sich auf eigene Gefahr nähert, und auf der anderen Seite die von auswärts eingeführten häuslich braven Bernhardiner und Alaskan Malamutes. Sogar einen Husky kann Guha in seiner von der Pandemie so schwer getroffenen Stadt begrüßen: »Sobald ich mich ihm nähere, stellt er sich auf die Hinterbeine und dann drückt er mir zwei Pfoten fest ins Kreuz. Während der Pandemie 2020 war er über ein Jahr lang der Einzige, den ich umarmt habe.«

Andere Autoren sind selbst mit Hund anzutreffen. Patrick Gale wird daran erinnert, vom Schreibtisch aufzustehen und nach draußen zu gehen, »wenn der Whippet mit unerbittlicher Pünktlichkeit seine kleinen scharfen Pfoten auf meinen Oberschenkel legt«. Nicholas Shakespeare geht spätabends mit einem Golden Retriever namens Sancho (benannt nach Sancho Panza und einem Fußballer, wie er mir einmal sagte) an die frische Luft und sieht zu, wie sein vierbeiniger Gefährte sich in der Dunkelheit auflöst, wieder auftaucht und dabei wie ein »Glühwürmchen« leuchtet. Das bewirkt die Nacht, egal ob in der Stadt oder auf einer Landstraße in Wiltshire: Sie verändert, was wir am Tag sehen, und schafft neue Formen und Geräusche. Sie verändert auch das Verhalten. An einem anderen Ort führt ein anderer Hund sein Herrchen in einem munteren Tanz durch East London, wo eine Menge interessanter Abfälle herumliegen. Auf einem zweiten Spaziergang gelangen die beiden ans Ufer eines kleinen Sees, wo »begrabene Geheimnisse« zur Oberfläche aufsteigen. Das Erlebnis mit dem Beagle Gogo erinnert Irenosen Okojie an eine anhaltende »Unruhe« in ihren Gliedern.

* * *

Im Zuge seiner Vorbereitungen auf den Mont Ventoux denkt Petrarca ausführlich darüber nach, wen er mitnehmen soll, und diese Überlegungen sind der beste Teil der Geschichte (er wird einen Bruder fragen und die beiden werden sich viel zanken). Ich kann nicht umhin, die einsamen Wanderer zu bewundern – ob sie nun auf dem nordenglischen Skiddaw unterwegs sind, an den Küsten der Insel Grain oder auf dem harten Standstreifen einer Autobahn, aber ich schließe mich wie der Dichter denjenigen an, die lieber in Gesellschaft wandern. Auch Richard Ford tut das am liebsten. Und Ingrid Persaud und Agnés Poirier fühlen sich dabei sogar zu den Ritualen der Pilgerreise und des Protestmarsches hingezogen und stimmen eigene Marschlieder an. Sind sie nicht leise zu hören?

Darüber hinaus sind Freundschaften wichtig und werden durch eine Wanderung gefestigt. Kamila Shamsie beschließt diese Aufzählung spazierender und wandernder Schriftsteller. Sie ist in einer Stadt unterwegs, die nicht für ihre Spaziergänger bekannt ist (Leute aus Karachi sollten sich einen »Rundweg« in ihrem Viertel suchen). Aber welch ein Vergnügen ist es doch, mit der Schwester und zwei Freundinnen im Schlepptau den örtlichen Strand aufzusuchen. Natürlich sind die vier verschieden: Nur zwei wohnen vor Ort, zwei sind »Schleiche-rinnen« und zwei »Raserinnen«. Aber der Ausflug bringt ih-nen schon bald Erkenntnisse:

> Wir warten auf die anderen beiden, damit ich Zehra
> sagen kann, dass sie auf den Rang der Schleicherin
> abgerutscht ist. »Nein, nein«, sagte Zehra. »Ich
> habe dich beobachtet. Du bist langsamer geworden.
> Wir alle haben uns einander angepasst.«
> Das entzückt uns alle, als sei es der Beweis für
> das Geben und Nehmen im Zentrum unserer
> Freundschaft.

Was mich nach einigen weiteren Verwicklungen zu Ihnen führt, meine wandernden Leserinnen und Leser und (wie ich hoffe) glücklichen Besitzer dieses Buches. Ob allein oder mit anderen, auf einem Gipfel oder auf einer Straße, im Hellen oder im Dunkeln, mit Hund oder ohne – mögen die in den folgenden Kapiteln gemachten Schritte Sie anregen, berühren und erheitern. Vielleicht sollten wir gerade in diesen Zeiten mehr denn je zu Fuß gehen. Vielleicht steht uns ja ein goldenes Zeitalter des Wanderns und Spazierens bevor. Wenn ja, dann sollten wir uns unverzüglich auf den Weg machen. Vorwärts ... *avanti ... anvanzar ... zenshin suru!*

Duncan Minshull
Februar 2022

Vom Spazierengehen und Aufbrechen

Richard Ford

Für mich ist die Vorbereitung auf einen Spaziergang ziemlich einfach. Ich entstamme keinem alten Geschlecht erfahrener Sporttreibender und war nie ein besonders eindrucksvoller Athlet. Vor einem Spaziergang lass ich mich daher bestenfalls dazu herab, ein paar nicht völlig unpassende Schuhe aufzutreiben: Sneakers, vielleicht sogar Segelschuhe, aber immerhin keine Budapester oder Flipflops. Meistens trage ich, was ich ohnehin gerade anhabe, wenn mich die Wanderlust packt – eher ans Wetter als ans Spazieren angepasste Kleidung und ganz bestimmt nichts »Wanderspezifisches« wie diese eierquetschenden Lycrahosen ambitionierter Radfahrer, bei deren Anblick mich immer ein gewisses Unbehagen hinsichtlich ihrer Träger beschleicht. Anders gesagt neige ich nicht zum *vorausschauend* geplanten Spaziergang. Wenn ich dies täte, käme mir das Ganze bedeutender vor, als ich ertragen könnte.

Allerdings *muss* bei mir eine bewusste Entscheidung zum Spazierengehen fallen; ich würde nicht einfach so zur Haustür hinausschlendern und losziehen. Zu bestimmten Zeiten im Jahr bin ich an vielen Tagen unterwegs – doch bestimmt nicht täglich und nicht in allen Jahreszeiten. Manchmal komme ich auf sechs Kilometer (meistens weniger), aber nie in flottem Tempo. Wandern ist für mich weder instinktiv noch alltäglich, vom Gehen durchs Zimmer einmal abgesehen oder dem Gassigehen mit dem Hund – also dem Gehen zu einem bestimmten Zweck. Mein Gehen um des – wenn man so will – Gehens willen ist für mich nicht ganz Pflicht, aber auch nicht ganz Vergnügen. Es ist eher, als würde ich einer etwas langweiligen Arbeit nachgehen, bei der ich der Chef bin. Im besten Fall ist das Gehen für mich in etwa wie eine mittellange Zugreise zweiter Klasse, bei der ich die Nase an die kühle Scheibe drücken und die Welt wie im Traum an mir vorbeiziehen lassen kann.

Ich gehe eher gegen Ende eines Tages spazieren, weil die Stunden zuvor meist mit Interessantem und Wichtigem angefüllt sind, das ich lieber erledige als das Wandern. Und ich brauche mich vorher ganz bestimmt nicht »aufzuwärmen« – mit Dehnübungen oder tiefen Kniebeugen (die ich vor dem Squashspielen *immer* mache). Einem Aufwärmen komme ich am ehesten beim Gerangel mit meinem inneren Schweinehund nahe, der mich nur allzu leicht dazu bringt, gar nicht zu laufen, sondern stattdessen ein Buch zu lesen, etwas im Fernsehen anzusehen oder mir einen Drink zu gönnen. Kann ich allerdings meine Frau zu einem Spaziergang überreden, dann ist das in jedem Fall besser. Wir können uns dann währenddessen unterhalten, was mich auf andere Gedanken bringt. Allein zu gehen ist für mich offen gestanden immer eine Geduldsprobe.

Meistens laufe ich durch die gepflasterten Straßen unserer Kleinstadt hier an der Küste von Maine mit ihren Häusern und Autos und anderen Fußgängern, doch es gibt auch Wälder, in denen sich hin und wieder Kojoten, Bären und manchmal auch tollwütige Füchse tummeln, sodass ich mich deutlich besser fühle, wenn ich unterwegs einen soliden Stock zur Verteidigung gegen solche Kreaturen in der Hand habe, was den Abenteuerquotienten einer jeden Wanderung ein bisschen steigert. Doch selbst ohne derlei Störungen kann ich mich nur allzu leicht gegen das Spazierengehen entscheiden: Meistens ist dann das Wetter schuld (zu warm, zu kalt, es regnet, es schneit, zu windig, zu windstill). Auch die kleinste körperliche Beeinträchtigung wird mich vom Laufen abhalten. Es dürfen wirklich *keine* Hinderungsgründe bestehen, die mir in den Sinn kommen könnten – wie beispielsweise etwas Unangenehmes, das ich danach erledigen muss. Oder etwas Angenehmes.

Wahrscheinlich muss ich zum Spazierengehen einfach in der passenden Gemütsverfassung sein. Dabei bin ich gar nicht wählerisch, welche Gemütsverfassung das nun ist, so wie ich bei der Bekleidung fürs Laufen nicht wählerisch bin. Ein Leistungsziel habe ich beim Wandern niemals bewusst im Sinn – eine bestimmte Entfernung zu schaffen, eine bestimmte Runde zu laufen oder gar die verwendete Zeit zu messen. Derlei überflüssige Gedanken würden mich nur von dem ablenken, was immer ich dafür *bekomme*, dass ich laufe. Allerdings habe ich bemerkt, dass ich mich manchmal zu einem Spaziergang entschließe, wenn ich schlecht gelaunt bin – was bei einem Romanschriftsteller nicht selten vorkommt –, denn wie es scheint, kann ich die Reizbarkeit aus mir »herauslaufen« und deutlich munterer nach Hause kommen. Gleichwohl ziehe ich nie los, um mir »über etwas klar zu werden«. Ich habe das bereits versucht. Es funktioniert nicht. Umgekehrt gehe ich auch laufen, wenn ich energiegeladen und zuversichtlich bin, als würde ich meine gute Laune verschwenden, wenn ich nicht etwas *damit anstelle*. Die Entscheidung für eine Spazierrunde kann aber auch darauf hindeuten, dass ich nicht genug Energie zum Squash habe oder schlicht keine Lust, einkaufen zu gehen. Wenn ich aber auf »meine Runde« (wie meine Frau dazu sagt) verzichte, habe ich im Allgemeinen kein Problem damit – als würde es keine Rolle spielen, ob ich nun spazieren gehe oder nicht. Manchmal (und es könnte mit dem Alter zu tun haben) drehe ich meine Runde tatsächlich *nicht*, erinnere mich aber falsch und glaube, ich hätte sie gedreht – und fühle mich in diesem Fall praktisch gleich.

Ich bin davon überzeugt, dass mir das Laufen guttut, obwohl ich eigentlich nicht weiß, *wie gut* oder warum. Vielleicht ist das Spazierengehen, wie ich es betreibe, in etwa so, als ob ich zwei filterlose französische Zigaretten am Tag nicht rauche – was ich ohnehin nicht tun würde. Wie bei allen medizinischen Erkenntnissen über das Laufen geht man allgemein von positiven Auswirkungen aus, solange man sich nicht verletzt. Wenn man es so betrachtet, muss ich einräumen, dass das Laufen eine Tätigkeit ist, die ich *anstelle* einer anderen wähle – dem Drink beispielsweise, weil bei mir beides etwa um die gleiche Tageszeit stattfindet. Manchmal drehe ich, wie mir wohl bewusst ist, sogar extra meine Runde, um den Drink aufzuschieben und eine Belohnung für später daraus zu machen.

Oh, ich weiß, es gibt passionierte Wanderer mit völlig anderen Ansichten zum Wandern als meiner; Wanderer, die online und in Büchern wie diesem übers Wandern lesen, die Nahrungsergänzungsmittel fürs Wandern einnehmen, unter Anleitung spezielle Wanderübungen machen, Vereinen beitreten, Wandervideos anschauen, Abzeichen tragen und in Chatrooms stundenlang übers Wandern reden, die ernsthaft über Rituale, Benimmregeln und Theorien zum Bereitsein schreiben, um dem Aufbruch selbst mit größerer Inbrunst entgegenzusehen. Respekt euch allen, sage ich. Hut ab. Ich gehöre einfach nicht zu eurem Klan – das mit dem Wandern ist mir nicht so ernst. Und doch sehe ich mich, so wie in anderen Dingen auch, als Teil der großen Kavalkade der Menschheit. Deshalb würde ich wetten, dass es weltmeisterliche Spaziergänger gibt, die ganz ähnlich darüber denken wie ich. Und was jene anderen, vom Wandern besessenen Wanderer betrifft, stelle ich mir vor, wenn es *ein Du* gibt, dann müsste es auch *ein Ich* geben – irgendwo weit hinten auf der Straße, auf der wir im Grunde genommen doch gemeinsam gehen, oder etwa nicht?

Anderen folgen

Tim Parks

Auf jedem Weg, den man einschlägt, folgt man anderen. Es macht aber einen beträchtlichen Unterschied, ob man anderen folgt oder ihnen auch die Wahl des Weges überlässt. In den frühen Morgenstunden des 23. Mai 1859 führte Hauptmann Carlo De Cristoforis einen kleinen Trupp von Männern aus dem Piemont über den Ticino in die Lombardei und marschierte am Ostufer des Flusses nach Norden, um die österreichische Garnison in Sesto Calende, wo der Lago Maggiore in den Fluss Ticino fließt, in einem Überraschungsangriff einzunehmen. Am 27. Mai fiel er in der Schlacht von San Fermo sechs Kilometer westlich von Como.

Es war die Zeit der Kriege des Risorgimento, in denen Italien sich von der ausländischen Herrschaft befreite. Im Sommer 2020 nutzten meine Partnerin Eleonora und ich die Befreiung vom Lockdown, um De Cristoforis auf seinem letzten heroischen Marsch von Westen nach Osten entlang der oberitalienischen Seen zu folgen – vom Lago Maggiore über den Lago di Comabbio und den Lago di Varese bis zum Lago di Como. Achtzig Kilometer durch zum Teil unwegsames Gelände. Der Hauptmann schaffte es in vier Tagen, wir benötigten drei. Allerdings mussten wir auch nicht kämpfen, höchstens gegen die glühende Hitze, die konstant um die fünfunddreißig Grad lag.

»Sonnenhüte«, schlug Eleonora vor. »Sonnencreme. Sonnenbrille.« Sie überlegte. »Sonnenbrand.«

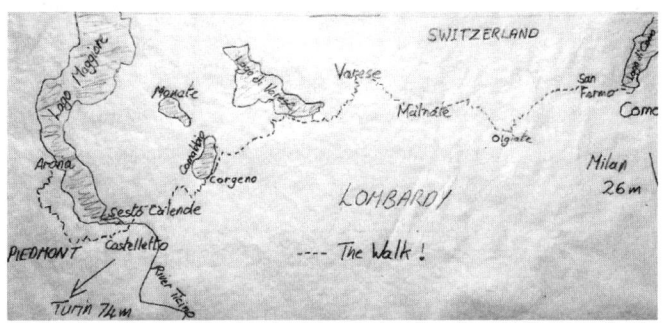

Für die Einwohner Mailands sind die Seen leicht im Rahmen eines Tagesausflugs zu erreichen. Wanderer lieben die hoch in den Bergen liegenden Wege mit der Aussicht auf die schimmernden Seen und die große italienische Ebene im Süden. Aber niemand wandert auf den niedrigeren Hügeln dazwischen. Wer Leuten folgt, die etwas anderes als Erholung im Kopf haben, lernt unweigerlich neue Orte kennen und geht eine neue Beziehung mit der Landschaft ein. Der Hauptmann und seine Männer betrachteten von Anfang bis Ende jeden Hang und Wald, jede Flussklamm und jeden Turm auf einer Kuppe aus militärischer Sicht als Bedrohung oder günstige Gelegenheit. Es gab Hinterhalte und Bajonettangriffe. Wir mussten immer wieder unsere Karte studieren und häufig eine Wegfindungs App bemühen, um einen gangbaren Weg durch diese so vielfältig schöne und seltsam vernachlässigte Landschaft zu finden.

Unser Ausgangspunkt war Arona, knapp zehn Kilometer von Sesto entfernt, am Westufer des Lago Maggiore. Auf der Fahrt vom Mailänder Bahnhof Porta Garibaldi bis hierher wird man im langsamen Zug eine Stunde lang durchgerüttelt. Damals übrigens führte der große Giuseppe Garibaldi selbst den Feldzug an. Die Piemonteser hatten dem eigenwilligen Revolutionär gestattet, eine Freiwilligenarmee zusammenzustellen. Zur Verfügung standen Männer, die zu jung, zu alt oder politisch zu belastet waren, um in der regulären piemontesischen Armee zu dienen, die weiter südlich kämpfte. Die Erwartungen an sie waren gering. Nach einem langen Tagesmarsch bei heftigem Regen traf Garibaldi am späten Nachmittag in Arona ein und verlangte Betten und Verpflegung für 3500 Männer. Sobald er sicher war, dass Verräter diese Nachricht an die Österreicher weitergegeben hatten, brach er mit seinen Leuten im Dunkeln wieder auf und griff an.

Wir trafen ebenfalls am späten Nachmittag ein. Der See gegenüber vom Bahnhof leuchtete postkartenblau. Ein großes Riesenrad ermöglichte einen weiten Blick über das Wasser, über Hügel, die in Berge übergingen, auf Burgen, Klöster und *campanili*. Fähren zogen schäumende Zickzacklinien zwischen den Ufergemeinden. 1859 ließen die Österreicher hier ein Kriegsschiff patrouillieren, die *Radetzky*. Die Schiffe der Anrainer hatten sie beschlagnahmt, die Brücke über den Ticino bei Sesto Calende zerstört. Sie fühlten sich sicher.

Arona tut alles für die Touristen, aber mit Stil. Es gibt eine mit Porphyr gepflasterte Promenade, weinumrankte Pergolen und unzählige Cafétische. Vom Seeufer führen schmale Straßen bergauf in den Schatten – mit sauber gefegtem Steinboden, vornehmen Fassaden und den neusten Modeartikeln. GIUSEPPE GARIBALDI HAT IN DIESEM HAUS GESCHLAFEN, steht auf einem Schild. Das stimmt nicht. Er hat überhaupt nicht geschlafen. Wir dagegen gingen in unserem einfachen Hotel Spagna, das links an ein Beerdigungsinstitut und rechts an eine Blutspendezentrale angrenzt, früh zu Bett. Hauptmann De Cristoforis scheint seinen nahen Tod vorausgeahnt zu haben. Wir wussten aus langer Erfahrung, dass bei Wanderungen in großer Hitze ein früher Aufbruch entscheidend ist.

* * *

Eleonora zerteilt zum Frühstück einen Pfirsich und um halb sechs brechen wir auf. Als Erstes gilt es, einen Hang mit vorstädtischem Durcheinander aus ländlichem Verfall und Mittelklasse-Scheußlichkeiten zu bewältigen. Der schnellste Weg wäre die Straße am See entlang, die aber stark befahren ist. Und die Soldaten wären in voller Sicht der österreichischen Patrouillen marschiert. Ein Müllauto folgt uns auf dem Weg nach oben, vorbei an durchhängenden Zäunen und karmesinroten Oleanderbüschen, bis wir hoch über dem See in die Stille des Walds eintauchen.

Die Geschichte ist nur ein Vorwand, damit wir in Gang kommen, einen Weg haben, eine Herausforderung, ein Ziel. Jetzt geht es ums Wandern. Es sind die besten Momente des Tages, die wir unter einem dicken sommergrünen Blätterdach verbringen, in einem Tunnel aus Farnen und dünnen Schösslingen. Keine Menschenseele. Dafür Spinnweben, die uns am Gesicht hängen bleiben, ein Reh, das zwischen den Bäumen umhergeistert. Wir haben leichtes Gepäck, wandern mit Trekkingstöcken. Das regelmäßige Klopfen der Stöcke auf dem harten Boden lässt uns in Gleichschritt fallen und schafft eine kraftvolle Nähe – wie unter stumm marschierenden Soldaten. Ein »schöner Marsch«, hat einer von Garibaldis

Leuten in seinem Tagebuch vermerkt. Bei einer Wegbiegung blieb der Anführer stehen und befal seinen Männern, still zu sein. Es war stockdunkel. Sie glaubten, er hätte den Feind gehört.

»Eine Nachtigall«, sagte er. »Hört!«

»Hier ist der Parco Naturale dei Lagoni di Mercurago«, sagt Eleonora. Sie ist bei uns die Kartenleserin. »Mit den großen Seen.«

Es ist schon komisch, wenn man bedenkt, dass sich weiter unten der riesige Lago Maggiore ausbreitet, während der größte See, an dem wir hier oben vorbeikommen und den wir immer wieder durch herabhängende Zweige und hohes Schilf sehen, ein stehender Tümpel ist, auf dem zwischen trüben Spiegelungen überhängender Äste Seerosen treiben. Es ist acht Uhr morgens und wird schnell wärmer.

»Zeit für die Sonnenbrillen.«

Nur eine Brücke führt hier über den Ticino. Sie hat zwei Ebenen – unten Züge, oben Autos – und steht genau da, wo der See sich in den Fluss ergießt. Wir müssen uns also von Garibaldi und De Cristoforis verabschieden, die bis Castelletto anderthalb Kilometer weiter südlich in den Bergen blieben. Erst dort schlichen sie sich zum Fluss hinunter und schifften ihre Vorhut auf Booten ein, die ortsansässige Patrioten vor den Österreichern versteckt hatten. Auf gewundenen Pfaden und Feldwegen steigen wir zur Hauptstraße hinunter, wo das Café OK LKW-Fahrer mit Cappuccino und Croissants versorgt. Zehn Uhr. Garibaldis Männer verzichteten auf das Abendessen, das die braven Bürger von Arona für sie zubereitet hatten, und marschierten mit leerem Magen. Eleonora hätte gern gewusst, was aus dem ganzen Essen wurde.

»Wahrscheinlich haben die Leute gefeiert, dass sie die Soldaten nicht für die Nacht beherbergen mussten.«

Die Aussicht von der Brücke ist spektakulär. Im Norden dunstige Gletscher über weißen Segeln in windstillem Blau, im Süden eine eher grüne Flusswelt mit Ruderern und Enten. Dann ist es nur noch einen Steinwurf bis Sesto, wo ein auf vier Kanonenkugeln ruhender Obelisk die Inschrift trägt:

HIER TROTZTE DER TAPFERE
HAUPTMANN DE CRISTOFORIS DEN
GEFAHREN EINES UNGLEICHEN KAMPFES

Wir folgen dem Fluss rund anderthalb Kilometer bis zu der Stelle, an der die Soldaten übergesetzt haben. Die Sonne brennt jetzt gnadenlos auf uns herab. Keine noch so große Menge an Sonnencreme, kein noch so raffiniertes schweißableitendes Hemd und keine noch so gut belüftete Mütze schaffen Abhilfe. Die Haut brennt. Finger und Zehen schwellen an und pochen. Man muss in Bewegung bleiben, darf nur im Schatten anhalten. Das allerdings scheint angemessen, wenn man einem Mann wie Garibaldi folgt, dessen Strategie es war, nie stillzustehen.

Am Flussufer gibt es keinen Schatten. Majestätisch und machtvoll strömt das Wasser zwischen bewaldeten Hängen nach Süden. An der Stelle, an der die Männer übersetzten, steht kein Denkmal. Die schnelle Strömung hat sie auseinandergetrieben, und es dauerte eine Weile, sie in der regnerischen Nacht wieder zu versammeln. Später, in Sesto, kamen die Einwohner aus ihren Häusern, nahmen ihre Boote wieder in Besitz, banden sie von Ufer zu Ufer zusammen und brachten im Morgengrauen 3000 stolpernde Soldaten hinüber.

Sesto Calende ist wahrhaftiger als Arona. Einige Leute gehen dort sogar Beschäftigungen nach, die keine französischen oder deutschen Touristen nötig haben. Garibaldis Freiwillige, die vor allem aus der Lombardei kamen und auf der Flucht vor dem österreichischen Militärdienst waren, wurden herzlich empfangen und üppig bewirtet. Die größte Errungenschaft dieses Feldzugs war wohl eher das Auferwecken eines patriotischen Geistes, einer Sehnsucht nach Freiheit, als eine militärische Leistung. Während wir unsere neue Freiheit nach dem Lockdown genießen, kaufen wir Brot, Käse und Tomaten und suchen uns eine Bank im Schatten. Ich ziehe die Schuhe aus und untersuche meine erste Blase. Dann geht es weiter, acht Kilometer nach Corgeno am Ufer des Lago di Comabbio am Rand der zerklüfteten Berge im Norden entlang. In jedem Dorf haben wir unsere Wasserflaschen am Brunnen aufgefüllt, in Oriano, Oneda und Mercallo, abseits der belebten Straßen.

Niemand wandert mehr von Dorf zu Dorf. Das ist die Wahrheit. Das italienische Wort *viandante* ist wie sein englisches Pendant *wayfarer* nicht mehr in Gebrauch. »Jemand, der zu Fuß auf Wegen außerhalb der Ortschaften zu weiter entfernten Orten unterwegs ist«, erklärt das Lexikon. Und fügt hinzu: »Veraltet.«

Wanderer fahren mit dem Auto dorthin, wo die Straße endet und die Wege anfangen. Wenn wir links hinaufschauen, sehen wir Gipfel, die wir auf anderen Wanderungen bestiegen haben. Jetzt durchqueren wir das Geröll, das die Gletscher von dort oben herabgetragen haben: steile, bizarr geformte Hügel, hinter denen sich malerische Villen, aufgegebene Höfe und flache Seen verbergen. Vom Boden steigt ein würziger Duft auf, trocken und an Honig erinnernd. Steinerne Mauern sind von Efeu überwuchert und voller Eidechsen. Brombeerranken greifen nach uns, ein Esel wiehert. Aufgeschreckt vom Klacken unserer Stöcke jagen Hunde mit wildem Gebell an Zäunen entlang. Alle haben hier einen Hund und verspüren das Bedürfnis, sich zu schützen. Der Wanderer geht vorbei.

Garibaldi ließ Hauptmann De Cristoforis mit 120 Mann zum Schutz von Sesto zurück und zog mit der Hauptarmee nach Varese weiter. Die Österreicher trafen mit 3000 Mann von Süden ein. De Cristoforis war vierunddreißig, ein bürgerlicher Intellektueller, der Bücher über landwirtschaftliche Reformen geschrieben, auf einer Militärakademie in Paris studiert und in London unterrichtet hatte. Er legte sich mit seinen Männern in einen Hinterhalt an der Straße, auf der wir gingen, ließ einen österreichischen Reitertrupp vorbeiziehen, sprang aus der Deckung und eröffnete von hinten das Feuer. Die Österreicher ergriffen die Flucht, De Cristoforis entkam in die Berge und schloss sich wieder Garibaldi an. In der Überzeugung, dort Garibaldis Hauptarmee zu treffen, beschossen die Österreicher Sesto. Dabei kam es zum ersten italienischen Opfer, einer Frau, die mit ihren Einkäufen die Piazza überquerte.

In einem undurchdringlichen Wald verirren wir uns und verlieren eine Stunde. In Mercallo finden wir deshalb kein offenes Geschäft mehr. Die Siesta im August ist berüchtigt, aber neben dem Rathaus wünscht ein Neonschild einer Ida Brusa alles Gute zum Geburtstag, die von den Kanonenkugeln verschont geblieben ist und das stattliche Alter von 102 erreicht hat. Abends sitzen wir dann am Ufer des Lago di Comabbio, essen Süßwassergarnelen-Risotto auf einer von Schilfgewächs umzingelten Terrasse und stoßen darauf an, dass die erbarmungslose Sonne endlich im Westen untergeht.

»Haben die Leute im 19. Jahrhundert keine Blasen bekommen?«, fragt Eleonora.

Während Garibaldi durch die Nacht marschierte, untersuchen wir in unserem Hotelzimmer unsere Füße.

»Sie haben sich mit Talg getränkte Lappen um die Zehen gewickelt.«

»Was ist Talg?«

Eleonora hat mich erwischt. »Irgendwas mit Kerzen?«
Sie sieht bei Google nach. »Gekochtes Tierfett.«

* * *

Wir behelfen uns mit Blasenpflastern, und noch vor dem Morgengrauen haben wir unsere Schuhe wieder an und sind am Ostufer des Sees nach Norden unterwegs, vorbei an Wiesen voller Blumen, die aussehen wie große gelbe Lilien. Auf gut befestigten Radwegen kommt man hier schnell und mühelos voran. Alles ist schön eben, und in der Morgensonne bietet sich ein spektakulärer Ausblick auf den Alpenhauptkamm.

Dann geht es Richtung Nordosten bergauf, über die Berge zum Lago di Varese, und auch hier erinnere ich mich hauptsächlich an die Blumen. Wir waten durch Fingerhüte und Goldnesseln. Ich streife einen kleinen Schmetterling von den Lippen. Auf den Wiesen stehen Pferde und liegen Heuballen. Über allem liegt ein ländlicher Friede. Sommerlicher Duft stimmt auf die kommende Hitze ein. Die ersten Wespen summen. Dann umschließt uns der Wald, und der Weg ist kaum mehr als eine steile Kaskade von Steinen, ein ausgetrockneter Bach, in dem wir einer Frau auf einem Pferd begegnen, die sich unendlich vorsichtig voranarbeitet. Garibaldi hatte nur 150 Reiter, zu wenig, um eine Schlacht zu entscheiden, die sich aber bestens als Kundschafter eigneten. Durch sie erfuhr er, dass sich im zentralen Ort Como 6000 Österreicher aufhielten, die bereits im Aufbruch in Richtung Westen nach Varese begriffen waren. Umso wichtiger war es, als Erster dort zu sein.

Wir kommen an Bernate und Bodio Lomnago vorbei. Wie hübsche Frauen aus der Provinz scheinen diese Dörfer nicht zu wissen, wie sehr ihre Schätze in der Großstadt bewundert würden. Villen aus dem 17. Jahrhundert warten auf die erste Renovierung. Kirchen zerfallen und wirken dadurch noch romantischer. Aber in den engen Gassen fahren die Autos so schnell wie überall. Ich muss Eleonora zurufen, dass sie aufpassen soll. Es ist, als könnte sie die Gefahr nicht sehen. Frühstück auf der Terrasse einer überraschend gut sortierten *pasticceria*. Die geschwätzigen Frauen am Nachbartisch schütteln die Köpfe über einen Jungen, der auf den schimmernden Hängen über uns von einer Lawine verschüttet wurde. Seine Leiche wurde heute Morgen heruntergebracht.

Nun geht es bergab, und der Lago di Varese leuchtet unter uns. Die Stöcke klappern die Kilometer ab. Der Rhythmus ist entscheidend. Die Stetigkeit. Wir summen, um den Takt zu halten. Eine Weile werden wir von hohen Wänden aus Mais eingeschlossen. Die Luft ist glühend heiß. Umso willkommener ist das Eichenwäldchen am Seeufer. Am malerischen kleinen Hafen von Azzate kann man unter Weiden rasten und die Aussicht genießen. Dann folgt der 300-Meter-Anstieg nach Varese.

Der Ort hat heute 80.000 Einwohner. Damals waren es 11.000. »Alle Männer, Frauen und Kinder waren auf den Beinen, um uns zu begrüßen«, erinnert sich Garibaldi. Sie waren durchnässt vom strömenden Regen. Wir sind bei der Ankunft schweißgebadet und auf der verzweifelten Suche nach Schatten. Im eleganten Säulengang auf der Piazza Podestà finden wir ihn, zusammen mit einer Liste derjenigen, die nur 48 Stunden nach ihrer triumphalen Ankunft sterben mussten. Eine vorwärtsschreitende Bronzestatue grüßt mit der Fahne der Cacciatori delle Alpi – der Alpenjäger – in Richtung der Engel, die mit ausgebreiteten Flügeln an der Kirchenfassade gegenüber thronen.

»Erstaunlich«, überlegt Eleornora, »zu denken, wie bereitwillig die Leute in den Tod gegangen sind, während wir uns gerade drei Monate lang in unseren Häusern versteckt haben.«

Varese ist eine anmutige Mischung aus altehrwürdigem Stuck und gehobener Schaufensterdekoration. Aber unsere Geschichte führt uns zum über der Stadt gelegenen Parco di Villa Panza – einem englischen Landschaftsgarten aus dem 18. Jahrhundert mit mediterranen Pflanzen – und zur prächtigen Villa Ponti. Erbaut wurde sie 1858, gerade noch rechtzeitig, damit Garibaldi auf ihr Dach steigen und in das schmale Tal im Südosten mit dem Weg nach Como hinunterblicken konnte, durch das die Österreicher kommen mussten. Seine Männer errichteten derweil bereits Barrikaden.

* * *

Nach einem Aufbruch in den frühen Morgenstunden unseres dritten Reisetages führt uns der Weg über das Schlachtfeld. Ich kann ihn nicht empfehlen. Sechs Kilometer auf einer stark befahrenen Straße, rechts gesäumt von einer Schlucht voller Unrat, links von einem Gewerbegebiet, hinter dem die unvorstellbar steilen Berge nicht zu sehen sind.

»Die Leute müssen uns für verrückt halten.«

Aber es führt in dieser Richtung einfach kein anderer Weg aus Varese hinaus. Zum Glück ist Sonntag. Wir schreiten in schnellem Tempo bergab. Wie damals die Garibaldini bei der Verfolgung der fliehenden Österreicher. Sie ließen den Gegner unter Feuer bis auf fünfzig Meter herankommen, dann deckten sie ihn mit einer Salve Blei ein und stürzten sich mit gezogenen Bajonetten auf ihn. General Urban hatte bei Freiwilligen nicht mit einer solchen Disziplin gerechnet.

Beim Gedanken an dieses Drama – die Glocken der Stadt läuteten während der ganzen Schlacht ohrenbetäubend – werden wir am Straßenrand, wo schwere LKW wie Kanonenkugeln an uns vorbeidonnern, ängstlich und laufen noch schneller. In jedem der abgelegenen Dörfer am Steilhang – Belforte, Molinazzo – versuchten die Österreicher, in Stellung zu gehen. Wir eilen daran vorbei. Bis uns schließlich links eine Treppe über Hunderte von Stufen durch dichtes Laub immer höher hinauf zum Dorf Malnate führt. Nur sechzehn Kilometer von San Fermo – und dem Schlachtfeld – entfernt, hängt es über der Schlucht.

Nun endlich entwickelt sich eine wunderbare Dynamik – die Belohnung für diese Art der Wanderung. Es ist, als würde die Landschaft selbst uns in einen blutigen Entscheidungskampf ziehen. Überall stehen Schilder, finden sich Hinweise. Via Enrico Cosenz. Er befehligte eins der drei Regimenter Garibaldis. Via Nino Bixio. Befehlshaber eines anderen. Piazza Garibaldi.

»Ich komme mir vor, als würde ich durch ein Geschichtsbuch laufen«, sagt Eleonora.

»Der Unterschied ist wahrscheinlich, dass wir wissen, dass sie es geschafft haben. Sie hatten keine Ahnung, was passieren würde.«

»Aber wir wissen auch nicht, ob wir es schaffen werden«, wendet sie ein.

Der Weg führt durch voralpine Wiesen. Das Land des Musicals *The Sound of Music*. Blumen und Kuhglocken, und am Himmel kreisen Falken. Sie warten darauf, sich auf ihre Beute zu stürzen. Garibaldi hatte einen kleinen Trupp auf der Hauptstraße durchs Tal nach Como vorausgeschickt. Eine List. General Urban verteilte seine Leute neu, um ihnen bei Camerlata den Weg abzuschneiden, wo man durch eine Lücke in der Bergkette leichten Zugang zur Stadt am See hat. Doch der Hauptteil der Freiwilligenarmee folgte dem Höhenweg. Unmittelbar hinter San Fermo nahmen die Männer einen schmalen Pass.

Wir gehen schneller, um Schritt zu halten. Durch Maisstoppelfelder. Vorbei an einer Gruppe gut betuchter Leute, die ihre Rassehunde abrichten. Von Garibaldis Leuten waren viele wohlhabend. Es gab mehr Studenten als Bauern. Viele mit langen Stammbäumen. Anwälte, Ingenieure, Künstler. »Sie marschierten nicht stumm und in Reih und Glied wie Soldaten«, schrieb ein Zeitzeuge. »Sondern fröhlich, in Gruppen von Freunden. Wie eine Karawane in der Wüste.«

»Das ist wirklich eine Hitze wie in der Wüste«, seufzt Eleonora. Ihre Waden brennen. Sie lacht über meine rote Nase. Zum x-ten Mal cremen wir einander mit Sonnencreme ein und schleppen uns weiter. Dorf für Dorf. Olgiate. Soldo. Cavallasca. Die Via 27 Maggio sagt uns, dass wir die Kampfzone erreicht haben. Wir gehen jetzt wieder auf Straßen, freuen uns auf die Ankunft und sind erleichtert, dass wir dann nicht noch kämpfen müssen. Aus der Via San Fermo wird unheilverkündend die Via Carlo De Cristoforis, die zwischen blühenden Hecken und Steinmauern stetig ansteigt. Dort haben die Soldaten Deckung gesucht, als sie sich dem engen Eingang zum Dorf näherten. Die Kirche auf der einen Seite, Villen auf der anderen. Und eine Garnison von sechshundert Österreichern, bereit, das Feuer zu eröffnen.

Der Angriff sollte gleichzeitig aus drei Richtungen erfolgen. De Cristoforis ritt einen alten Klepper, den er in Sesto gekauft hatte. Seine Aufregung verriet ihn. Jemand feuerte einen Schuss ab, und er befahl den Angriff einen Moment zu früh. Sein aus dem Felsenhang gemeißeltes Denkmal genau an der Stelle, an der er fiel, ist von vertrocknetem Efeu, Lavendel und stachligen Yuccas überwuchert. Immer noch unter Beschuss, küsste Garibaldi seinen sterbenden Hauptmann auf den Mund und eilte weiter.

»Auf den Mund?«

»So hat es ein Zeuge berichtet.«

Auf der Piazza hinter der Kirche spendet zum Glück eine Platane Schatten. Der Platz ist überraschend weitläufig – mit Wasserfontänen, die in neckischem Rhythmus aus dem Pflaster spritzen. Ein kleines Mädchen fährt immer dann, wenn die Fontänen herabfallen, mit dem Dreirad zwischen die Düsen. Es gibt Zypressen und pinkfarbenen Oleander. Auf einer steinernen Bank essen wir unsere belegten Brote und betrachten das unvermeidliche Denkmal. Vierzehn Italiener sind gefallen und achtundsechzig Österreicher. Hunderte wurden verwundet.

»Es hat wohl alles seinen Preis.«

»Selbst eine Wanderung.« Eleonora zieht ihre Socken aus und stellt die wunden Füße ins Wasser des Brunnens.

Und immer noch ist der Tag nicht vorbei. Da der ahnungslose General Urban die Hauptstraße unmittelbar südlich von Como verteidigte, stieg Garibaldi direkt die kräftezehrende Valfresca hinunter, die in vielen Windungen steile 300 Meter abfällt, um unmittelbar westlich der Stadt auf den See zu treffen. Man muss hier vorsichtig gehen, denn man scheint geradewegs ins Herz der Berge hinabzusteigen – durch wirres Gestrüpp, das an staubigen Felsen hängt, und mit dem ständigen Tropfen von Wasser im Ohr, das aus versteckten Spalten im Fels hervordringt. Bis man unversehens – und wir erschrecken tatsächlich – um eine Ecke biegt und die düstere Schlucht sich zu einem überwältigenden Panorama öffnet: ein leuchtend blauer See, von dessen Ufern überall Berge aufsteigen, an deren Flanken Villen und Burgen hängen. Und direkt unter uns der schöne Ort Como, der darauf wartet, seine Helden mit offenen Armen zu empfangen. Und Eleonora haucht: »Italien ist zum Sterben schön.«

Auf nach Santiago

Ingrid Persaud

Mein Geburtstag erwischte mich in Sarria, einer kleinen Stadt im spanischen Galizien. »Erwischte« stimmt nicht ganz. Ich war von Barbados hierhergeflogen, und zwischen mir und Santiago de Compostela, dem Ort, wo ich eigentlich sein wollte, lagen 112 Kilometer steiles, hügeliges Terrain. Wenn ich zu Fuß zur dortigen Kathedrale ginge – wo Jakobus der Ältere begraben sein soll –, hätte ich offiziell einen Teil des berühmten Camino de Santiago de Compostela zurückgelegt.

Unsere Gruppe bestand aus meinen lieben Freunden Christopher und Jacqueline, die wie ich aus Trinidad stammen, sowie einem weiteren Freund aus Barbados (wir bezeichnen die Leute von dort als *Bajan*). Für die Strecke hatten wir uns entspannte sechs Tage Zeit gegeben. Im Vergleich zu den anderen war ich leicht im Nachteil: Ich hatte vergessen, mich auf die Reise vorzubereiten. Mit »vergessen« meine ich, dass ich mir wirklich überhaupt keine Gedanken gemacht hatte. Ich hatte nicht richtig gepackt. In meinem Koffer befanden sich ein Paar billige, leichte Schuhe, die nur geringfügig besser waren als Flipflops, keine Socken, einige weiße und schwarze T-Shirts und Leinenshorts.

Statt für den heißen, staubigen Weg gerüstet zu sein, der vor uns lag, hatte ich Kleidung für ein gemütliches Wochenende. Damit legte ich einen ausgeprägten umgekehrten Snobismus an den Tag. Ich hasse Leute, die nicht ohne besondere, schicke Ausrüstung aktiv sein können. Meine Antwort? Ich stand körperlich, materiell, emotional und spirituell völlig unvorbereitet auf der Matte. Ich würde wetten, dass kein einziger *peregrino* (Pilger), den ich unterwegs getroffen habe, in so einer miserablen Verfassung war.

Der erste Tag auf dem *camino* (wörtlich: der Weg) begann mit einem steilen Aufstieg durch dichtes Grün, der sich über mehrere Kilometer hinzog. Reiseführer bezeichnen diesen Abschnitt als »anspruchsvoll«. Alles klar. »Anspruchsvoll« war einfach eine Umschreibung für »Du fühlst dich, als ob du gleich stirbst«. Mein Schienbein tat weh. Mein Rücken tat weh. Aber jeder ging natürlich seinen eigenen, individuellen *camino*. Ich war am Sterben, während Christopher und Jacqueline die Hügel hochsprangen wie zwei Bergziegen.

Auf dem ersten steilen Anstieg fiel mir ein, dass meine Freundin Corrie mir geraten hatte, ich solle Wanderstöcke benutzen. Der *Bajan* hatte welche, die er nicht brauchte. Ich lieh sie mir aus und »vergaß«, sie ihm zurückzugeben. Christopher und Jacqueline überholten mich auf dem ersten Abschnitt und kamen mehrere Stunden früher an, während der *Bajan* mir Gesellschaft leistete. So lief es auch an den folgenden Tagen. Natürlich waren die beiden nicht die Einzigen, die uns überholten. Da war eine Gruppe junger Leute, die so gemütlich daherspazierten, als machten sie einen Einkaufsbummel. Eine zarte Japanerin mit einem Rucksack, der mehr wog als sie selbst, sauste an mir vorbei. *Wusch.* Alte Leute. Eine Frau mit einem Kleinkind auf den Schultern. Mithalten konnte ich immerhin mit einer netten Italienerin namens Gabrielle – aber nur, weil ihr Knie nicht richtig funktionierte.

Wir waren am Morgen um halb neun aufgebrochen. Mit wenigen Pausen brauchte ich für die 23 Kilometer nach Portomarín, wo wir übernachten wollten, bis halb vier Uhr am Nachmittag. Die letzten drei Wegstunden hatte ich das Gefühl, die gleißende Sonne würde mich umbringen, und wurde so langsam, dass ich förmlich über den glutheißen Teer kroch. Als sei die Ankunft in Portomarín nicht genug, trennte mich noch ein steiler Hügel von meinem Bett. Als ich den letzten, mittelsteilen Anstieg zur Hälfte zurückgelegt hatte, brach ich neben der Straße zusammen und weinte wie ein Baby. Der *Bajan* zeigte keinerlei Mitgefühl. Er sagte, alle hätten sich wegen meines Geburtstags auf diesen Weg gemacht, also müsse ich verdammt noch mal durchhalten.

»Ich würde sagen, mach dich auf die Socken, aber du hast ja keine dabei, du Wahnsinnige.«

Irgendwie humpelte ich den restlichen Hügel hoch bis zu meinem Zimmer. Dort nahm ich ein eiskaltes Bad und rieb den Inhalt einer ganzen Flasche Pfefferminzöl auf meinen gequälten Fuß. Dann ging ich sofort ins Bett, ohne etwas zu essen. Dieser Ablauf wurde zu meinem täglichen Ritual nach dem Wandern. Benommen hörte ich den *Bajan* fragen, ob ich mit den anderen abendessen wolle. Ich war zu müde, um den Mund richtig zu öffnen, und murmelte, ich sei unglaublich erschöpft. Ob er sich auch so fühle?

Hört selbst:

»Nein, ich bin an meine Grenze gekommen, habe sie aber nicht überschritten.«

Ich erinnere mich noch daran, wie ich mit Mordgedanken einschlief. Kurz vor Mitternacht kehrte er leise zurück und brachte einen Behälter mit Spaghetti und Tomatensauce mit. Er hatte Glück, denn nur wegen der Pasta verschob ich den »Unfall«, den ich für ihn geplant hatte, bis auf Weiteres.

Am zweiten Tag gingen wir eine Stunde früher los, weil wir uns an die Hitze des Vortags erinnerten. Uns erwartete ein noch steilerer Anstieg. Er dauerte einige Stunden. Jedes Mal, wenn ich aufblickte, konnte ich mir nicht vorstellen, je den Gipfel zu erreichen. Wenn ich den Punkt erreichte, den ich für den Gipfel hielt, lag – kaum zu glauben – ein weiterer Gipfel vor mir. Ich hätte mich gern hingesetzt und wieder losgeheult, aber wozu? Wir befanden uns inmitten der galizischen Natur. Überall waren Hügel. In die nächste Stadt kam man nur zu Fuß. Also lief ich und lief, soff Wasser wie ein Kamel und schwitzte wie ein Schwein.

Ich musste mich fragen: Warum mache ich diese Pilgerreise, obwohl ich nicht religiös bin? Ich hatte genug Zeit, darüber nachzudenken, wie oft im Leben ich meine Spiritualität durch die Rituale anderer gespeist hatte. An Diwali zünde ich Lichter an. Ich liebe die Christmette. Am Ende des Ramadan wünsche ich muslimischen Freunden Eid Mubarak und feiere mit ihnen. Und nun ging ich den Jakobsweg, der ein Glaubensweg ist oder – für mich – ein körperlicher Weg der Reflexion.

Nach weiteren acht Stunden Fußmarsch fiel ich wie am Tag zuvor in ein eiskaltes Bad, salbte meine Füße mit Pfefferminzöl und schlief wie ein Stein. Mein Körper verlangte nur nach regelmäßiger Wasserzufuhr, einer Handvoll Mandeln, ein paar frischen Kirschen und viel Ibuprofen. Gott segne Pfizer.

Der *Bajan* hätte problemlos schneller gehen können, passte sich aber dankenswerterweise jeden Tag meinem Schneckentempo an. Ich wandere gern schweigend. Er redet gern. Sein erster Versuch einer Unterhaltung bestand aus Bemerkungen über die schönen Wildblumen um uns herum, die wilden Rosen, den Flieder und die Himmelsschlüssel in der sengenden Sonne. Dann erzählte er von einem Buch über britische Sklavenbesitzer, das er gerade las. Die Forschung hatte inzwischen jene identifiziert, die nach der Abschaffung der Sklaverei Kompensationen erhalten hatten. Ein faszinierendes, wichtiges Thema – aber da mein Gehirn damit beschäftigt war, einen Fuß vor den anderen zu setzen, sprach er mit sich selbst. Schließlich gab er auf. Bevor er am nächsten Tag ein neues Gespräch beginnen konnte, schlug ich vor, wir könnten singen. Niemand war in der Nähe. Wir grölten *Amazing Grace*. Nach der ersten Strophe unterbrach mich der *Bajan*, um mir zu erklären, dieses Lied sei von einem Sklavenhändler geschrieben worden, der später ein Priester geworden sei. Was sollte ich tun? Ich ließ den Mann reden und reden und reden.

Unser Freund Christopher ist ein hochkarätiger Anwalt, im Herzen aber ein Calypsonier. Während des Karnevals steht er beim jährlichen Calypso-Wettbewerb seiner Firma auf der Bühne und singt über die neuesten verrückten Ereignisse in Trinidad. Ein *camino* mit einem Calypsonier wäre ohne ein spezielles Wanderlied natürlich nicht vollständig. Ihr solltet ihn mal hören, wie er zur Melodie von Calypso Roses »Ah Going Down San Fernando« grölt:

> We walking the Camino
> We going Santiago
> Trinis and Bajans, we going sweet
> We wish Buen Camino
> to pilgrims in de street
> Come leh we go
> Santiago.

Wie viele Leute können von sich behaupten, einen eigenen Song für den *camino* zu haben? Ich hatte wirklich Glück, dass er und Jacqueline den Weg mit mir gingen, denn sie waren zu allem anderen auch noch freundlich und witzig.

Meistens schaffte ich es, in gleichmäßigem Tempo zu gehen, doch wenn ich einmal anhielt, war es schwer, wieder loszulaufen. Meine Beinmuskeln verkrampften sich. Nach der täglichen Wanderung gelang mir nur noch das, was meine Freundin Elena als »Chikungunya-Gang« bezeichnet: Ich humpelte wie eine sehr alte, an Arthritis leidende Dame. Noch heute bringt mich die Erinnerung daran ins Wanken.

Doch da war nicht nur der Schmerz. Zum Besten, was ich auf dem *camino* erlebte, gehörte das Gemeinschaftsgefühl. Selbst wenn man kurz vorm Umkippen ist, muss man andere Pilger mit den Worten »buen camino« grüßen. Das ist schlicht und einfach. Je nach Tonfall kann es »guten Morgen« bedeuten oder bezeugen, dass man den Druck versteht, unter dem die anderen stehen. Selbst die Tiere grüßten uns. In jedem Weiler krähten die Hähne, und mehr als einmal mussten wir Herden von galizischem Blondvieh Platz machen, die zwischen grün, lila und rosa blühenden Weiden hin und her spazierten.

Vielen Menschen begegnet man auf dem *camino* wieder und wieder. Anderen begegnet man nur einmal für wenige Minuten, aber sie hinterlassen einen bleibenden Eindruck. Tiffany aus Wisconsin, um die fünfzig, war zum ersten Mal außerhalb Amerikas. Sie gab mir einen hilfreichen Tipp, wie ich die Wanderstöcke besser einsetzen könnte, eilte davon und ward nicht mehr gesehen. Mit jedem Schritt bergauf dankte ich ihr im Stillen. Phil aus Arizona begleitete uns in den letzten Stunden eines langen Wandertags und plauderte. Er sprach so viel, dass zehn Kilometer kaum merklich dahinschmolzen. Ein andermal trafen wir einen Mann, der für siebzig junge Leute zwischen siebzehn und neunzehn Jahren verantwortlich war, die alle den Jakobsweg gingen. Falls der Papst nach Leuten sucht, die er heiligsprechen kann, sollte er sich den Namen dieses Mannes sofort notieren.

Ein extrem fittes australisches Paar, das wir schon früh trafen, reagierte verwirrt und vielleicht etwas beleidigt, als eine Schnecke wie ich es zu überholen schien. Als es zum ersten Mal passierte, sagten sie nichts. Am zweiten Tag immer noch nicht. Am dritten Tag reichte es ihnen. Sie hielten mich an, um zu fragen, wie eine Schnecke es schaffte, schneller zu sein als die schlanken, ehrgeizigen Gazellen. Ich erklärte, dass wir ganz früh aufstanden, wenn es noch dunkel war, um nicht nach zwei Uhr nachmittags in Hitze und Staub unterwegs sein zu müssen. Sie gingen zufrieden weiter.

Um die langen Stunden des Wanderns herumzukriegen, hatte jeder seine eigene, geheime Methode. Eine Gruppe, die mich überholte, hielt sich mit dem kontinuierlichen Aufsagen von 1—2—3—1—2—3—1—2—3 im Takt. Eine Nonne betete beim Gehen. Ich versuchte, ihr auf den Fersen zu bleiben, um ihren hypnotischen Singsang zu hören. Langsam wurde das Gehen leichter. Meine Mutter schickte eine E-Mail mit einem guten Tipp: Halte den Kopf gesenkt und konzentriere dich immer auf den nächsten Schritt. Einmal vergaß ich diese Regel und blickte nach oben auf die Steigung. Peinlicherweise rutschte mir ein lautes »Oh Fuck« heraus, woraufhin die arme Nonne mich mit einem Seitenblick bedachte.

Eine Frau namens Katie spielte auf meinem *camino* eine besondere Rolle. Viele Wanderer in Funktionskleidung schreiten ohne Angst oder Zweifel voran. Sie wissen, dass sie locker ans Ziel kommen werden, und ihr Tempo lässt darauf schließen, dass manche den Weg als Aufwärmübung für den ultraanstrengenden Marathon des Sables betrachten. Katie war stark übergewichtig; ihr Rücken krümmte sich unter einem großen, schweren Rucksack. Ihr war ständig heiß, genau wie mir. Ihre Lösung bestand darin, morgens zu wandern und sich in Innenräumen auszuruhen, sobald die Mittagshitze hereinbrach. Sie hatte sich den sogenannten »französischen Weg« vorgenommen, also die gesamte Strecke von mehr als 780 Kilometern, und absolvierte ihn langsam, ruhig und willensstark. Was auch immer ihr Grund war, den Weg zu gehen, ich habe keinen Zweifel, dass sie Santiago erreicht hat. Es würde mich nicht überraschen, wenn sie von dort nach Finisterre, zum Ende der Welt, weitergegangen wäre.

Man geht schneller, um schneller ans Ziel zu kommen. Doch was ist, wenn man trotz Schmerz, Hitze und Staub nicht will, dass der Moment vergeht? Ja, mein ganzer Körper schmerzte. Ja, ich war erschöpft. Merkwürdigerweise entspannte ich mich jedoch mental immer mehr. Ich dachte an gar nichts und konzentrierte mich einfach nur auf das Gehen selbst. Sogar wenn der Schmerz größer wurde, blieb mein Geist klar. Jahrelang war ich daran gescheitert, achtsam zu sein, im Moment zu leben, und plötzlich praktizierte ich genau das, während meine schmerzenden Glieder dagegen aufbegehrten, mich einen weiteren Kilometer tragen zu müssen.

Ich bemerkte auch ein größeres Bewusstsein für meine Umgebung. Die galizische Landschaft ist voller *hórreos* (Getreidespeicher) und *cruceiros* (Steinkreuze), die oft sehr schön aussehen. Ich genoss den Schatten der alten Eichenwälder, die verzaubert wirkten, wenn der Wind die Blätter zum Rascheln brachte wie in Dolby Surround. Am vierten und fünften Tag atmeten wir beim Wandern den überwältigenden Duft der Eukalyptusbäume. Es fühlte sich an, als lebe man in einer wohlriechenden Dose WICK VapoRub. Wer hätte gedacht, dass der Weg zu völliger geistiger Entspannung durch eine Wanderung durch Galizien mit Blasen an den kleinen Zehen zu erreichen war?

Am vierten Tag lief ich schneller und schnitt mir die Zehennägel kürzer. Ich hoffte, so den Druck beim Bergabgehen zu reduzieren. Nicht erwartet hatte ich, dass daraufhin sofort klare Flüssigkeit und wässriges Blut unter dem Nagelbett hervortraten. Jacqueline bestand darauf, mir ein Paar ihrer kleinen grünen Socken zu leihen. Ich gab nach. Das bewahrte meine Zehennägel davor, beim Wandern abzufallen.

Wer die von der Kathedrale in Santiago ausgestellte Pilgerurkunde erhalten wollte, musste sich entlang des Wegs mindestens zweimal täglich den Pilgerausweis abstempeln lassen. Jede kleine Bar, Kirche und Unterkunft besaß einen eigenen Stempel. Ein T-Shirt-Stand, an dem ein ehemaliger Paralympionike arbeitete, hatte den schicksten; er wurde mit zinnoberrotem Wachs versiegelt. Am meisten freute ich mich aber über den Stempel, den ich mitten im Wald an einem nicht besetzten Obststand erhielt. Ein kleines Schild neben dem Stand bat um einen Euro als Spende für jede Schale Obst. Ich nahm mir einige kühle Stückchen Wassermelone und Kirschen. Es waren die süßesten, die ich je gegessen hatte.

Einige Leute haben mich gefragt, ob ich mich je verlaufen hätte. Tatsächlich geschah das nicht oft. Da wir jeden Morgen etwas früher losgingen, war es draußen häufig noch stockdunkel. Manchmal half das schwache Mondlicht oder die Taschenlampe eines anderen Pilgers. Einmal mussten wir mitten in einem dunklen Wald warten, bis jemand vorbeikam, um uns ganz wörtlich den Weg zu erleuchten. Bei Tageslicht folgt man einfach den gelben Pfeilen und Kilometersteinen, auf denen steht, wie weit es noch nach Santiago ist. Oft hatten wir den Weg ganz für uns. Das galt vor allem an den letzten Tagen, als wir durch schattige Lichtungen wanderten. Ohne die heiße Sonne merkte ich kaum, dass ich siebzehn Kilometer meditierend zurücklegte.

Zu diesem Zeitpunkt kam ich gut genug zurecht, um mit der Gruppe zu Abend zu essen. Normalerweise aßen wir in rustikalen B&Bs, die wir im Voraus gebucht hatten. Bis auf ein Hostel, das eher wie ein Knast wirkte, waren die meisten charmant und boten gute Hausmannskost. Casa Brandariz in Arzúa hatte eine eigene Kapelle und eine begabte Köchin namens Carmen. Im O Muiño de Pena in Rúa O'pino wurden der Salat und das Gemüse wenige Stunden vor dem Essen frisch im Garten geerntet. Der Chef wusch sogar persönlich meine schwarzen Shorts, die ich täglich trug.

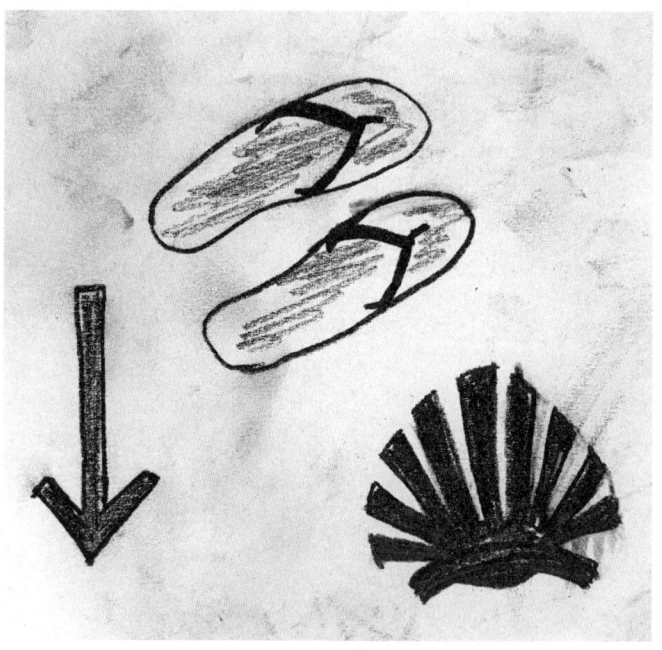

Indem ich einen schmerzenden Fuß vor den anderen setzte, kam unweigerlich der Tag, an dem wir Santiago de Compostela erreichten. Ich hatte erwartet, die Kathedrale, das offizielle Ende unserer Wanderung, sofort zu sehen und auf einem roten Teppich darauf zuzuschreiten, untermalt von der Musik majestätischer Dudelsäcke. Stattdessen zog sich der Weg durch die Vororte; wenige gelbe Pfeile zeigten die Richtung an. Selbst im Stadtzentrum war die Kathedrale nicht leicht zu finden. Als es uns schließlich gelang, kamen wir gleichzeitig mit anderen *peregrinos* an, denen wir unterwegs begegnet waren. Der *Bajan* seufzte erleichtert und fragte, ob er bitte seine Wanderstöcke zurückbekommen könne. Dankbar berührten wir die Kathedrale. In diesem Moment wusste ich, *warum* ich gegangen war. Da ich mich bei den Religionen anderer Leute bediene, ist es nicht erstaunlich, dass ich mich auf der Schwelle zum Grab des einen Heiligen an einen anderen erinnere. Die Worte des heiligen Franz von Assisi durchfluten mich. Im Leben geht es darum, Liebe zu geben, statt Liebe zu suchen. Wir sind hier, um zu trösten, nicht, um getröstet zu werden; um zu verstehen, nicht um verstanden zu werden. Der *camino*, mein stark gebrochenes Hallelujah, zeigte mir den Weg ...

Skiddaw

A. L. Kennedy

Bevor ich den Skiddaw besteige, müssen Sie ein paar Dinge wissen.

In Schottland heißt Wandern Bergsteigen. Die Vorstellung, durch grüne Wiesen zu spazieren, mag paradiesisch sein und gleichzeitig absolut dröge – echtes Wandern führt bergauf. In bergigen Städten, bergigen Landschaften bezahlt man Freude und weite Aussichten mit Schweiß. Ich glaube, das erklärt ein Stück weit, weshalb Schotten sich nicht aus der Ruhe bringen lassen, wenn man einmal anmerkt, wie schwer das Leben ist. Wir haben keine hollywoodreifen Happy Ends – wir haben Berge. Unser Bergauf-bergab-Land weist gewisse Ähnlichkeiten zur Schweizer Wiege des Calvinismus auf. Möglicherweise haben wir uns auch deshalb mit solcher Leidenschaft diese spezielle Form der dem Protestantismus eigenen berauschenden Freudlosigkeit und Unerbittlichkeit zu eigen gemacht – *jedes Vergnügen hat seinen Preis*. Bergmenschen mögen näher am Himmel sein, aber auch näher am Zorn Gottes.

Natürlich wäre es töricht, das verallgemeinern zu wollen, aber vielleicht kann ich sagen, dass ein mühseliger Aufstieg

Reaktionen hervorruft, die das Körperliche transzendieren. Denn was treibt uns eigentlich an, wenn wir müde sind, aber trotzdem weitermüssen? Der Verstand? Der Wille? Der Geist? Die Seele? Unser anderes Ich? Dieser Phantomgefährte, dieser »dritte Mann«, erscheint laut wiederholten Beschreibungen Extremabenteurern, die sich in der Höhe quälen. Unsere Spezies scheint zu erwarten, dass wir mystischen Wesen begegnen, sobald wir die übliche Arbeitshöhe der Welt verlassen, egal, ob wir eine Felswand, einen Wolkenkratzer oder eine Zikkurat erklimmen oder ob wir uns im Traktorstrahl des UFOs befinden, das uns in fremde Welten entführt. Und wir scheinen eine Sehnsucht danach zu haben, uns zu erheben. Einen Gipfel zu erreichen fühlt sich so viel besser an, als bergab zu kullern wie ein hirnloser Kieselstein. Abwärts kann jedes Ding – Lebewesen bekämpfen die Schwerkraft und streben nach oben. Vielleicht ist das der Grund, weshalb so viele Religionen bedeutende Gipfel mit Hochaltären und Opferstätten für sich reklamieren. Der Mensch hat künstliche Erhebungen gebaut – mit Pyramiden, Minaretten und Turmspitzen, die sich in den Himmel recken. Die Shikhara eines hinduistischen oder jainistischen Tempels heißt übersetzt »Berggipfel«. Wie auch sonst.

Totalitäre Bewegungen haben eine Vorliebe für turmhohe Bauwerke, um die Anschauungen der Masse zu überragen. Hitlers Lieblingsarchitekt Albert Speer hatte ein Händchen für eiskalte Dimensionen – Höhen voller Schatten und ohne Überraschungen. Der Nazikult von Paranoia und geduldeter Grausamkeit eignete sich gleich mehrere heilige Berge an. Mauerwerk, das uns einschüchtern soll, verbaut unseren Blick auf echte Berge, und doch wissen wir noch um die Hilfe, die wir dort oben finden. *Ich hebe meine Augen auf zu den Bergen, von welchen mir Hilfe kommt.*

Eine Bergtour zu unternehmen und aufzusteigen ist keine Kleinigkeit. Selbst wenn man nicht Abraham ist, der Isaak auf einen nervösen Gang mit Messer und nur einer Flasche Wasser mitnimmt, geht es beim Bergsteigen nie einfach nur darum, von A nach B zu kommen oder sich ein bisschen zu bewegen. Quer über alle Glaubenssysteme hinweg stellen wir uns Lebensläufe und Erfahrungen als Reisen vor. Wir *gehen durchs* Leben mit seinen Ereignissen, als wäre es ein Gelände mit flacheren und steileren Anstiegen. Und wenn wir gemeinsam bergsteigen, rücken wir näher zusammen, verlassen uns mehr aufeinander. Die Pandemie von 2020 offenbarte diese neue Gemeinsamkeit von Menschen, die gezwungen waren, eine entsetzlich schiefgelegte Wirklichkeit zu durchschiffen. Landschaften helfen uns, Metaphern für unser Voranschreiten zu entwerfen. Je stärker sie auf unsere Körper wirken, desto tiefer wirken sie auf unseren Verstand. Ich saß im Lockdown, aber ich las Bücher über das Wandern, das Gehen, das Durchhalten, das Vollenden wunderbarer Reisen. Ich bewegte mich nicht von der Stelle, aber ich war sehr viel gesünder und schmerzfreier als bei meinem letzten Lockdown – zehn Jahre physischer Isolierung und Immobilität aufgrund einer langwierigen Rückenverletzung. Eine Reise durch den Schmerz hatte mich für eine andere vorbereitet. Und bei beiden gelobte ich mir, ich würde durchkommen und ins Leben zurückkehren, mehr tun und mehr sein. Ich gelobte also bergzusteigen.

* * *

Mit dem Bergsteigen habe ich früh begonnen, in Dundee, einer Stadt an den Hängen eines erloschenen Vulkans. Das erste Haus, an das ich mich erinnere, lag am Fuß eines steilen Bergs in Sichtweite des Flusses Tay. Meine frühen Erkundungen führten mich schnaufend die engen, noch gepflasterten Gassen zwischen hohen viktorianischen Mauern hinauf – sie hatten Namen wie Strawberry Bank und Step Row. Für vierjährige Beine war der ganze Ort eine einzige Plackerei. Unser nächstes Haus lag auf halber Höhe in einem anderen Teil des beängstigend kantigen Bergs. Im Winter stürzte man ständig: allgemeiner Eiertanz und plötzlicher Schmerz. Obwohl wir in einem borealen Klima leben, waren die Schotten in den 1970er-Jahren aus irgendeinem Grund offenbar nicht gewillt oder in der Lage, sich dem Wetter entsprechend anzuziehen. Wie alle anderen stapfte ich in dünnen Anoraks, nutzlosen Mützen und gefährlich ungeeigneten Schuhen umher. Ich glaube, auf dem Schulweg vor Sonnenaufgang und nach Sonnenuntergang war mir in meiner zugigen Schuluniform immer kalt, und immer kämpfte ich mit der Schwerkraft. Bei Schulversammlungen bedachte man uns regelmäßig mit biblischen Geschichten über vermutlich wärmere Wüstenberge und mit dem Trost, den 23. Psalm zu singen. Ganz offensichtlich waren das Lieblingsverse der Schulleitung, die aber trotzdem immer etwas fremd blieben. Im Alter von vier bis siebzehn Jahren stand ich je nach Klassenstufe an verschiedenen Stellen desselben Saals und dachte über die Vorstellung nach, zum Weiden auf eine grüne Aue geführet zu werden. Abgesehen von der Tatsache, dass ich kein Pflanzenfresser bin und mit Gras als einzigem Futter nicht überleben kann, beschworen die Worte für mich eine saftige, ebene Grünfläche herauf, die es an keinem Ort gab, den ich wirklich kannte, und die auch nicht in den Nahen Osten zu passen schien. Wollte Gott mich nach Surrey führen? Oder nach East Anglia?

Meine drei Jahre an der Universität gaben mir Gelegenheit, mich von der Landschaft in Warwickshire überraschen zu lassen. Hier waren die Weiden grün und erquickend, aber beim

Gehen vermisste ich die Herausforderung und verspürte eine dumpfe Angst. Wenn keine Berge im Weg standen, konnte doch fast alles auf einen hereinstürzen, leicht abgebremst nur von pittoresk ausladenden Eichen und Autobahntankstellen. Und wie sollte man irgendetwas wirklich sehen, wenn man nicht hochsteigen und darauf hinunterblicken konnte?

Im glitschigen Winter 1987 zog ich nach Glasgow und zu wieder anderen Hängen. Ich fand es dort größer und eher vertrauenerweckend, eine von Grund auf richtige, unverblümte Stadt, die sich aber immer noch unverkennbar über die Landschaft legte. Unter dem Asphalt und dem Pflaster lagen noch gezähmte Hügel, die eine Aussicht auf fernes, aufstrebendes Grün eröffneten: vielleicht auf die Campsies, vielleicht Cathkin Braes, beinahe sicher den Ben Lomond. Die ganze Stadt ist eine Aufforderung, hinauszugehen und zu wandern. Ich wurde im West End heimisch, schwitzte die Peel Street und die Highburgh Road hinauf, fürchtete das Eis, das sich auf der Horselethill Road ansammelte. Bei meinen Fahrstunden musste ich ständig am Berg anfahren. Im merkwürdigen Winter 1995 ließen die niedrigen Temperaturen Glasgower Mannsbilder in ihren T-Shirts erfrieren und jede Steigung wurde tückisch. Meine nackten Finger froren an den Tasten der Geldautomaten fest, und die Byres Road wankte, alles drehte sich, weil jeder nur flach atmete, um die Lungen vor dem Eis zu schützen. Endlich schien die Natur mühselig genug, sogar für schottische Begriffe, und der Einkauf wurde zur Polarexpedition samt Nebensonnen.

Und natürlich folgte ich der allgegenwärtigen Aufforderung zum Wandern. In Glasgow und Westschottland ist Bergwandern ein Beweis für das Recht jedes gewöhnlichen Menschen aufs Herumstreunen: die kleinen Niemande aus den dunklen Straßen und Sackgassen, wie sie strahlend durchs Heideland stapfen, wo eigentlich nur Landbesitzer und ihre Bediensteten hingehören. Das Massensterben und die Traumata des Ersten Weltkriegs trieben Trost suchende Glasgower in die Hügel, und das Wandern wurde zur Gewohnheit. Schnell lernte ich die freundlichen Namen von Wegen und Gipfeln: Ben A'an, The Cobbler, Ben Lomond, den West Highland Way, Devil's Staircase von Altnafeadh nach Kinlochleven, die Straßen zum Drovers Inn – sie alle sind in Glasgow ganz selbstverständliche Gesprächsthemen. Schon bald stand ich früh auf, packte belegte Brote und Trinkflasche ein und brach in überfüllten Autos zu Ausflügen auf, um mit Fremden und Freunden zu wandern und bergzusteigen. Am Ende jeder einzelnen Wanderung waren wir ganz einfach Freunde – je anstrengender der Weg, desto rascher die Zuneigung.

Ich lernte, dass Regenkleidung unverzichtbar ist – genauso wie Sturmhaube, richtige Handschuhe, ein bequemer Rucksack. Ich lernte, wie viel Wasser und Nahrung ich brauche. Ich lernte mein natürliches Tempo. Ich fand den Punkt, an dem ich mich geschlagen fühle, und den Punkt danach, wo ich es nicht mehr bin. Das Bergsteigen ermöglichte es mir – einer Schriftstellerin, einem hirnlastigen Wesen –, Stunde um Stunde mit meinem Körper zu sprechen, ihm zuzuhören, wo ich ihn normalerweise ignoriere.

Meine Urlaube wurden Wandergelegenheiten. Ich festigte mein Tempo mit einer einmonatigen Wandertour in Jordanien und Ägypten. Ich kletterte an hochgelegene Opferplätze in Petra, schleppte mich im Dunkeln auf den Berg Sinai, um pünktlich zum Sonnenaufgang oben zu sein. Je höher ich kam, desto mehr waren die Berge, die sich um mich drehten, Bilder aus meiner illustrierten Kinderbibel, die unter aufsässig hellen Sternen zu langsam sich regendem Leben kamen. Nonnen und Kamele, Touristen und Pilger vermengten sich ruhig und stiegen an. Glaube und Durchhaltevermögen äußerten sich in Schweiß und Bergen. In Neuseeland stellte ich bei einem einwöchigen Treck fest, dass ich wettbewerbslustig bin, dass ich vorneweg gehe – teils um mich selbst auf die Probe zu stellen und teils um allein zu sein mit dem, was mich erwartet, wenn ich es erreiche. Überall auf der Welt erwartet einen so viel – der verdutzte Rothirsch, die Abdrücke von Bärentatzen, die Raben, die Hand in Hand tanzen und wirbeln, das schwere Fegen eines Seeadlers, das wilde Alpenveilchen über der Donau und das vielfarbige Prasseln jenes Sonnenaufgangs am Berg Sinai, der seine Farben dem bleichen Meer niedrigerer Berggipfel einbrannte, die rundum bis an den Horizont zurückwichen.

Natürlich könnte man den Berg Sinai besteigen, um hinaufzugelangen und mit Gott zu sprechen. Natürlich würde Gott sich dort hinunterbeugen und einem zuhören. Frühe Rabbis gefielen sich in Wortspielen über *nissim*, das hebräische Wort für Wunder, *siman*, das Wort für ein gutes Vorzeichen, und *Sinai*. Und sollte es zu guten Vorzeichen und Wundern etwa nicht immer weit oben kommen? Würde Mohammed nicht von einem Hügel aus in den Himmel auffahren und Jesus nicht auf einem Hügel seinen Leib hingeben, und würde man nicht seinen ersten Tempel auf einen Hügel bauen und dort Jahwe verehren, genau wie andere Aschera und Baal und die himmlischen Heerscharen verehrten? Die Tatsache, dass alles das angeblich auf derselben umstrittenen Hügelkuppe stattfand, genügt, um die Welt zu spalten. So viel Macht haben Berge.

Der Sinai erledigte nicht meine Wanderschuhe – das taten Neuseeland und der Abel Tasman Coast Track. Mein erstes Paar gute Stiefel kaufte ich schließlich im Winterschlussverkauf in Glasgow: Brashers, die zwanzig Jahre Lederfett und Klettern und Stapfen mitmachten – in den USA, Kanada,

Irland, England und Schottland und endlosen Runden auf dem Schiffsdeck bei der Atlantiküberfahrt. Ich vermisse sie bis heute.

Über dreißig Jahre hinweg habe ich die richtige Ausrüstung für eine Tageswanderung zusammengesammelt und dabei meine eigene Bequemlichkeit und meine Vorlieben vorn angestellt, wie ich es sonst selten tue. Genauso gut ist die Ausrüstung – ein weiterer Nutzen –, um mich auf Reisen am Leben zu erhalten. Sie rettet mich bei Zugverspätungen, bei Hotelpicknicks, tröstet mich in Bahnhöfen und Seestürmen, bietet Wärme und Notfallrationen. Ein ganzer Schrank in meiner Wohnung enthält Wasserflaschen und Rucksäcke für jede Gelegenheit, Klappbesteck, Energieriegel, faltbare Daunenjacken, Handschuhe, klappbares Geschirr, Erste-Hilfe-Sets, Thermoskanne, Sonnencreme, Solarladegerät, Mini-Lautsprecher, Taschenlampe – lauter Kram, der dafür sorgt, dass es angenehm bleibt. Schriftsteller sind immer unterwegs. Oder sie waren es bis zur Pandemie. Wieder einmal hat die Natur beschlossen, uns zu zeigen, dass sie uns immer zu Fall bringen kann.

* * *

Meine, wie sich herausstellte, letzte Wanderung fand am 11. März 2020 statt. Ich nahm an einem Literaturfestival in Keswick teil. Ich war schon früher einmal eingeladen gewesen und wusste, dass das Festival-Hotel oberhalb der Stadt und gleich am Fuß des Skiddaw lag. Bei meinem letzten Besuch hatte ich sogar versucht, eine Bergtour zwischen dem Frühstück und meinem Zug nach Hause unterzubringen. Ich endete schweißgebadet und mit roten Flecken und musste am Carl Side aufgeben und wieder absteigen. Diesmal hatte ich einen zusätzlichen Tag eingeplant, um mich umzusehen, die nach Kiefern duftende Luft zu atmen, nach roten Eichhörnchen Ausschau zu halten, und ich hatte die Ausrüstung dabei, die ich brauchen würde, um den Skiddaw ganz bequem besteigen zu können.

Im Verlauf meiner Jahre als Schriftstellerin ist mir nach und nach klar geworden, dass die endlose Reiserei, die zu meinem Job gehört, nur erträglich ist, wenn ich hier und da Tage einschiebe, an denen ich innehalten, wandern, bergsteigen kann. Festivals in Indien, Ägypten, Australien und Neuseeland bedeuteten erhebliche Anreisewege, sodass ich selbst als junger Tausendsassa Zeit einschob, um zu wandern und das Land zu sehen. Ich wanderte sogar los, um die Steilküste und die Brandungspfeiler in Port Campbell in Victoria zu sehen – wo ich gezeugt wurde. Ganz von Anfang an war ich ein Geschöpf der Klippen. Als aber karrierebedingt die Geschäftigkeit immer weiter zunahm mit ihren Deadlines, Ausgaben und Verpflichtungen, fing ich an, mehr und mehr Zeit nur damit zu verbringen, zu Veranstaltungsorten anzureisen, zu arbeiten und nach Hause zu fahren. Das wurde mental, spirituell und emotional immer anstrengender und brachte mich physisch immer mehr an meine Grenzen. Die letzten zwölf Monate über hatte ich dauernd Pausen, Stopps, Ablenkungen eingeschoben. Ich bestieg die Hügel von Paris, spürte den Geistern der Hügelkuppen unter meinen Füßen nach, tat nichts, als dort und lebendig zu sein. Ich war beim Torfgeruch, beim Anblick des Wassers, beim Klang des Vogelgesangs – in Deutschland, Österreich, der Schweiz, Wales, England, Neuengland und Schottland. Ich entzog mich dem flachen alten London, zog nach Essex und machte das Beste aus den dortigen Salzwiesen und weiten Himmeln. Ich kehrte ins Leben zurück. Der Skiddaw sollte der nächste Schritt sein in meinem Verjüngungsplan durchs Einschieben richtiger Berge.

Ich weiß – es hat gedauert, bis hierher zu kommen, aber für einen Berg muss man bereit sein. Man muss prüfen, wer man ist, und wenn man dann aufeinandertrifft, sagt er einem, ob man recht hat.

Mein Festivaltermin verlief angenehm, und ich schlief in dem Wissen, dass ich am nächsten Morgen frei sein würde, frei und auf den Beinen. Obwohl das Publikum wegen des wachsenden Unbehagens über die mögliche Infektionsgefahr ausgedünnt war und einige Teilnehmer absagten, gingen die Veranstaltungen weiter. Beim Abendessen wurde debattiert, ob die Pandemie ernst zu nehmen, ja überhaupt real war. Einige Autoren hatten wegen Zugproblemen Verspätung. Zugprobleme gibt es immer. Ich war einen Tag vor meinem Termin angereist – aus Erfahrung klug – und freute mich diebisch über meine zusätzliche Zeit bei den Farnen und Moosen und dem irgendwie mystischen Blick der Herdwick-Schafe. Und währenddessen fasste ich Dinge an und sprach mit Menschen und atmete.

Als ich am nächsten Tag aufwachte, war das Wetter angenehm, nicht zu warm. Ich frühstückte gut – das tue ich fast nie, außer ich gehe wandern – und machte mich auf den Weg durch Millbeck, vorbei an genau solchen halb versteckten talseitigen Häusern, die mich immer dazu bringen, mir andere Leben vorzustellen, und mein Glück durch Trockenmauern und herausgeputzte alte Gärten durch die sichere Beständigkeit dauerhaften Bewohntseins steigern. Wenn ich als Kind in den Ferien mit dem Zug zu meinen Großeltern fuhr, sah ich aus dem Fenster in den Wiesen, zwischen Bäumen und an Seeufern Mauern aufblitzen und dachte: *Da, dort wird alles in Ordnung sein.* Diese Gewohnheit habe ich nie abgelegt. Egal, wo ich hinkomme, ich finde das Haus, in dem ich ein besseres Leben führen könnte. Ich wusste bereits, dass mehrere davon an meinem Weg lagen.

Es waren Windstärken von 80 km/h vorhergesagt worden, aber solange ich durch die Bäume schlenderte, spürte ich sie nicht und konnte weiterhin ignorieren, was das bedeuten könnte. Schließlich war heute der einzige Tag, an dem ich bergsteigen konnte, also ging ich weiter, egal wie. Ich lief oben am Underscar Hotel vorbei, dieser bizarren Blase aus Reichtum und Wellness, und näherte mich dem Latrigg-Parkplatz, an dem meine Bergtour richtig beginnen würde. Zwar waren ein paar Menschen unterwegs, aber ich war froh, dass die Aussicht auf Wind oder eine tödliche Infektion ihre Zahl offenbar recht niedrig gehalten hatte. Ich würde nicht vorausprechen müssen, um allein zu sein. Ich hatte meine Energieriegel, meinen Trinkrucksack und eine handliche kleine Landkarte auf dem Handy. Es würde wunderbar werden.

Natürlich sah die lose Ansammlung von Wanderern, die die zackigen Serpentinen von Jenkin Hill heruntersteigen, ein bisschen – wie eigentlich? – vielleicht verfroren, vielleicht betäubt, vielleicht gerötet aus. Ich ging weiter.

Der Hang setzte die übliche Unterhaltung wieder in Gang, zwischen Gehen und Stehen, Steigen und Umdrehen, Schmerz und dem Ende des Schmerzes. Es ist immer dasselbe. Geht man weiter? Gibt man auf? Gehen ist Bergsteigen, und Bergsteigen ist eine Unterhaltung darüber, wie viel man wohl aushält. Nach zehn Jahren Rückenschmerzen weiß ich ungefähr, wie viel ich aushalte. Ich nutze jede sich bietende Gelegenheit, um mir zu beweisen, dass es mir gut geht – um Beschwerlichkeiten aus freiem Willen durchzuhalten. Ich mache täglich Sport, hebe Gewichte, paddele, gehe und gehe und gehe – selbst an einem Tag in London gehe ich zu Fuß Treppen und Rolltreppen in der U-Bahn hinauf und hinunter und versuche mir vorzustellen, dass ich mich auf steilen Wanderwegen vorarbeite – zum Grande Grève auf Sark, auf den Carnan Eoin auf Colonsay, all diese geliebten, fernen Orte. Inzwischen ist mein Körper schmerzfrei, und mir ist bewusst, dass ich kämpfe, damit das so bleibt, um ihn zu stärken und zu schützen. Außerdem lerne ich, mich dem Alter zu stellen, diesem nahen, harten Etwas.

Natürlich gibt es in der Londoner Underground kein Wetter, nur überhitzten Mief und recycelten Atem und diverse Infektionen. Etwa auf halber Höhe von Jenkin Hill fangen die Winde bei meiner Besteigung des Skiddaw spürbar zu stören an. Ich schwanke zwischen der Sorge, ich könnte von seitlichen Windstößen vom Weg geblasen werden, und der, die schweißtreibende Plackerei gegen 80 km/h starke Regenstürme würde mir die letzten Kräfte rauben. Doch je höher ich steige und je tosender der Wind wird, desto eher werde ich, wenn ich einer günstigen Tangente folge, meine Arme ausbreiten und mich zurücklehnen können, um mich stoßweise aufwärtsschieben zu lassen. Es ist ein merkwürdiges, ein berauschendes Gefühl, wie das Wirken einer kleineren Gottheit.

Mein Gesicht ist inzwischen beinahe taub, obwohl eine Lage Stoff darüberliegt, und meine Nase läuft permanent. Der Weg ist gesprenkelt mit potenziell infektiösen Papiertaschentüchern, die eben aus anderen vor Kälte steifen Händen geblasen wurden. Meine Tasche füllt sich allmählich mit feuchtem weißen Zellstoff.

Warum ist es eigentlich ein so schönes Gefühl, dieses Brennen in meinen Beinen und dieses leichte Kratzen hinten in meiner Kehle von den tiefen Atemzügen in der kalten Luft? Es ist ein Beweis fürs Leben. Es ist ein Beweis für meine Fitness. Es ist das Näherrücken der Gelegenheit, zurück-, hinunterzublicken und zu sehen, wie weit ich gekommen bin. Wo ich jetzt wohne, im flachen Essex nach dem flachen London, bekomme ich das nie – dort fehlt Perspektive, dort fehlt ein Maßstab. Stellen Sie Ihr Parlamentsgebäude nie an einen Ort, dem die Perspektive fehlt. Stellen Sie es hoch und höher, sorgen Sie dafür, dass jeder, der dort arbeiten möchte, sich erst hinaufkämpfen muss.

Als der Jenkin Hill zu Ende ist, ist mir nach Abzweigen und einem Abstecher zum Little Man. Bestimmt strotze ich von Hormonen, die in ihrer Kombination ein leises Triumphgefühl hervorrufen. Von hier aus wäre der Ausblick gut, würden einem nicht all die niedrighängenden Wolken und die Regengüsse die Sicht rauben. Ich könnte mir auf meiner Bergtour fast allein vorkommen. In eiligem Abstieg begegnen mir alle, die vorher in der luftigen Höhe verweilt haben. Sie sehen aus, als wären sie über die Freude hinaus an etwas Schlimmes geraten. Wie immer wirken viele Paare entzweit: einer verärgert, einer verbissen oder einer verwerflich glücklich. Ich frage mich kurz, wie viele Scheidungen auf solche Bergtouren folgen. Ich erinnere mich an die Vorliebe meines Vaters für glücklose Wanderrouten und gereizte Rückwege, seine Abscheu vor Landkarten, Erkundigungen nach dem Weg oder grundlegender Vorbereitung und Proviant. Er hat mich zu einer Erwachsenen gemacht, die gute Ausrüstung und Bereitwilligkeit zu schätzen weiß.

Nach dem Little Man lässt sich nur noch schwer ignorieren, wie zuverlässig in jedem Schattenloch Schnee liegt und wie eisig und stechend der Regen jetzt ist. Doch ich versuche es. Ich beschließe, da ich einmal hier oben bin, einen weiteren Abstecher zum Sale How zu machen. Ich habe Zeit, ich habe Tageslicht, ich habe drei Jahre gewartet, wieder hier zu sein. Ich bestehe auf meiner Entschlossenheit, das ewig konturlose Unterwegssein zu unterbrechen und langsam zu reisen, in menschlichem Tempo, damit ich auf jeden Fall Zeit habe, mir bewusst zu machen, wie glücklich ich bin. Ich habe keine Schmerzen, ich liebe meine Arbeit, ich habe es auf den

Skiddaw geschafft. Ich habe diesen einen Tag, und den werde ich auskosten.

Natürlich ist der Weg zum Sale How vom schlimmsten Wind gebeutelt, er peitscht über den Sattel wie ein wütender Groll. Alle, die noch hier oben sind, befinden sich auf dem Rückzug. Ein Mann hat einen gekränkt aussehenden Labrador dabei ... »Es ist einfach nur blöd da oben.« Ich stapfe trotzdem weiter, schlittere über halbgefrorenen Schnee zu einem Gatter, öffne es und gerate umgehend in ganz neue Gefilde des Winds. Es ist schwer, sich aufrecht zu halten. Ich kann es nicht. Ich falle auf die Knie und sehe zurück, dahin, wo Gestalten hinter den niedrigen Steinpyramiden hocken, die als Unterstand für genau solche Momente herumstehen.

Nun gut, ich blase zum Rückzug. Mein Ziel war der Skiddaw, und nur ihn brauche ich zu erreichen, um es geschafft zu haben. Ein schmaler Pfad führt über den Sattel zwischen dem Gipfel, den ich nicht erreichen werde, und dem, den ich mir in den Kopf gesetzt habe. Der Pfad wäre der kürzeste Weg, aber schon gleich zu Beginn fühlt es sich an wie eine Aufforderung zum Fliegen – zugleich wunderbar und unmöglich. Ich mache kehrt, vorbei an einem Vater und seinem Sohn, die sich an der Stille und dem langen Streifen Schnee im Schatten des Skiddaw erfreuen. Ich setze mich in den Windschatten des Berges, ziehe meine äußerste Schicht aus und füge eine weitere Zwischenschicht ein. Ich bin verfroren, aber schweißgebadet. Meine Hände sind tapsig. Ich bin beinahe an dem Punkt, an dem ich nicht mehr denken kann. Das ist natürlich gefährlich, aber auch der Punkt, auf den ich immer zustrebe – der Ort, an dem mein Kopf sich ausschaltet und ich in Frieden sein kann. Ich denke den ganzen Tag, ich werde fürs Denken bezahlt, ich plane und plotte und gebe um zwei Uhr morgens irgendwelchen Manien nach, ich träume von Spaß und träume von Geld in einem Tempo, das mir Migräne macht – es dauert schon ein paar Kilometer, das auch nur verstummen zu lassen.

Schwer entschlossen breche ich auf, um mir einen Weg durch das Heideland an der Flanke des letzten Anstiegs zu bahnen. Hier gibt es keinen Pfad, aber auch keinen Wind, der Gipfel ist da, um mich zu schützen. Es fühlt sich vertraut an, dieses schottische Heidehüpfen, wie ich da über drahtige Büsche hinwegsteige und mit einer Ruhe vorankomme, die meinen Wangen und meiner Stirn ein bisschen Erholung gönnt.

Der Gipfel ist der Gipfel – kleine Fetzen einer Aussicht zwischen Wolken, spiegelndem See, Befriedigung –, doch als ich aus der Deckung komme, reißt der Wind mich beinahe von den Füßen. Ich muss mich fast sofort für die nächste Pause ducken, einen Energieriegel, eine Erinnerung, dass ich nicht meine Arme ausbreiten und abheben kann, jedenfalls nicht ohne Gefahr.

Das hier ist für mich Erfolg, immer. Ich schaffe es – was immer *es* sein mag – und fast sofort plättet mich irgendein Ansturm von Widrigkeiten und verdirbt den Triumph. Dieser Calvinismus – er durchdringt einem die Knochen wie Radium.

Der Rückweg besteht aus blanken Steinen und ist eine Plackerei. Mein Knie fängt an zu stechen. Wie immer beim Abstieg. Ich erinnere mich zurück an den Sinai und den Weg hinunter zum Katharinenkloster und dem kleinen – angeblichen – Ableger des brennenden Dornbuschs. Er wächst im höchsten aller Hochbeete – über Kopfhöhe –, seine endlosen Triebspitzen von Frommen mit langen Armen gekappt. Ich hatte den Sinai über den Kamelpfad bestiegen, stieg aber über die Stufen der Reue ab, was sich vielleicht auf ihre Schwierigkeit bezog – ihr Zweck war, Besucher wie mich bereuen und das Böse aus uns herausschwitzen zu lassen, oder vielleicht bezog sich ihr Name auf die Buße eines sündigen Mönchs.

(Was mag das für eine Sünde sein, die sich nur sühnen lässt, indem man einen Bergpfad mit 3750 Stufen baut?) Ich wanderte nach unten, ein Stechen im Knie, durch den angeblich von Elias erbauten Bogen und dann durch den, den Moses erbaut haben soll. (Wer an alle Orte möchte, die nach Moses benannt sind, muss sich wohl aufs Klettern einlassen. Er war ein Mann der Berge, stieg immer hinauf, um Gott zu befragen, und brachte Botschaften herunter, Strafen, Gebote.) Auf diese Weise bewirken Schmerzen Abkürzungen durch die Zeit. Man vergisst sie, wenn sie vorbei sind, aber dann erwachen sie von Neuem, sie stechen hindurch und verbinden eine Zeit mit einer anderen. Ich erinnere mich an die ägyptischen Felsen von Milch und Honig, als ich vom grauen cumbrischen Eisregen in den grauen cumbrischen Regen wechsle. Der Dunst verstärkt über Meilen jeden Geruch – all die grünen Düfte von Blättern, Heidekraut, Torf, Kohlerauch, lebender Wolle, feuchtem Fels, Matsch und Humus. Es ist wie eine Symphonie.

Ich humpele Jenkin Hill hinunter, und als das Gefälle nachlässt, tut es auch der Schmerz in meinem Knie. Und da bin ich wieder, auf dem Rückweg, verschwitzt und zerzaust und zufrieden. Ich erinnere mich, wie ich in der Sonne saß, zurück und siegreich an den Festungsmauern des Katharinenklosters, wo ich gekochte Eier und Brot aß und einem Kamel zusah, wie es einen Apfel fraß und genauso glücklich aussah, wie ein Tier es nur sein kann.

Und als ich über die geteerte Straße zum Hotel gehe, begegnet mir ein Mann in jahrzehntealter abgenutzter Wanderausrüstung, gut in Schuss. Er hat ein freundliches Gesicht, ist weißhaarig und bärtig – so wie es ein Fremder, dem man in einer Geschichte auf der Straße begegnet, immer sein sollte. Er fragt mich: »Wie war es oben?« Ich sehe also aus wie eine, die den Berg bestiegen hat.

»Gut. Ein bisschen windig. Aber gut.«

Wir nicken und lächeln wie Menschen, die sehr erfreut sind, zu sein, wo sie genau in diesem Augenblick sind. Das Lächeln macht es vollkommen. Dann folgt er weiter seinem Weg und ich meinem. Ich wandere weiter.

Ich weiß noch nicht, was ich bei der Wanderung gelernt habe. Ich lerne langsam, und diese Dinge brauchen Zeit, aber irgendetwas wird kommen. Etwas, das vom Nutzen des richtigen Moments erzählt und vom Bereitsein, den richtigen Moment zu nutzen, vielleicht von der schieren Freude, lebendig zu sein.

Irgendetwas in dieser Art vielleicht.

Rund um Shikanodai

Pico Iyer

Es ist ein herrlicher Morgen im späten November, der strahlenden Jahreszeit in Japan, in der der Himmel wolkenlos ist und glasklar, auch wenn wir spüren, dass die Dunkelheit naht. Ein Tag wie geschaffen für einen Tempelgarten mit Ahornbäumen, deren Laub sich flammend rot gegen das Blau abzeichnet. Doch ich spaziere durch einen Vorort von Nara, der Hauptstadt Japans im achten Jahrhundert, eine Siedlung, die einem Wohnviertel bei Los Angeles nachempfunden ist. Die Häuser sind fast alle im westlichen Stil und schachbrettartig angeordnet. Mit gepflegten Garagen daneben, in denen Toyota-Prius- und jüngere Mercedes-Modelle stehen. Die Straßen sind schnurgerade – und blitzsauber – und haben keine Gehwege, da hier kaum mit Verkehr zu rechnen ist, sodass ich mitten auf der Fahrbahn schlendern kann wie in einer Filmkulisse.

Alles in allem könnte Shikanodai (oder »Hirschhang«, wie es auf Deutsch heißen würde) kaum weniger nach dem Japan aussehen, von dem ich geträumt habe, als ich mit neunundzwanzig meinen bequemen Job in Manhattan aufgab, um mich in die eindringliche Stille eines buddhistischen Tempels in den

Hinterhöfen von Kyoto zu versenken. Hier in der Gegend gibt es keinen einzigen Schrein oder Meditationsraum und kaum etwas hier ist älter als meine beiden japanischen Stiefkinder. Keine von Laternen beleuchteten Gassen, keine Frauen in Kimonos, keine Sushi-Bars mit hellem Holz-Interieur, keine Hightech-Läden. Die beiden Hauptstraßen heißen »School Dori« und »Park Dori«, wobei tatsächlich die englischen Wörter verwendet werden, wie um meinen zumeist älteren, gut situierten Nachbarn das Gefühl zu geben, sie hätten sich in Disney-Amerika zur Ruhe gesetzt.

Dennoch liebe ich meinen Morgenspaziergang – nicht zuletzt, weil wir hier kein Auto, Fahrrad oder sonstiges Fortbewegungsmittel besitzen –, und nachdem ich über ein Vierteljahrhundert lang Tag für Tag dieselbe Strecke zurückgelegt habe, kenne ich sie im Schlaf. Ich schlendere an der einzigen Ladenzeile vorbei – Bäckerei, Fotostudio, vier Beauty-Salons – und durch den Park mit seinen in Gold und Scharlachrot lodernden Ginkgo- und Ahornbäumen. Vorbei an dem Haus, dessen Pflaumenblüten im Februar rosa oder weiß über die Mauer lugen, und die stille Straße entlang, in der ich Anfang Oktober den zitronigen Duft von Kinmokusei-Blüten rieche. Vorbei an dem Haus mit dem Basketballkorb vor der Tür, der Pinnwand in dem Minipark, die uns daran erinnert, die Hinterlassenschaften unserer Vierbeiner mitzunehmen, vorbei an dem Haus, wo mich der Hund jeden Morgen zähnefletschend anknurrt, weil ihn der Buttergeruch des Fremden verstört.

Bevor ich nach Japan kam, war ich berauscht von seiner Tradition der Wanderpoeten. Sie wandelten nicht um Seen und Hügel herum wie William Wordsworth, sondern folgten einem beschwerlichen, steinigen Pfad wie Matsuo Bashō. Sein berühmtestes Werk *Auf schmalem Pfad durchs Hinterland* könnte sich ebenso auf die abgeschiedenen Gegenden

Nordjapans beziehen, die er durchwanderte, wie auch auf die inneren Gefilde, die der Akt des Gehens erschließen soll. Mönche der Zen-Tradition werden *unsui* genannt – »schwebend wie Wolken, fließend wie Wasser« –, um hervorzuheben, dass sie dem Buddha auf seinem täglichen Weg folgen, manchmal im ganz wörtlichen Sinn, wenn sie jeden Morgen mit Bettelschalen herumgehen und Essen sammeln.

Das Ziel ist nie das Ziel. Manche Tempel im dreißig Kilometer entfernten Kyoto begrüßen mich, wenn ich sie betrete, mit japanischen Schriftzeichen auf dem Fußboden, die »Schau unter deine Füße« bedeuten. Alles, was du brauchst, ist hier, vorausgesetzt, du bist wach genug, es zu sehen. Ein paar Stunden von dort entfernt, wo ich jetzt bin, wandern Gruppen älterer, weiß gekleideter Japaner zwischen den achtundachtzig Tempeln des Shikoku-Pilgerwegs umher und dann, als Höhepunkt, auf die mit Tempeln übersäte Hochebene Kōya-san hinauf, wobei sie geloben, den Rundgang zu vollenden, bevor sie sterben. Im Zentrum von Nara sehe ich noch in Tierhäute gehüllte Männer – *Yamabushi* oder Bergmönche –, die Muschelhörner tragen und vor einem Tempel leise Gesänge anstimmen. Sie befinden sich auf einer Wanderung, die erst mit ihrem letzten Schritt enden wird.

Doch als ich in jungen Jahren Matsuo Bashō las, stellte ich mir einen schmalen Pfad zwischen heiligen Bergen vor, tiefen Schnee, der das Fortkommen erschwerte, vielleicht ein Boot, vertäut auf einem See, und über mir kreisende Regenpfeifer, die den Himmel verdunkelten.

Was ich in meinen romantischen Träumen jedenfalls nicht sah, waren schachbrettartig angelegte Siedlungen mit identisch aussehenden, modernen Häusern, vor denen BMWs parken und deren Eingangstüren nur Schritte von der Straße entfernt sind. Ich hätte nie gedacht, dass ich einmal in einem

Zwei-Zimmer-Kabuff in einem gelben Apartmentblock wohnen würde, der auf den Namen »Memphis« getauft ist, zu Ehren des Geburtsortes von Elvis, der hier als Gott gilt. Als Kind dachte ich bei dem Wort Pilgerreise an etwas Altes und Heiliges draußen auf dem Land und niemals an einen Spaziergang, der an einer Reihe von Vorstadthäusern aus Beton vorbeiführt, von denen die einzigen in traditionell japanischer Bauart, nämlich mit grauen Ziegeldächern, Holztoren und hinter dicken Mauern versteckten Bonsai-Bäumen, ausgerechnet Berufsgangstern gehören, sodass jeder möglichst schnell daran vorbeigeht.

Nach etwa elf Minuten gehe ich an dem kleinen Gebäude vorüber, in dem Männer Zeitungen stapeln, dann an einer Reihe von Getränkeautomaten und an dem Haus, dessen Hund, jetzt in seinen Zwinger gesperrt, gerade noch ein warnendes Knurren zustande bringt, wenn er riecht, dass ich vorbeigehe. Vor mir taucht, halb versteckt zwischen dicken Bäumen, eine Treppe auf, die in eine andere Welt hinabführt.

Jahrelang gönnte ich mir diesen Spaziergang als Pause nach fünf Stunden am Schreibtisch, vielleicht auch als kleine Belohnung dafür, dass ich bei Sonne wie Nebel sitzend ausgeharrt hatte. Doch dann fiel mir etwas auf: Beim Gehen löste sich etwas in mir. Der bloße Akt des Fuß-vor-Fuß-Setzens lenkte meine Gedanken in andere Bahnen. Da ich kein Ziel hatte und nicht darauf achten musste, wohin ich ging, konnte ich meinen Verstand gewissermaßen von der Leine lassen wie einen Hund am Strand. Kam ich am Schreibtisch nicht weiter, konnte Gehen den Knoten lösen.

Und so begann ich, den Spaziergang fest in meinen Schreibrhythmus einzubauen, und war nicht überrascht, als ich erfuhr, wie viele Schriftsteller ihn in den Mittelpunkt ihres Schaffens stellen, wenn auch auf eine urbanere und weniger naturbesessene

Art als Henry David Thoreau. Philip Roth pflegte zu sagen, dass er für jede Seite, die er schreibe, eine halbe Meile zu Fuß gehe. Noch in seinen Siebzigern absolvierte P. G. Wodehouse täglich seine acht bis zehn Kilometer, was ihn nicht daran hinderte, über siebzig Romane zu produzieren, es vielleicht sogar überhaupt erst ermöglichte. John le Carré spazierte vor meinem geistigen Auge immer an einem stürmischen Tag auf einer Klippe mit gesenktem Blick einen Küstenpfad entlang und brütete über moralischen Zwickmühlen.

Und das ist der Sinn des Ganzen: Beim Gehen kann man ganz in seiner Fantasie leben. Auf meinem Spaziergang nehme ich häufig nichts um mich herum wahr – nur die Uferstraße in Havanna, den Malecón, der in einer Geschichte, an der ich gerade schreibe, eine Rolle spielt. Oder eine schmale Gasse in der Altstadt von Damaskus, in der ich die nächste Szene in meinem Roman ansiedele. Daniel Kahneman, der Verhaltensökonom und Nobelpreisträger, stellt fest, dass es bestimmte geistige Tätigkeiten gibt (wie das Berechnen großer Beträge), für die wir uns hinsetzen müssen, aber auch andere (über den Tellerrand hinausdenken oder sich dafür entscheiden, eine Geschichte vom Ende aufzuziehen), die wir am besten im Gehen verrichten, weil sich dabei neue Horizonte auftun. Bei meinem vierzigminütigen Spaziergang sammeln sich oft so viele Ideen und Sätze an, dass ganze Essays aus mir heraussprudeln, sobald ich wieder in unserer Wohnung bin.

Am Fuß der ausgetretenen rustikalen Treppe angekommen, erblicke ich zu meiner Linken ein Reisfeld, stachlig und grün. Auf einem Hügel über mir steht eine Holzhütte und auf dem zu ihr führenden Hang leuchten Bäume in Orangetönen. Die Häuser in diesem Dorf sind alle aus Holz und so gering an der Zahl, dass sie Familienmitglieder sein könnten, die sich um einen Herd versammelt haben. Zwängt sich ein Lieferwagen zwischen ihnen hindurch, muss ich mich an eine Mauer drücken, damit er mit maximal zwanzig Stundenkilometern vorbeifahren kann.

Ich durchquere diese unerwartete Anmutung eines älteren Japans und stapfe eine steile Straße zu einem alten Steintor hinauf, das nicht viel größer ist als ich selbst. Dahinter befindet sich der Susanoo-Schrein in angenehm abgeschiedener Lage fernab von meiner hellen Nachkriegs-Vorstadt. Er wurde 1552 erbaut. Ich trete ein, werfe ein paar Münzen in einen Holzkasten, verbeuge mich, klatsche zweimal in die Hände und ziehe an einem verschlissenen Seil, um eine Glocke zu läuten und die Götter anzurufen, und stehe dann in einem abgeschlossenen Gemäuer, von beiden Seiten von Löwenhunden bewacht und von einer schnatternden Wildnis erfüllt. Es handelt sich um genau die Art von Waldesdickicht, die mit Bulldozern planiert worden ist, um Vororte wie meinen zu errichten.

Ich danke den Shinto-Geistern dafür, dass sie uns alle beschützen – Susanoo ist der wilde, ungestüme Gott der Stürme –, und trete dann den Rückweg an, vorbei an dem Haus mit der breiten Einfahrt, in dem gerade Polizeihunde abgerichtet werden, vorbei an den Yuzu-Bäumen mit ihren leuchtenden Früchten, vorbei an meinem Freund von Tischtennisklub, der vor der Silhouette ferner Hügel Gemüse zieht, vorbei an dem Werkstattschuppen, aus dem Countrymusic dröhnt.

Jetzt nehmen erste Ideen Gestalt an, die sich nicht eingestellt haben, als ich noch saß. Ich zücke mein abgegriffenes weißes Notizbuch und schreibe sie auf. Achtunddreißig Jahre als wandernder Schriftsteller haben mich gelehrt, dass nur wenige Gedanken je wieder unbeschadet zurückkehren.

Die rustikale Treppe hinauf, und ich bin wieder im späten zwanzigsten Jahrhundert. Japan als Ganzes erscheint mir in zunehmendem Maße wie ein sehr altes, von Geistern bevölkertes Land, das sich nach der neuesten globalen Mode kleidet. Oft ist es nur ein Morgenspaziergang, der mich aus dem typischen Vorort herausreißt und in etwas versetzt, das der Tiefe näher ist.

Seit meinen frühen Zwanzigern lebe ich mehr oder weniger von der Beschreibung fremder Orte, und das bedeutet konkret, dass ich ferne Städte durchstreife. Ich steige in Maschhad, Rio oder Sanaa aus dem Flugzeug und gehe und gehe und gehe. In den ersten achtundvierzig Stunden meines Aufenthalts gebe ich dieser neuen und faszinierenden Fremde möglichst ausgiebig Gelegenheit, sich mir zu präsentieren.

In aller Regel habe ich weder einen Plan, noch gibt es bestimmte Orte, die ich unbedingt sehen muss. Ich möchte nur optische und akustische Eindrücke aufnehmen und Beirut, La Paz oder Lhasa gestatten, sich mir vorzustellen und von sich zu erzählen. Nach etwa zwei Tagen bilden sich Deutungen heraus, und dann sehe ich, was mir begegnet, nur noch im Licht meiner Gedanken. Aber zwei Tage lang gehe ich spazieren und sammele so viele Eindrücke wie möglich, ohne den Versuch zu unternehmen, sie in ein Muster zu zwingen.

Seit vielen Jahren lege ich, wenn ich vom Haus meiner Mutter in Kalifornien nach Japan zurückfliege, einen Zwischenstopp in einer asiatischen Stadt ein: in Bangkok, Shanghai, Hongkong oder Saigon. Unter Jetlag leidend, würde ich meine Familie zu Hause bis drei Uhr in der Frühe wach halten und dann um drei Uhr nachmittags, wenn die anderen herumwuseln, versuchen zu schlafen. Also streife ich, den Jetlag als Suchscheinwerfer nutzend, sieben Tage lang durch die nächtlichen Straßen einer Großstadt, sehe, was erst nach Einbruch der Dunkelheit zum Vorschein kommt, und vermesse ihr Unterbewusstes und möglicherweise auch meines.

Ein solcher Spaziergang wird nie langweilig: In den frühen Morgenstunden findet sich in der Soi 7 immer ein italienisches Restaurant, das geöffnet hat, oder in der ehemaligen französischen Konzession eine *boîte*, die Tee und Sorbets serviert. In einer sittenstrengen Stadt wie Singapur kann es aufschlussreich sein zu beobachten, was nach Büroschluss geschieht.

Hier in Nara brauche ich auf meinem Rückweg durch Shikanodai keine derartige Einweisung, obwohl dieser Ort nie ganz der meine sein wird. Seit achtundzwanzig Jahren bin ich hier, und doch ziehe ich es vor, mit einem Touristenvisum in Japan zu leben, auch um mich daran zu erinnern, dass es immer Ausland und aufregend fremd für mich bleiben wird und dass ich niemals allzu viel als selbstverständlich werde ansehen können.

Ein kleiner Hund führt seinen betagten Besitzer Gassi, als ich mich unserer Wohnung nähere, doch der Hund trägt einen roten Mantel und der Besitzer nicht. Eine ältere Dame hastet zur Apotheke am Ort, vorbei an dem Gemüsestand, den ein ortsansässiger Bauer neben dem Park aufgebaut hat. Wir sind auf drei Seiten von Hügeln umgeben, und wenn ich falsch abbiege, lande ich in einem großen Bambuswald oder an einer Ginkgo-Baumreihe. Mittlerweile kenne ich die Gemeinde so gut, dass ich aus dem Spiel des Lichts und selbst aus den gelegentlichen Geräuschen (Kinder auf dem Schulweg, der örtliche Bus beim Anfahren) auf die Tageszeit und die Jahreszeit schließen kann.

Ich mache diesen Spaziergang jeden Morgen ungefähr zur gleichen Zeit, und ich würde ihn gern jeden Tag machen, bis ich sterbe. »Hinausgehen, so fand ich heraus«, um mit John Muirs Worten zu sprechen, »bedeutet eigentlich hineingehen.« Selbst an den Tagen, an denen meine Gedanken nirgendwohin schweifen, gibt es immer etwas Neues oder Überraschendes zu sehen in diesem erstaunlich gewöhnlichen Viertel, einem Ort, den ich mir aus der Ferne nie hätte vorstellen können und ohne den zu leben ich mir heute nicht mehr vorstellen kann. »Um etwas dazuzulernen ...« Ein kluger Freund aus New York schickte mir dieses Zitat des amerikanischen Naturforschers John Burroughs. »... gehe den Weg, den du gestern gegangen bist.«

Ich erklimme die zwei Treppen in unserem bescheidenen Sechs-Parteien-Wohnblock, setze mich gleich an den Schreibtisch und breche mit meinem Stift zu einem Spaziergang auf, der inniger und weniger sichtbar ist.

Even Greater Kailash
(und Teile von Coonoor)

Keshava Guha

Indien ist kein Land für Fußgänger. In *Auf der Suche nach Indien* meint E. M. Forster, niemand wüsste das besser als die Inder selbst. Über seinen Protagonisten Dr. Aziz schreibt er:

> Es ermüdete ihn, zu Fuß zu gehen, wie es in Indien
> bis auf den Neuankömmling jeden ermüdet. Der
> Boden scheint etwas Feindliches an sich zu haben.
> Er gibt entweder nach und man sinkt beim Gehen
> tief in ihn ein oder er ist unerwartet zäh und
> scharfkantig ... Nach einer Reihe solch kleiner
> Überraschungen fühlt man sich ganz erschöpft.

Nur wenige Inder wären – damals wie heute – anderer Meinung.

Objektiv gesehen ist Delhi sogar nach indischen Maßstäben nicht eben fußgängerfreundlich. Es hat die heißesten Sommer und kältesten Winter aller indischen Großstädte und ist ständig von hektischem Treiben erfüllt. Theoretisch gibt es zwar Gehwege, die aber, wenn sie nicht als Parkplatz dienen, häufig aufgegraben sind und an eine noch nicht abgeschlossene Operation erinnern, bei der das ursprüngliche Organ und das Transplantat nebeneinander auf dem Körper liegen. Von der Luft wollen wir gar nicht erst reden.

Dennoch gibt es wirklich nur zwei Arten, eine beliebige Stadt kennenzulernen: vom Oberdeck eines Busses aus oder zu Fuß. Städte sind nicht dazu da, dass man sie aus der Luft betrachtet, ob nun per Hubschrauber, Flugzeug oder Heißluftballon. Wer in Delhi landet, weiß in der Regel, dass es den größten Teil des Jahres über nicht von oben zu sehen ist. Und die letzten Doppeldeckerbusse der Stadt wurden bereits vor Jahrzehnten aus dem Verkehr gezogen.

Ein Spaziergang durch South Delhi ist daher viel weniger sinnlos als manch anderes, das Menschen dort auf den Straßen tun, zum Beispiel einen Lamborghini fahren oder mit einem Alaskan Malamute Gassi gehen. Im Gegensatz zu diesen Aktivitäten betrifft das Spazierengehen nur den Spaziergänger. Und wie ich über viele Jahre hinweg festgestellt habe, mag es der Gegend zwar an konventionellem Charme fehlen, doch dafür hat sie viele andere Vorteile. Charme ist in jedem Fall überbewertet – und gänzlich unabhängig von anderen Vorzügen.

»South Delhi« bezieht sich auf die geplanten Wohnviertel südlich des kolonialen New Delhi. Sie wurden ursprünglich für Flüchtlinge erbaut, die zur Zeit der Teilung Indiens aus dem West-Punjab kamen. Noch heute stellen deren wohlhabendere Nachfahren den Hauptteil der Bewohner. Die Viertel selbst werden »Kolonien« genannt, eine Erinnerung daran, dass es in South Delhi zwar nicht an ererbten Ressentiments gegen Muslime fehlt, antikoloniale Gefühle aber längst der Vergangenheit angehören. Wenn Delhi die bei anderen Indern am wenigsten beliebte Stadt ist – nur die

Erinnerung an das alte Delhi der Moguln kann eine gewisse Romantik für sich beanspruchen –, dann sind die Kolonien von South Delhi der Inbegriff für alles, wofür Delhi verabscheut wird.

Ich wohne in Pamposh Enclave, einer ursprünglich für Hindus aus Kaschmir gebauten Kolonie. Aber Pamposh umfasst nur drei kurze Straßen; es ist nicht mehr als ein kurzer Satz in einem langen Abschnitt über Greater Kailash. So wohne ich zwar in Pamposh Enclave, aber ich gehe in Greater Kailash spazieren. Nicht in den dafür gedachten Parks, sondern auf den Straßen.

Der Name »Greater Kailash« ist eine kleine Kuriosität. Nicht das »Kailash« (der Mount Kailash in Tibet wird seit Jahrtausenden als Sitz des Gottes Shiva verehrt), sondern das »Greater«. Den meisten Menschen fällt das allerdings gar nicht auf – im Alltag sprechen sie sowieso nur von »GK«. Der Teil, durch den ich spaziere, heißt heute Great Kailash-1. Zur Zeit seiner Erbauung in den 1960er-Jahren hieß er nur Greater Kailash. Als Nächstes kamen GK-2, später GK-3 und schließlich, weniger deutlich umgrenzt, GK-4. Nördlich von GK-1, noch innerhalb meiner üblichen Spazierwege, liegt Kailash Colony. Auf der anderen Seite der Lala Lajpat Rai Road liegt das korrekt so genannte »East of Kailash«, wo ich geboren wurde (das Gebiet östlich von Kailash, nicht Kailashs östlicher Teil).

»Greater Kailash« sollte eigentlich das Ganze bezeichnen, was es in gewisser Weise auch tut. Im übertragenen Sinn steht es für das hässliche South Delhi insgesamt. In den letzten Jahren ist die Hipster-Minderheit von South Delhi in alarmierendem Tempo nach Goa geflüchtet, vertrieben von der Luftverschmutzung und dem aufstrebenden Hindu-Nationalismus im Landesinneren, aber auch angezogen von den niedrigen Mieten, dem billigen Alkohol (jetzt auch als Craft Pale Ale und Gin in kleinen Mengen) und der Trägheit, die alle Orte auszeichnet, an denen man das ganze Jahr über kurze Hosen tragen kann. Von einem Freund aus Goa weiß ich, dass Assagao, ein bei Flüchtlingen aus South Delhi besonders beliebtes Dorf, inzwischen »Even Greater Kailash« heißt.

Im ursprünglichen GK überlege ich mir für meine Spaziergänge oft ein Thema. Zum Beispiel das *barsati*. Das *barsati*, eine Einzimmerwohnung auf dem Dach eines Hauses, war das Ergebnis von Bebauungsvorschriften, die die Zahl der Stockwerke pro Gebäude begrenzten. Solche Wohnungen waren ausgesprochen billig und holten junge Künstler, Designer und Akademiker aus ganz Indien nach Delhi, darunter meine Eltern. Und in einer davon, die es wie die meisten heute nicht mehr gibt, wurde ich gezeugt. Die Abschaffung der Höhenbeschränkungen löste eine Bauwut aus, die bis heute anhält. GK ist jetzt eine Welt der »Bauherrenwohnungen«, und jedes Mal, wenn ich an einem *barsati* vorbeikomme, denke ich, dass es das nächste Mal vielleicht schon nicht mehr da ist.

Bei anderen Spaziergängen konzentriere ich mich auf offene oder geschlossene Balkone, Letztere das Phänomen einer Zeit, in der man nicht mehr auf Balkonen sitzt. Wer sich auf einem GK-Balkon entspannt, macht als täglichen Sport vermutlich einen Spaziergang im Park, anders ausgedrückt: Er oder sie ist über sechzig. Auf den menschenleeren Balkonen ist wieder Platz für einen altehrwürdigen Zweck, das Trocknen von Wäsche. Und für das Symbol des indischen Konsumkapitalismus der Zeit nach 1991: die Klimaanlage.

Weniger oft, als man sich wünschen würde, aber oft genug sind die Balkone auch mit Topfpflanzen gefüllt. Mich zieht immer wieder ein Balkon in Kailash Colony mit makellos gepflegten und bewässerten Pflanzen und einer zweiten Reihe von Blumenkübeln auf einem niedrigeren Sims an. Diese Blumen stehen so tief, dass man sie von innen nicht sieht. Sie dienen also ausschließlich der Freude der Passanten.

Als ich zur Zeit der Pandemie 2020 nach einem halben Jahr der Abwesenheit nach Delhi zurückkehrte, lernte ich auf meinen Spaziergängen die überraschenden Lösungen kennen, die Greater Kailash für die neuen Einschränkungen gefunden hatte. Im Oktober 2020 erlebte ich an jedem Abend, wie Hochzeitsfeiern vorbereitet oder durchgeführt wurden – auf dafür geschmückten Parkplätzen. Neubauten mit Wohnungen bestehen in GK in der Regel aus vier Einheiten. Den größten Teil des Erdgeschosses nehmen »Stelzenparkplätze« ein. Diese hatten genau die richtige Größe für Hochzeiten mit fünfzig Gästen – die zugelassene Höchstzahl während der Pandemie.

GK ist wie andere Kolonien von Delhi, sogar das kleine Pamposh, in »Blöcken« angelegt. Diese Blöcke beginnen mit B und enden mit W. Dazwischen werden aus heute nicht mehr einsichtigen Gründen einige Buchstaben ausgelassen. Quer durch die Mitte verläuft die Hauptstraße Hansraj Gupta Marg, die keine Gehwege hat und von einem Mischmasch aus Hautkliniken und 3-Sterne-Hotels gesäumt wird (das Grand Vikalp, das Solo Victoria und mein Liebling, das Hotel Private Affair). Ich bin schon oft durch jeden Block spaziert und habe immer wieder – gewöhnlich erfolglos – versucht, Anzeichen für einen besonderen Charakter zu finden, dafür, dass diese Untereinheiten von Greater Kailash unabhängig vom Ganzen eine eigene Bedeutung haben.

Die Unterschiede sind – ohne den Immobilienmaklern zu nahe treten zu wollen, die etwa sagen, Block W sei die einzig exklusive Adresse von GK – weniger in den Straßen zu erkennen als in den Parks, die von den Wohlfahrtsverbänden der

Anwohner so geprägt sind wie Erwachsene von der Erziehung ihrer Eltern.

Den Park von Block E, aufgeräumt, aber ungewöhnlich trist, haben die Eltern versaut. Der von Block R ist mit einer Extravaganz und Sorgfalt gestaltet und gepflegt, wie sie in Indien normalerweise privatem Geld vorbehalten ist. Der von Block S ist an Nachmittagen von munterem Leben erfüllt: Drei Sportarten werden dort ausgeübt, Neunzigjährige machen einen Verdauungsspaziergang, junge Großmütter streiten mit ihren Schutzbefohlenen, ob es Zeit ist, nach Hause zu gehen. Manchmal unterbreche ich einen Spaziergang dort, um ein paar Sprungwürfe zu absolvieren, während der Rest des Basketballplatzes mit Kleinkind-Kricket belegt ist. Nach einem Regenschauer riecht es hier wie am Strand, und der salzige Sand bleibt bei jedem Aufprall am Ball haften. Der einzige leere Teil des Parks ist die Bücherei, in der *Mansfield Park* zwischen Aravind Adigas *Golden Boy* und einem Bericht über Fälle des indischen Supreme Court von 1998 steht. Alle zwei Wochen gehe ich dorthin, um mich zu vergewissern, dass keins der Bücher berührt wurde.

Indien ist nirgendwo ...

Als Forster schrieb, Indien sei kein Land für Fußgänger, war er auf der richtigen Spur, aber später im Buch machte er eine wichtige Klarstellung. Er schrieb über Adela Quested: »In ihrer Unwissenheit betrachtete sie ihn [Aziz] als das personifizierte Indien und kam nicht auf den Gedanken, dass ... kein menschliches Einzelwesen Indien je zu verkörpern imstande gewesen wäre.«

Auf der Suche nach Indien hatte 2021 gegenüber 1924 fast nichts an Aktualität eingebüßt, was mehr von Forsters scharfem Blick zeugt als von der Unveränderlichkeit des Landes. Und Forster schrieb keinen anderen Satz, der gültiger gewesen wäre. Das »wahre Indien« gibt es nicht und hat es nie gegeben.

In Coonoor ...

Niemand ist Indien, und genauso gilt, dass nirgends Indien ist. Indien ist Delhi, und es ist auch Coonoor, die inmitten von Teeplantagen im westlichen Tamil Nadu gelegene ehemalige Sommerfrische der britischen Kolonialbehörden, in der ich immer einen Teil des Jahres verbringe. Delhi hat vielleicht 20 Millionen Einwohner, Coonoor 50.000, aber zu behaupten, das eine wäre deshalb Indien, ist ein Trugschluss. Keine Stadt kann das beanspruchen, genauso wenig wie die Mehrheit so etwas entscheidet – eine Logik, nach der die Hindi sprechenden männlichen Hindus versuchen, ihre Lebensweise den anderen Indern aufzuzwingen.

Bertrand Richards, in den 1970er- und 1980er-Jahren Richter am Crown Court von Ipswich, verteidigte einst die Bestrafung mit dem Rohrstock damit, dass »das Gesäß von der Natur dafür vorgesehen« sei. Auf meinen Spaziergängen durch Coonoor denke ich manchmal an Richter Richards – der berüchtigt für die Ansicht war, man müsse manchen Vergewaltigungsopfern ihre Sorglosigkeit vorwerfen. Die meisten von uns sind zu der Einsicht gekommen, dass er sich in Bezug auf das Gesäß geirrt hat und noch viel mehr in Bezug auf Vergewaltigungen, aber niemand würde bestreiten, dass Coonoor für Spaziergänge wie geschaffen ist. Jeder Schritt widerlegt Forsters These.

Coonoor liegt auf einer Höhe von 1752 Metern. So hoch, dass man im Hochsommer selten schwitzt, und so weit südlich, dass die Luft Ende Dezember so mild und liebevoll über die Haut streicht wie ein Familienhund. Abgesehen vom Monsun ist alles sanft und mild: die Hügel, der Boden und die Autofahrer, die – ja, es sind indische Autofahrer – Fußgängern Platz machen, ohne auch nur an den Einsatz der Hupe zu denken. Coonoor ist ein Geheimnis, das man eigentlich bewahren sollte. Dass ich hier darüber schreibe, ist in höchstem Maße unverantwortlich.

Natürlich gehe ich sehr gern in Coonoor spazieren, so wie jeder andere normale Mensch auch. Aber ich vermisse auf meinen Spaziergängen Greater Kailash und seine versteckten Freuden. Ein Spaziergang in Coonoor ist wie eine Dusche in genau der richtigen Temperatur und Stärke. Er hat eine einschläfernde Wirkung. Auf Spaziergängen in Coonoor kommen mir Ideen für Romane, oder ich spiele in Gedanken einige spektakuläre Würfe des Cricketspielers Shane Warne nach. Aber wenn ich dann wieder durch GK laufe, sehe ich schärfer, und meine Neugier ist stärker.

* * *

Kann sein, dass mein auf Texte fixiertes Gehirn sich mehr zu Straßenschildern hingezogen fühlt als zu Blumen. In dieser Hinsicht können nur wenige Orte mit Greater Kailash mithalten.

Die Kolonien von South Delhi, so die Legende, waren einmal ein nachbarschaftliches Viertel mit gemeinsamen Tanduröfen und Freundschaften, die auf Parkbänken geschlossen wurden. Aber die Nachbarschaft endete in einem Strom neuer Autos. Bei der Planung von GK ging man noch davon aus, dass jede Familie (höchstens) ein Auto besaß. In den Anfangsjahren dieses Jahrhunderts waren es durchschnittlich zwei, inzwischen geht man von dreien aus. Kriege um Parkplätze sind ein von niemandem beachtetes Vorspiel zu den Kriegen, die der Klimawandel auslösen wird. Ein absolut allgegenwärtiges architektonisches Detail in GK ist das Parkverbotsschild am Einfahrtstor. Auf etwa der Hälfte davon steht zusätzlich: AUS DEN REIFEN WIRD DIE LUFT GELASSEN.

Wenn GK für etwas bekannt ist, dann dafür, dass solche Drohungen keine leeren Worte sind. Es gibt solche Schilder in allen Kolonien von South Delhi, aber in GK werden die Drohungen auch wahr gemacht. Ein Eckhaus in Block S hat sechs große Autos und sieben Schilder in verschiedenen Farben, die platte Reifen androhen.

Fast genauso häufig ist die Werbung für Internet-Dienstleister: ACT, Hathway, Spectranet, Tat Sky, Airtel und XStream. Und in der Zeit, in der Sie das lesen, kommen wahrscheinlich sieben neue hinzu. Seit Jahren schmücken sie jeden Baum und Strommasten. Dann hatte ein solcher Anbieter die geniale Idee, unter den Anwohnern Parkverbotsschilder zu verteilen. Noch hat keiner es gewagt, sein Logo auch unter die Drohung mit den Reifen zu setzen; aber der Tag ist nicht mehr fern.

Wenn die Internetwerbung ein Hinweis auf das postsozialistisch kommerzielle Delhi ist, sind andere Schilder eine liebenswerte Erinnerung daran, dass Greater Kailash in mancher Hinsicht immer noch ein nachbarschaftlich geprägtes Viertel ist. Nur jemand, der alle Blöcke von GK abgeschritten ist, weiß, dass die Französischlehrerin, die ihre Dienste für »Schüler der Klassen 6 bis 10« anbietet, alle Buchstaben von B bis W und außerdem jeden Block von Kailash Colony mit ihrer Werbung eingedeckt hat, nur aus irgendeinem Grund nicht Pamposh Enclave. Im Gegensatz dazu hat der Mann, der behauptet, mit seiner besonderen Technik jeden Schüler zum Klassenbesten machen zu können, sich mit seiner Werbung bisher auf Block S beschränkt.

In Coonoor haben die Häuser, von denen viele noch aus der Kolonialzeit stammen, Namen, die geradewegs aus den *Just Williams*-Büchern kommen könnten, mit denen ich aufgewachsen bin – »The Laurel«, »Milford« oder »Rose Cottage«. In GK haben sie Zahlen: B-39 oder R-211. Aber eins von zwanzig Namensschildern verrät mehr. Es erinnert eine vergessliche Welt daran, dass der Bewohner früher ein hoher Beamter der Steuerbehörde war oder immer noch der Präsident einer Menschenrechtsstiftung ist.

Zumindest zwei Häuser in Coonoor tragen die Namen längst vergessener Fürstentümer: Dhrangadhra in Gujarat und Lambagraon-Kangra. Ich habe oft über die Hartnäckigkeit geschmunzelt, mit der sich die Nachfahren dieser kleinen Fürsten noch fünfzig Jahre nach Abschaffung aller Adelstitel in Indien an ihren Anspruch auf königlichen Status klammern. Aber unmittelbar neben der Außenstelle von Dhrangadhra in GK liegt der Wohnsitz des Honorarkonsuls der Republik Montenegro. Wenn Dhrangadhra ein Land wäre, wird mir klar, wäre seine Bevölkerung größer als die von Montenegro – und von mindestens dreißig weiteren Mitgliedsstaaten der Vereinten Nationen.

* * *

Die Umarmung eines Huskys ...

Gefragt, warum Delhi so unbeliebt ist, würden die meisten Inder sofort auf die kollektiven Laster Grobheit und Aggressivität zu sprechen kommen und auf die patriarchale Gesellschaft. Nach Einbruch der Dunkelheit ist die Stadt für Frauen notorisch unsicher und auch tagsüber, vor allem unter der Woche, ist das öffentliche Leben einseitig von Männern geprägt. Der Kontrast zu den Rivalinnen Mumbai und Bengaluru ist unübersehbar. In diesen Städten sieht man Frauen überall, und sie arbeiten in allen erdenklichen Berufen.

Nur in Delhi habe ich es bei winterlichen Spaziergängen, die am rauchverhangenen Nachmittag beginnen und im miefigen Dunkel enden, erlebt, dass Frauen vor mir auf die andere Straßenseite ausweichen. Dabei handelt es sich um ruhige, oft menschenleere Straßen in GK. Die Frauen drehen sich nicht um. Meine Schritte, mein Schatten oder ihr peripheres Sehen, das für einen ähnlichen Zweck entwickelt wurde, signalisieren ihnen, dass sich ein Mann nähert. Mit grimmigem Humor denke ich dann an den Satz, den Fußballkommentatoren immer sagen, wenn ein Verteidiger den Ball nach einer Ecke ins Aus köpft: Er geht kein Risiko ein. Die Frauen auch nicht.

Von einem anderen Kontrast zu Mumbai und Bengaluru ist seltener die Rede. Von Indiens Großstädten – oder vielleicht sollte man genauer sagen: von seinen Megastädten – ist nur Delhi einsprachig. Wenn die Menschen von der »Vielfalt« Indiens sprechen, meinen sie vor allem die Sprachen. Wir haben keine gesetzlich verankerte oder mehrheitlich gesprochene Landessprache. In Mumbai und Bengaluru kann man auf einem Spaziergang wie in Wien oder Prag oder Brooklyn um 1910 ein halbes Dutzend Sprachen hören. Auf meinen Spaziergängen in Delhi höre ich meist nur eine. Das dort gesprochene Hindi/Urdu wurde früher Hindustani genannt, inzwischen nur noch Hindi. Es übernimmt immer mehr Substantive aus dem Englischen und ist in Delhi mit Punjabi durchsetzt. Trotzdem bleibt es Hindi, und mehr braucht ein Delhiwalla nicht zu wissen.

Eines Abends, nachdem ich mit Unterbrechungen acht Jahre in Pamposh Enclave gewohnt hatte, hörte ich zwei Frauen Tamil sprechen – die Muttersprache aller meiner mir bekannten Vorfahren. Da viele dieser Vorfahren für das britische Kolonialreich gearbeitet haben, spreche ich Tamil leider nur so gut wie John F. Kennedy Deutsch. Aber es auf einer Straße in Delhi zu hören war Balsam für meine Ohren, so wie für alle Einwanderer, die auf fremdem Boden plötzlich ihre Muttersprache hören. Zu meiner eigenen Überraschung ging ich auf die beiden zu und fragte sie höflich auf Tamil, wie es ihnen gehe. Ich habe mich nie so sehr als Tamile gefühlt.

In Coonoor, wo die Verkehrssprache Tamil ist, fühle ich mich besonders wenig als Tamile, weil ich es so schlecht spreche. Dafür ist es in Coonoor üblich, Fremde auf Spaziergängen zu grüßen oder mit ihnen zu plaudern. In Greater Kailash begegne ich, von dieser einen Ausnahme abgesehen, unterwegs in der Regel Hunden und nicht Menschen.

In allen indischen Städten ist die Population von Straßenhunden in diesem Jahrhundert explodiert. Ein Grund dafür ist das Verschwinden der Geier, der traditionellen Aasfresser in Delhi. Inzwischen gibt es allerdings, ohne dass man die Entwicklung bemerkt hätte, fast genauso viele Katzen wie Hunde. Ein mir bekannter Kater ist so groß und mit seinem gefleckten Fell einem Jaguar so ähnlich, dass er in meinen Augen keine Hauskatze mehr ist, sondern eine auf Stadtgröße geschrumpfte Großkatzenart – *Panthera pamposhae*. Er sitzt lieber auf den oberen Ästen eines Indischen Goldregens als auf der Erde. Als ich einmal von einem Spaziergang nach Hause kam, sah ich, wie er seinen Baum mit einer Hast hinunterraste, wie man sie hat, wenn man seine Gefährtin in den Tatzen eines anderen sieht.

Ich kann mit Katzen nicht umgehen. Hunde sind etwas anderes. Streunende Hunde spalten die Kolonien von Delhi, wie die Fußballvereine Boca und River Buenos Aires spalten. Die beiden Parteien, Hundefreunde und Hundefeinde, stehen einander mit Hass und Verständnislosigkeit gegenüber. Als Hundeliebhaber, der auf Spaziergängen am Tag in GK schon des Öfteren unschuldig angegriffen wurde, leide ich an einem kleinen, aber dennoch störenden Problem – ich weiß nicht, wo ich stehe. In der Praxis begegne ich Straßenhunden mit höflichem Misstrauen und Haushunden mit überschwänglicher Freundlichkeit.

Die Haushunde der anderen Einwohner von Greater Kailash sind das durchgängigste Motiv der Spaziergänge durch meinen Stadtteil. Wenn ich einen Spaziergang plane, bereitet mir – 2000 Kilometer vom Hund meiner Familie getrennt – die Vorstellung, welchem Hund oder welchen Hunden ich begegnen werde, zunehmend Vergnügen.

Die Haushunde von GK sind in der Regel träge und antriebslos oder, freundlicher formuliert, extrem ruhig. Was sollten sie auch sonst sein? Sie gehören überwiegend hitzeempfindlichen Rassen an, und sie dem Sommer in Delhi auszusetzen ist ein Akt reinen Sadismus. Von der Luftqualität ganz zu schweigen. Parkverbotsschilder mit der Androhung platter Reifen sind mindestens zehnmal häufiger als Schilder, die vor Hunden warnen. Zumindest in dieser Hinsicht sind die Hausbesitzer von GK wirklich ehrlich.

Der atemberaubende Sadismus der Hundeliebhaber besteht darin, den Bernhardiner, den Alaskan Malamute und den damit verwandten Siberian Husky nach Delhi zu importieren. Den Sommer verbringen sie, wenn sie Glück haben, in einem klimatisierten Gefängnis. Sie im Sommer draußen herumlaufen zu sehen heißt, die Grausamkeit zu verstehen, die sich manchmal Liebe nennt.

Im Winter leben sie trotz der schlechten Luft wieder auf. Ich denke vor allem an einen Husky, der mit seiner Schwester in Block B wohnt. Dort gibt es die prächtigsten Häuser von GK und nicht selten sieht man einen Husky in unmittelbarer Nachbarschaft eines Porsche. Den ganzen Winter über sind sie tagsüber in Gesellschaft von zwei Aufpassern lose an zwei Bäumen vor dem Tor angebunden. Die Schwester beachtet mich nicht. *Er* dagegen sieht mich immer kommen, und wenn ich bei ihm bin, ist er bereit.

Wenige Umarmungen sind ganz ausgeglichen. Gewöhnlich gibt es einen, der umarmt, und einen, der umarmt wird, und die meisten von uns neigen der einen oder der anderen dieser beiden Rollen zu. Der Husky, dessen sadistischen Besitzern ich nie begegnet bin und deren Namen ich nicht kenne, umarmt aktiv. Sobald ich mich ihm nähere, stellt er sich auf die Hinterbeine, und dann drückt er mir zwei Pfoten fest ins Kreuz. Während der Pandemie 2020 war er über ein Jahr lang der Einzige, den ich umarmt habe.

Salim Ali, der große indische Ornithologe und Naturforscher, der das Verschwinden der Geier nicht mehr erlebte, nannte seine Autobiografie *The Fall of a Sparrow*, der Untergang eines Spatzen. Das Delhi des 21. Jahrhunderts ist sogar für indische Verhältnisse die lebende – oder vielleicht genauer sterbende – Verkörperung des Anthropozän. Man findet nicht leicht einen schlagenderen Beweis für das absurde Ausmaß, in dem wir die physische Welt kollektiv formen, statt sie annehmen zu wollen, als den Siberian Husky. Vom Untergang eines Spatzen bis zur Umarmung eines Huskys vollzieht sich hier eine Tragödie, die zugleich eine Farce ist. Aber Leben ist immer konkret. Und in Greater Kailash oder sonst wo auf einem Spaziergang im Winter stehen zu bleiben und von einem wuscheligen Fellkörper umarmt und gewärmt zu werden verschafft einem ein Gefühl ungetrübten Glücks.

Eine Aufzeichnung
(Regen)

Jessica J. Lee

Im Wald gibt es Tage, an denen ich meine Entscheidungen hinterfrage: meine Fixiertheit, meine Sturheit. An denen mich der Gedanke umtreibt, dass ich an einem anderen Tag hätte gehen, mich anders hätte anziehen, dass ich hätte nachgeben sollen. An denen die Vorstellung, einen Spaziergang zu machen, ganz und gar schrecklich ist.

Heute ist so ein Tag. Regen. So viel, dass ich nicht über den Rand meiner Kapuze hinaussehen kann. Er fällt wie eine Wand, schräg und von der Seite, getrieben von Böen. Der Regen weht im Wind wie Wäsche an der Leine. Glitschig und kalt und spitz. Wenn er nicht strömt, prasselt er, beißt mir in den Augen und ergießt sich in meine Stiefel. Regen tropft über meine Lippen; im Mundwinkel schmecke ich Salz. Kalten Schweiß. Hinter mir läuft mein Hund, als folge er meiner Spur. Ich höre, wie er sich minütlich das Wetter aus dem Fell schüttelt, und wünschte für einen Moment, ich hätte ihn zu Hause im Warmen gelassen.

Sechs Jahre lang bin ich zu jeder Jahreszeit durch den Mühlenbecker Forst gelaufen und habe ihn zu einem Archiv der verstreichenden Zeit gemacht. 24 Jahreszeiten. Erinnerungen an einzelne Spaziergänge fließen ineinander. Hell, trocken, kühl. Sonne, Blatt, Eis. Doch so hat es noch nie geregnet. Der Weg, den ich jeden Sommer, Herbst, Winter und Frühling gegangen bin, ist unsichtbar. In der von Wanderern ausgetretenen Senke steht knöcheltief Wasser. Es sammelt sich dort, wo Blätter, Piniennadeln und Sand mit Moos verklumpen. Es fließt in kleinen Strömen den Abhang hinunter ans Ufer, das der See überspült hat.

Sind Regen- und Seewasser, die sich hier treffen, ein und dasselbe? Beide sind weich und süß. In der Landschaft sammelt sich karamellfarbener Schlamm.

* * *

In einer anderen Zeit, zu weit entfernt, als dass man sie noch greifen könnte, wurde dieses Plateau durch Eis geformt. Die Kanäle sind mächtiger als jene, die vom Fluss und vom Regen hineingeschnitten wurden. Ton und Sand dokumentieren die Bewegung des Eises. Die Barnimplatte nördlich von Berlin liegt 100 Meter über dem Meeresspiegel. Das ist nicht weiter bemerkenswert, bis man sieht, wie flach das Land hier ist. Ich gehe die sieben Kilometer vom Dorf Summt nach Schönwalde. Eine einspurige Schiene führt erst zwischen Buchen hindurch nach Norden und dann durch einen Kiefernwald nach Osten. Die Bäume ändern sich und markieren die geologische Grenze: Dichter Tonboden weicht der schwammigen Leichtigkeit von Sand.

Der Bus setzt mich am Rand des Mühlenbecker Forsts ab. Außer mir steigt niemand aus. Ich versuche, nicht darüber nachzudenken, aber der Gedanke belastet mich doch: ein schlechter Tag. Ehe ich den Wald betreten kann, muss ich eine vier Meter breite, schlammige Pfütze durchqueren. Der Hund sieht mich mit großen Augen an, und ich trage ihn hinüber.

Durch die Bäume winden sich Nordic-Walking-Pfade, die mit kleinen Hasenillustrationen markiert sind. An den Wochenenden wimmelt es hier von Besuchern – älteren Deutschen mit Wanderstöcken und jungen Familien mit Hunden. Einmal sah ich ein Shetlandpony, das an der Leine geführt wurde.

Doch heute ist hier niemand. Die Vögel haben sich unter Zweigen versteckt, und die Enten sitzen durchnässt im Schilf. Ich hatte erwartet, dass der Regen unter dem Schutz der Baumkronen am Waldrand weniger stören würde. Ich habe mich getäuscht. Die Blätter schütteln den Sturm erratisch ab; der Wind bläst zwischen den Stämmen wie durch Tunnel.

Eigentlich sollte es heute nicht regnen. Damit meine ich, dass ich den Regen nicht eingeplant habe. Ich wollte eine blasse Sonne, oranges Licht und trockene Blätter. Aber ich weiß, dass die Welt andere Pläne hat.

Ich wollte, dass es genau richtig wird. Ein letzter Spaziergang, ehe ich dieses Land verlassen und in ein anderes gehen muss. Ich wollte einen bewegenden Abschied. Der Kreis sollte sich schließen. Ein Abschluss? Ein Spaziergang, der einen bestimmten Charakter haben sollte. Ich bin den Kalender durchgegangen und heute ist mein einziger freier Tag.

Als ich hier zum ersten Mal spazieren ging, nistete sich die Liebe tief in meinem Inneren ein. Es war jene frustrierte, unmögliche Zuneigung, die nicht nur im Körper Wurzeln schlägt, sondern sich auch auf die Orte ausweitet, an denen man sie verspürt. In all den Jahren danach hing die Liebe, wenn ich hier spazieren ging, gelbgrün in den Buchenblättern und wartete zwischen den Kiefern. Jedes Mal flaute sie ab, wurde zu einem

Schmerz und dann zu einem Echo in der Landschaft. Jedes Mal überdeckte ich sie mit Neuem.

Im Sommer ging ich mit Freunden spazieren. Im Winter rutschte ich mit anderen über den eisglatten Weg. Im Frühling, wenn sich das Grün entfaltete, ging ich allein, und Monate später kam ein weiterer Herbst. Der Wald barg unzählige Schattierungen von Orange: Eichen und Buchen und Kiefern und deren Blätter und Nadeln in allen Farbtönen. Das Spazierengehen war im Herbst eine Übung im Hören. Ich hörte den Wald unter meinen Füßen knirschen. Trocken und lebendig.

Doch heute höre ich nur Wind und Wasser. Ich kann nicht hören, wie sich der Boden unter mir bewegt.

Nach einem Kilometer habe ich das Gefühl, falsch abgebogen zu sein. Ich hole mein Telefon aus der Tasche und wische mit nassen Fingern über den Bildschirm, um die Karte zu öffnen. Sie zeigt, dass ich zum Südufer des Sees zurückgegangen bin, obwohl ich entlang des Nordufers gehen wollte. Ich schäme mich, obwohl ich allein bin, und ärgere mich, bei diesem Wetter Zeit verschwendet zu haben. Ich habe mich hier noch nie verlaufen.

Meine Finger krallen sich um das Telefon in meiner Tasche, die keinen guten Schutz vor dem Regen bietet. Ich gehe zurück. Immer wieder werfe ich einen Blick auf die Karte, bis der blaue, pulsierende Punkt wieder auf dem Weg ist. Ich stapfe über schwimmende Blätter und in Richtung des Marschlands, wo die Abzweigung ist.

An der Spitze des Sees liegt ein rostiger Zaun, der sich von den Pfosten gelöst hat. Ich halte mich rechts und laufe auf Zehenspitzen. Der Weg führt einen steilen Hang hinab. Der Hund rennt voraus und bleibt im Schlamm stehen. Egal – der Regen wird ihn binnen Sekunden reinwaschen.

Hinter dem kaputten Zaun balancieren wir auf einem Brett. Es verrottet im Boden, trägt uns aber über einen Bachlauf, der im Sturm angestiegen ist. Ich springe auf festen Boden, der Hund rennt hinter mir her. Die Überquerung ist geschafft. Der Boden ist voll klebrigem Schlamm und macht schmatzende Geräusche, während ich den gegenüberliegenden Hang hinaufsteige. Ein Atemzug mehr, und wir erreichen das Herz des Waldes.

* * *

Schloss Dammsmühle erhebt sich inmitten der Bäume. Eine Ruine aus dem 19. Jahrhundert, die auf den Überresten eines Schlosses aus dem 18. Jahrhundert errichtet wurde. Davor liegt ein Teich, dahinter der See.

1894 kaufte Adolf Wollank das Gelände und gab das heutige, neobarocke, rosa verputzte Schloss mit dem Zwiebelturm in Auftrag. Als er 1915 starb, ging das Schloss in den Besitz seines Bruders Otto über. Dieser verkaufte es 1919. 1929 wurde es an Harry Goodwin Hart, den Direktor von Unilever, verkauft. Von nun an ging es mit dem Schloss bergab.

1938 flohen Hart und seine jüdische Frau aus Deutschland. 1940 wurde das von den Nazis enteignete Schloss zum Landsitz des SS-Führers Heinrich Himmler, des Organisators des KZ-Systems. 1943 wurde das Gebäude von Zwangsarbeitern aus dem nahegelegenen Konzentrationslager Sachsenhausen renoviert und erweitert. Bei Kriegsende wurde Schloss Dammsmühle von der Roten Armee eingenommen.

Wie viel kann ein Wald ertragen?

Die Spaziergänge, die ich hier unternommen habe, bergen genauso viele Verluste wie Erneuerungen: Auf dem Mauerweg, der die Stadt umschließt, ist der ehemalige Todesstreifen überwuchert; Birken und Götterbäume erheben sich inmitten des Mülls. Südlich davon, bei Halbe, kommen im Wald noch immer Überreste von Soldaten und Zivilisten zum Vorschein. Die Reste des Kriegs über Relikten aus der Eiszeit – sind auch sie geologische Aufzeichnungen?

Der Mühlenbecker Forst ist diesbezüglich nichts Besonderes: Das Land um Berlin, das einst von Eis bedeckt war, hat schon viele große Lasten geschultert.

Ende der 1950er-Jahre kam Schloss Dammsmühle in den Besitz der Stasi, die dort Veranstaltungen und Ausbildungen durchführte und es als Jagdsitz nutzte. Ich habe gelesen, dort seien Feste und Bälle abgehalten worden. Doch wer konnte an diesem Ort tanzen?

Dann, als sei in diesem Wald nichts geschehen: die Wiedervereinigung.

Dammsmühle wurde kurz zum Hotel. Schließlich gab man es den Erben von Harry Goodwin Hart zurück, und seither steht es leer. In den vergangenen Jahrzehnten hat sich dort wenig getan, obwohl es oft den Besitzer gewechselt hat. Jeder Investor hoffte wohl, den einstigen Glanz wiederaufleben zu lassen, gab angesichts der Aufgabe jedoch klein bei. Der Putz bröckelte, die Fensterscheiben zerbrachen, Efeu wucherte von den Außenwänden in die Zimmer, und das Gebäude wirkte in der Gegend wie verflucht. Bei jedem Besuch bahnte ich mir meinen Weg entlang der von Brennnesseln überwucherten Pfade, vorbei an einem Brunnen, der von Gefangenen erbaut wurde und in dem die Algen die Herrschaft übernommen haben.

Bis jetzt. Als ich um die Hausecke biege, wirkt Dammsmühle insgesamt sauberer, als ich es mir je hätte vorstellen können. Die Fenster sind mit Holzplanken abgedeckt, Kipper stehen am Pavillon, und ein Bauzaun umgrenzt das Gelände. Ein neuer Investor, der sein Versprechen einlösen will. Ein neues Hotel, so heißt es. Ich weiß nicht, was hier sein wird, falls ich je zurückkehre.

* * *

Manche Dinge haben sich nicht geändert, aber ich weiß, dass es bald passieren wird. Das Schild, das immer für Lacher sorgt:

ANGELN VERBOTEN
Der Fischer

Zwei Männer kauern unter einem Tarnzelt und angeln trotzdem. Am Ufer des Mühlteichs befindet sich eine Zierinsel mit einer Ruine. Überall liegt Müll von irgendeinem Sommerfest. All das wird gesäubert werden, das weiß ich. Und warum sollte ich diese Veränderungen bedauern? Ich bin noch nicht lang hier. Sind sechs Jahre genug, einen Ort für sich zu beanspruchen? In den Aufzeichnungen des Landes Spuren zu hinterlassen?

Harter Teer nach all dem Schlamm. Meine Füße spüren die Straße hinter dem Schloss. Meine Knöchel stechen, so hart ist der Aufprall. Gott sei Dank gibt es hier keine Pfützen. Aber die Teerstraße reicht nur bis zu dem Weg, der aus dem Wald führt und dem ich nicht folge. Stattdessen gehe ich wieder auf den Spazierweg, der um den Mühlteich und hoch zum Sand führt. Der Hund und ich folgen den Anglern und verschwinden zwischen den Bäumen.

Hier sind die Bäume noch grün. Ich weiß nicht, ob ich die Zeit richtig messe. Alles tropft vom Regen. Der schwammiglockere Boden ist vorübergehend zum Grund eines kleinen Bachs geworden, der dort fließt, wo der Spazierweg sein sollte.

Der Sand lässt das Wasser nicht abfließen. Der Weg ist überschwemmt.

Noch drei Kilometer von hier bis zur Bushaltestelle. Das sollte nicht lang dauern, aber die Kälte ist in meinen Mantel gekrochen. Regen tropft von meiner Kapuze auf meinen Hals, rinnt über mein Schlüsselbein. Der Hund zittert vor Kälte. Er folgt mir und hält sich dicht an meinen Beinen, während ich den Pfützen ausweiche. Seine Begeisterung für den Spaziergang wurde vom Wasser aufgesogen. Vergeblich versucht er, sich trocken zu schütteln. Die langen Haare kleben an seinem schmalen Kopf. Er sieht traurig aus.

Am Ende des Buchenwalds steht eine militärisch präzise, dünne Kiefer mit roter Rinde. Der Weg erstreckt sich lang und gerade in einen Tunnel, an dessen Ende man wegen des Wetters kaum Licht sehen kann. Die Laubbäume werden weniger. Am Boden wachsen Blaubeeren und Heidekraut; die harten Zweige reichen über den nassen Weg. Darüber müssen wir jetzt laufen. Ich überspringe die Pfützen und trete in die Lücken, stolpere über das Gebüsch, um trocken zu bleiben. Und da: ein Knistern, als ich mich bewege. Zweige brechen unter meinem Gewicht. Es sind zwar keine trockenen Blätter, aber ich hatte mir ein Geräusch gewünscht. Endlich.

* * *

Die Anthropologin Anna Tsing staunte in ihrer Beschreibung eines finnischen Kiefernwalds über dessen Sauberkeit. Der Wald war nicht wild, wie sie ihn sich vorgestellt hatte, sondern beschnitten und kühl. Am Boden waren keine Setzlinge, kein Totholz stand herum. Der Wald wurde bewirtschaftet, die Erinnerung beseitigt. Wie sonst, fragte sie, könnte man die Geschichte anhalten?

In Brandenburg ist die Waldkiefer der am häufigsten angepflanzte Baum. Fast alle Kiefernwälder in Ostdeutschland sind bewirtschaftet. Sauber reihen sich die Bäume aneinander. Sie werden für die Holzwirtschaft genutzt. In Neonfarben aufgesprühte Zeichen markieren das Ende jeder Reihe. Einmal hörte ich, wie der Förster Peter Wohlleben von einem Besuch der nahegelegenen Wälder erzählte: »Wo sind sie?«, fragte er. Rund um Berlin konnte er nur Holzfarmen entdecken.

Die Kiefern sind lächerlich. Aber sie sind zahlreich. Kilometerweit erstrecken sie sich über das sandige Plateau, über Schienen und Straßen bis an die Ränder der Felder. Sie sind enorm hoch und werden nur von den Windrädern überragt.

Ich habe nichts gegen sie. Wenn man nur wegen der Bäume in den Wald geht, sind Kiefern vielleicht langweilig. Aber ich blicke auf den Boden, dorthin, wo meine Füße auftreten. Am Boden unterhalb der Kiefern habe ich Wunder entdeckt: gelbe Pfifferlinge und Gallenröhrlinge im Spätsommer und mehr Moosarten, als ich zählen kann. Ich habe faule Nachmittage auf Picknickdecken zugebracht, und werde sie nicht vergessen. Im Winter waren die Pfade mit vereisten Flechten bewachsen, und trotz der Jahreszeit leuchtete das Heidekraut.

Heute ist es nicht anders. Das rede ich mir ein. Ich halte meinen Blick zu Boden gerichtet, um die Pfützen zu umgehen, aber auch, um mich von der Kälte abzulenken. Ich zähle die Sehenswürdigkeiten; ich dokumentiere die Pflanzen, nach denen ich mich sehnen werde. Meine Beine bewegen sich jetzt schnell, produzieren aber wenig Wärme.

Wir mögen die Kiefern in Baumschulen einhegen. Sich selbst überlassen spielen sie jedoch verrückt. In den weniger fruchtbaren Boden dieser Landschaft gedeihen sie. Für mich sind sie immer noch aufregend.

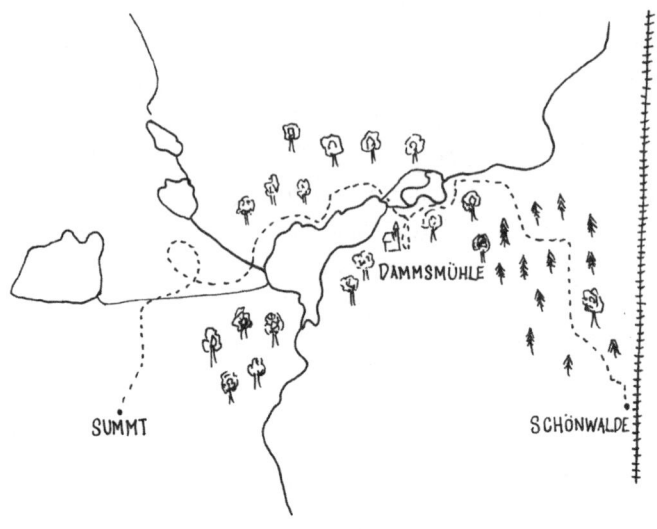

Als ich parallel zu den alten Gleisen Richtung Süden gehe, komme ich an einigen Bäumen vorbei, die wild wachsen dürfen. Die zotteligen Baumkronen hängen tief und sind nicht beschnitten. Kleinere Bäume, hauptsächlich Eichensetzlinge, wachsen dazwischen. Selbst im Regen, durch den grauen Nebel, der über dem Tag hängt, kann ich das Grün sehen. Das Moos auf dem Boden ist hier leuchtender, als ich es je gesehen habe. Das Wetter lässt seinen Farbton stärker hervortreten. Das werde ich am meisten vermissen, denke ich.

Ich genieße diese kleinen Momente. Ich kenne den Weg. Ich kann jetzt den Verkehr und in der Ferne das Rauschen eines Zugs hören. Endlich lässt der Regen nach, aber ich bin komplett durchnässt. Ich lecke ihn von meinen Lippen. Er stört mich nicht. Werde ich auch den Sturm vermissen?

Der Hund zittert und läuft voraus. Da, an der Ecke, wo die drei Spazierwege aufeinandertreffen, steht eine Eiche, die schon seit Langem wachsen darf. Sie ist älter als alle anderen Bäume hier und reicht tief in die Baumkronen der Kiefern. Sie ist eine Wegmarke, die ich inzwischen kenne.

Da, wo der Weg nach links zur Bushaltestelle abbiegt, gehe ich.

Eine kurvige Straße ist besser als eine gerade

Mittagsrunde eines Kindes

Sally Bayley

Spazieren versetzt einen in die Vergangenheit, vor allem alte Spaziergänge, die man auswendig kennt. Wer auf alten Wegen geht, fühlt sich häufig ertappt: Nichts von dem, was man damals darüber gesagt hat, war durchweg richtig. Nichts blieb genauso, wie man es verlassen hat, auch nicht das Kind, das losrennt und immer den Erwachsenen einholen will, der seine Welt definiert.

Dieser Erwachsene war Mrs. Braithwaite, meine Englischlehrerin, die sagte, die Welt bestehe aus Wörtern und Bildern. Als ob wir das nicht schon gewusst hätten, als ob Worte einem nicht überallhin folgten und versuchten, einen zu überrumpeln. Worte sind wie streunende Hunde auf der Suche nach einem Herrn. Wenn du das falsche Wort verwendest, klingst du wie ein Dummkopf. Rufe den Hund beim falschen Namen, und er wird nicht kommen (Das weiß jeder, der schreibt). Aber Mrs. Braithwaite ist eingebildet. Sie hält sich für etwas Besseres als wir anderen, weil sie im Maltravers Drive wohnt. Und mit dem Maltravers Drive *geht es in der Welt aufwärts. Er ist schick und schön, tut vornehm.*

Mum liebte den Drive wegen seiner Kurven. »Eine kurvige Straße«, sagte sie, »ist besser als eine gerade.« *Kurvige Straßen machen bessere Menschen.* Der Maltravers Drive lag oberhalb von unserer Straße, die schnurgerade verlief. Er beschrieb ein gestrecktes S, das den Lobbs Wood von beiden Seiten umfasste, und wer unser Haus finden wollte (aber warum, um alles auf der Welt?), ging einfach ganz gemächlich den Drive entlang. Eine solche Straße fordert einen geradezu zum Trödeln auf. <u>Trödeln</u>: die Zeit damit verbringen, dass man ohne besondere Eile dahinschlendert. <u>Trödeln</u>: für Samstage, nicht Schultage, für den Maltravers Drive.

Der Drive lag am Schulweg. Er lag wie auf dem Weg nach überall, wo keine Müllhalde war. Er war wie die gelbe Ziegelsteinstraße im *Zauberer von Oz*, und wer im Drive wohnte, dem begegnete man wahrscheinlich mit einem schönen Weidenkorb am Arm, gefüllt mit herrlich frischen Lebensmitteln. An Sonnentagen traten die Bewohner des Maltravers Drive mit solchen Körben aus ihren Häusern, um einen schönen Spaziergang über die Downs zu machen.

Mrs. Braithwaite hat auch so einen Korb und füllt ihn mit KÜNSTLERBEDARF. Sie trägt den Bedarf mit sich herum, als wären es die Kronjuwelen: die Nase hoch in der Luft. Dabei bedeutet *Künstlerbedarf* nur Buntstiftstummel, angeschlagene Pinsel und ein paar Fetzen Tonpapier, die mit einem rotkarierten Tuch bedeckt sind. Also gar nichts Besonderes. Mrs. Braithwaite unterweist uns darin, wie man eine Geschichte schreibt. Geschichten gehen immer im Kreis herum wie ein Hund, der seinen Schwanz jagt. Es ist noch eine halbe Stunde bis Mittag. *Beeilt euch!,* sagt Mrs. Braithwaite. *Fertig, Kinder ... los ...* Und wir fangen an zu schreiben. Ich erinnere mich an eine Geschichte über meinen Schulweg, als die Mittagspause sehr kurz war.

Manche Straßen erheben einen, es ist ganz komisch. Mum würde sagen, wegen ihrer Gestalt, weil der Maltravers Drive sich wie ein Fluss durch diesen Teil des Ortes schlängelt. Wenn man aber sagen würde, der Drive sei *wohlgeformt* wie eine Frau, die mitten auf der Straße liegt, hätte man auch recht. Man musste einen Weg finden, über diese Frau steigen und um sie herum, denn der Drive führte um Lobbs Wood herum, ein kleines Dreieck, eine grüne Insel, umschlossen von der sanft geschwungenen Kurve. Wer im Drive wohnte, für den ging es in der Welt aufwärts, nach Norden, nicht Süden. Er war der Anfang vom Ende unserer Straße, und ich ging ihn viermal täglich: morgens, nachmittags und zweimal mittags, weil Mum wollte, dass wir zum Mittagessen nach Hause kamen. Freie Schulmahlzeiten durften wir nicht essen, weil die *für die Kinder aus der Nachbarschaft* waren und *kein Kind von ihr dabei gesehen werden soll, wie es für Pommes und Bohnen ansteht.* »Pommes und Baked Beans reichen nicht aus, nicht wenn du das Einmaleins richtig lernen willst. Du brauchst Eiweiß!« Statt eines köstlichen kalten Joghurts aus dem Kühlschrank mit Rosinenkeksen zum Eintunken aß ich Dosenravioli und kehrte dann mit einem gluckernden Bauch voller Tomatensoße und verdächtig quadratisch geformten Nudeln halb im Laufschritt zur Schule zurück. Versucht mal, mit einer halben Dose Ravioli im Bauch und schlappenden Gummistiefeln zu rennen. Selbst der Zehnkämpfer Daley Thompson hätte damit seine Mühe.

Mein Rückweg in die Schule

Fünfundzwanzig Minuten und mehr (↓)

Geh die Granville Road hinunter und überquere sie. Blicke nach links in Richtung Irvine Road, aber egal, was du tust, biege da nicht ein. *Wende den Blick ab*, sagt Mr. Cooper, der den Laden an der Ecke betreibt: von der Gasse, in der lauter Flaschen herumliegen, von den Männern, die an der Mauer Pipi machen, und von den Katzen, die sich die Augen auskratzen und in die Schwänze beißen. Mit der Irvine Road geht es bergab. *Am besten gar nicht hinsehen, junge Dame!* Geh geradeaus zu den Bäumen und durch Lobbs Wood. Ein gleichschenkeliges Dreieck hat zwei gleich lange Seiten. Das Wäldchen ist ein gleichschenkeliges Dreieck, und ich gehe von der Basis aus durch, wo es auf einer Seite kürzer ist. Die Spaziergänger mit Hunden bleiben auf der anderen Seite, wo das Gras höher ist und der Wiesenkerbel in Büscheln wächst. Büschel können viele Sünden verbergen.

Einundzwanzig Minuten (↓)

Überquere die breite Allee am oberen Ende der Straße. Achte auf langsam fahrende Autos: den älteren Herrn in seinem Ford Cortina. Holt bestimmt ein Rezept von der Apotheke. Er winkt. Warum winken alte Leute so viel, wo sie doch fahren sollen? Biege nach rechts ab, und du bist auf dem Maltravers Drive. Die Straße wird breiter, und die Häuser sind mit Blättern und Efeu überwachsen. Rote Ranken um die Fenster und Glyzinien an den Mauern. Nichts zu offen, nirgends zu viel gezeigt. Ist das eine Frau am Fenster? Ich kann es nicht sagen. Die Vorhänge sind zugezogen. Nur der Postbote, der

Gasableser oder jemand mit einem triftigen Grund würde es wagen zu klingeln.

Der Gehweg ist breit, so breit, dass die Spaziergänger mit ihren Hunden an mir vorbeikommen. Sie sind ein merkwürdiges Volk, wenn sie da zwischen den Bäumen herumstehen, sich ständig umsehen und unter den Blättern eine richtige Schweinerei anrichten. »Da darf man gar nicht dran denken«, sagt Mrs. Braithwaite zu Miss Cull, der Musiklehrerin. »Die Menge an Hundekacke in diesem kleinen Wäldchen.« Miss Cull wirkt verschreckt – jemand könnte sie hören –, und feine Damen reden nicht von Hundekacke, schon gar nicht zur Mittagszeit.

Ich sehe Mrs. Braithwaite auf ihrem Fahrrad in die Straße einbiegen. Sie fährt mittags nach Hause, um ihre Vögel zu füttern. »Wellensittiche machen einen schrecklichen Lärm, und Percy und Henry sind zwei geschwätzige kleine Gentlemen. So gegen zwölf Uhr beginnen sie sich zu duellieren. Wenn ich sie bis zum Abend allein lasse, picken sie sich gegenseitig die Augen aus.« Henry und Percy machen auf mich nicht unbedingt den Eindruck von Gentlemen, aber Mrs. Braithwaite ist auch eine ganz eigene Person und drückt sich etwas wunderlich aus. Sie sieht mich und winkt auf diese etwas steife, schablonenhafte Art wie die Queen. Ich tue beschäftigt und sehe auf die Uhr. Ich habe keine Zeit für Mrs. Braithwaite.

Siebzehn Minuten (↓)

Hü! Stell dir vor, du bist ein Römer auf einem Streitwagen, der sein Pferd antreibt: Ben Hur, der den Maltravers Drive entlangrast und an der Kurve mit der Zunge schnalzt. Römische Fußsoldaten gehen gern auf kerzengeraden Straßen – Kurven nehmen wertvolle Zeit in Anspruch –, und als Römer hast du viele Sachen auf deiner To-do-Liste: Britannien erobern, Kastelle bauen.

Jetzt geh in Richtung Bibliothek, die man mit ihrem spitzen Turm leicht für eine Kirche halten könnte. Und das war sie ja auch mal, ganz züchtig und ordentlich, voller Damen mit Hüten und Häubchen und Männern, die mit zusammengekniffenen Augen durch ihre Monokel blickten. *There's a church, there's a steeple, look inside and see all the people.* Aber wir haben keine Zeit nachzusehen, und eine Bücherei ist ja auch kein Ort zum Rumstehen und Reden. Auf dem Schild draußen steht »1895«, sechs Jahre bevor Queen Victoria sich zu ihrem geliebten Albert, ihrem königlichen Prinzen, dem sie ihre vielen Kusshände zuwarf, ins Grab legte. Ohne Albert an ihrer Seite vereinsamte die Königin. Sie ritt alleine aus, was dem königlichen Hof gar nicht recht war. Sie versuchte es auch mit Spaziergängen, aber ihre Röcke waren für den Morast zu lang, denn sie war doch so schrecklich klein. Spazierengehen sieht bei untersetzten Königinnen nicht gut aus, also beschränkte sie sich auf morgendliche Runden um Windsor Castle, bevor die anderen aufstanden. Gehen lässt die Knochen wachsen, und die arme Königin hätte gerne den einen oder anderen Zentimeter zugelegt, allein ... die Gedanken an Albert drückten sie nieder. Traurig blickte sie auf den großen See hinunter und auf das Laub auf der königlichen Allee. Arme Königin! Du solltest nicht nach unten blicken, es sei denn aus Furcht, in etwas hineinzutreten. Es verträgt sich nicht mit deiner Würde.

Zwölf Minuten (↓)

Ich bin an der Fitzalan Road angekommen, benannt nach der Familie Fitzalan, die aus Frankreich kam und alles aufkaufte, worauf ihr Blick fiel. *Gierige Schweine!* Arundel Castle gehört ihnen. Man kann es von hier aus nicht sehen, aber es liegt nur sechs Kilometer die Straße hinunter, ein Zwei-Stunden-

Marsch, wenn man eine Karte hat und den Weg am Fluss findet. Mr. Harding, mein Erdkundelehrer, würde ihn kennen. Wenn er von den malerischen Ufern des Arun spricht, gerät er immer ins Schwärmen. Alte Menschen gehen gern spazieren, weil es *gut für die Gelenke ist, viel besser als Laufen*, und man kann im Schneckentempo gehen und gleichzeitig noch auf die Bäume und Blumen zeigen wie der Mann im Fernsehen. Mr. Harding würde uns auf einen Spaziergang durch die Natur mitnehmen, wenn er könnte, und wir würden genau wie David Bellamy mit den Armen fuchteln und alles verscheuchen, was hier kreucht und fleucht.

Der Arun verläuft vom Hafen von Littlehampton zur Ortschaft Arundel, berühmt für ihre Burg, die selbstgefällig auf einer Hügelkuppe thront. Selbstgefällig: So blickt man auf andere Menschen herab und wirkt sehr zufrieden mit sich selbst. Die Fitzalans waren selbstgefällig. Sie verheirateten ihre Tochter mit den Norfolks, die gerade zur rechten Zeit zur Stelle waren, und bauten ein Schloss mit See, auf dem jetzt Schwäne schwimmen, die sehr selbstzufrieden wirken. Wenn du ein Schwan wärst und ein See nach dir benannt würde – Swanbourne Lake –, wärst du auch zufrieden.

Sechs Minuten (↓)

Beim Gehen folgt man einer Linie. Man muss nur entscheiden, welcher: den kreuz und quer verlaufenden Ritzen der Gehwegplatten oder dem Straßenrand, wo der Bürgersteig auf den Rinnstein trifft. Manchmal ist er vor lauter Laub kaum zu erkennen. Der Straßenrand ist ein auf die Seite gekippter Himmel. Der Horizont ist ganz tief und flach und manchmal von Pfützen bedeckt. Ich folge ihm und beginne zu zählen: die Häuser, die Straßenlaternen, den in Abschnitte gegliederten

Grünstreifen. Straßen vergehen schneller, wenn man anfängt zu zählen. Graue Quadrate ziehen ganz schnell vorbei.

Die Römer erstellten Listen, die sie *itinerarium* nannten. An oberster Stelle auf ihrer To-do-Liste stand erstens, Britannien zu erobern, und zweitens, Bäume zu fällen, um drittens gerade Straßen durch Wiesen, Wälder und Hecken anzulegen. Ich bin jetzt bei der Polizeiwache, die früher auf einem Hügel lag – oder ganz genau: an einem Hang –, und der Hang besteht aus Beton. Eines Sommers beschloss die Polizei, Beton auf den Parkplatz zu schütten, um zu verhindern, dass Rowdys und Schläger über den hinteren Zaun kletterten, aber der Beton trocknete zu schnell, und sie fingen nur Schnecken. Melissa Marshall sagt, ihr Vater sei die ganze Woche damit beschäftigt gewesen, sie einzusammeln.

Melissas Vater ist bei der Polizei, und er wird immer gerufen, wenn es Ärger gibt. Den gibt es gewöhnlich in der Spotted Cow. An Wochenenden gibt es dort nur Ärger, und alle wissen, dass man sich von dort fernhalten muss. Der Ärger fängt schon am Vormittag an, und am Nachmittag haben alle rote Gesichter und glasige Augen und schwanken über die Straße zur Chocolate Box. Der arme Mr. Travis muss den Laden schließen, damit sie nicht hereinkommen und seine Schokolade klauen. »Geht am Samstag nicht ins Stadtzentrum«, sagt Melissas Vater. »Haltet euch vom Ärger fern.« Es stimmt ja auch. Je länger man sich in der Nähe der Wache aufhält, desto mehr kommt man sich wie ein Verbrecher vor, also weiter!

Drei Minuten (↓)

→ auf die Green Lady, die Gasse, die zwischen Schule und Ort verläuft. Abends eilt hier eine Dame in einem grünen Kleid mit einer Laterne auf und ab. »Auf der Suche nach verspäteten Kindern«, sagt Mrs. Braithwaite, »nach Streunern, Wanderern und verlorenen Seelen. Jetzt bitte im Gänsemarsch und kein Geschubse!« Die Green Lady hat ein Loch unter dem Drahtzaun. Wenn man achtgibt, kann man durchkriechen. Es sieht vielleicht nicht besonders würdevoll aus, aber dafür spart man ein, zwei Minuten. Am unteren Ende der Gasse steht das Green Lady House. Es ist herrschaftlich, herrschaftlicher als alles andere in unserer Stadt, still, weiß und ruhig. Die Nonnen im Nachbarhaus passen darauf auf, aber Nonnen brauchen viel Ruhe und eine hohe Mauer, und das Green Lady House hat nur ein Holztor, das klackend auf und zu geht, wenn der Wind hindurchbläst. Die Vorhänge schwingen leicht hin und her, eine Dame in einem grünen Kleid hebt ein weißes Taschentuch und winkt sanft. Ihr Mund hat eine komische Form – er hängt ganz lose herunter wie ein schlaffer Luftballon –, jetzt bewegt er sich. »Komm doch zum Mittagessen herein.«

»Morgen«, sage ich. »Morgen komme ich zum Mittagessen.«

Die Frau am Fenster hat ein freundliches und sanftes Gesicht.

Eine Minute (↓)

Wieder an der Schule, schrillt die Trillerpfeife und Mrs. Braithwaite beginnt mit den Füßen zu stampfen. Ich sehe sie über den Zaun, die Trillerpfeife hängt an ihrem Mund. Sie müsste gar nicht so lang blasen, bis sie rot im Gesicht wird. Die Mittagspause ist vorbei und bis zum Abendessen gibt es keine Pause mehr. Mrs. Braithwaite wirkt selbstzufrieden und erfreut wie ein Wellensittich, der energisch nach Körnern pickt. Wellensittiche sind schrecklich gierig. Sie wissen nicht, wann sie aufhören sollten, und sterben oft, weil sie sich überfressen.

Wieder ertönt die Pfeife. Mrs. Braithwaite sieht aus, als würde sie gleich das Zeitliche segnen, so rot und aufgequollen ist ihr Gesicht. Ein Wellensittich heißt auf Latein übrigens ein »Singvogel mit geschwungenen Linien« – *Melopsittacus undulatus*. Ein richtiger Zungenbrecher. Ich werde später auf dem Heimweg üben, das Wort zu buchstabieren. Jetzt gehe ich über die Wiese zum Klassenzimmer und verschließe meine Ohren vor dem Läuten der Glocke und Mrs. Braithwaites Krächzen.

Spazieren versetzt einen in die Vergangenheit, in das Kind, das allein am Rand des Sportplatzes steht und seine Mitschüler umkreist. Zur Schule, die nicht mehr steht, weil der Stadtrat sie abgerissen und nur eine Ruine hinterlassen hat. Du gehst auf dem alten Weg im Kreis, die Gasse auf und ab und fragst dich, warum du für den Hin- und Rückweg so lange gebraucht hast. Und was dir damals durch den Kopf ging.

Standspur

Harland Miller

Ich habe Spazierengehen eigentlich immer gehasst – obwohl
»gehasst« vielleicht etwas übertrieben ist. Ein Beispiel dafür,
was mein Dad immer »deine Faulheit beim Sprechen, Junge«
nannte, was jetzt aber nichts mit Spaziergängen zu tun hat –
meine Faulheit, meine ich.

Nein, ich glaube, meine Aversion gegen das Spazierengehen
hat eher mit Erinnerungen daran zu tun, wie ich morgens um
sechs aufstehen und vor der Schule die *Yorkshire Post* austragen
musste.

Doch andererseits gehen viele Leute, die Zeitungen aus-
getragen haben, durchaus gerne spazieren, sodass möglicherweise mehr dahintersteckt, wenn auch vielleicht nicht mehr als
dieser eine Morgen, bei dessen Erinnerung mich noch heute
ein unwillkürlicher Schauer der Scham überkommt.

Es war mein erstes Jahr in der Sekundarstufe, das mit den
Olympischen Spielen 1976 in Montreal zusammenfiel. Und
ich weiß noch, wie ich den Fernseher einschaltete und auf
das Gerät klopfte, um ein schärferes Bild von einem Typ zu
bekommen – einem *Läufer*, wie ich annahm –, der wegen

irgendwelcher Leistenprobleme nicht mehr richtig laufen konnte, aber nicht aufgab und das Rennen unbedingt zu Ende bringen wollte, indem er sich aufs Gehen verlegte und dabei merkwürdig übertrieben hin und her wackelte. Und aus seinem gequälten Gesichtsausdruck schloss ich, dass er auf diese Weise die ihn plagenden Schmerzen lindern wollte.

Offensichtlich war er Letzter, und ich wunderte mich, dass die Kamerateams anderer Länder dem einsamen Nachzügler so viel Zeit widmeten. Doch andererseits war es wie bei den Briten, die einem Underdog zujubeln, und so begann auch ich, ihn anzufeuern.

Als er die Ziellinie überquerte und Glückwünsche auf ihn einprasselten, dachte ich mir, die würden seinem schieren Durchhaltewillen gelten. Umso erstaunter war ich, als sich herausstellte, dass er gewonnen hatte und dass das Rennen gar kein Lauf-, sondern ein Gehwettbewerb war und er mit riesigem Vorsprung geführt hatte. Er hieß Daniel Bautista – ein Mexikaner.

Ich nehme an, dass mich sein Gehstil irgendwie beeindruckt hatte, denn als ich am nächsten Morgen merkte, dass ich für die Schule spät dran war, dachte ich mir, ich könnte ihn ja mal ausprobieren. Ich schnallte mir die Tasche auf den Rücken, straffte irgendwie meine Hüften und begann, in diesem übertriebenen Wackelgang durch den Regen zu stiefeln, wobei ich mit den Fäusten in unnatürlicher Zeitlupe die Luft vor mir bearbeitete. Beinahe sofort kam ich gut voran und freute mich so darüber, dass ich blind war für – na ja, zwei Umstände. Erstens, dass so zu gehen lächerlich aussah und dass ich dabei auf oberpeinliche Weise mit dem Po wackelte, zumal meine Hose zu eng war, auch wenn sie nach Ansicht meiner Mutter noch gut passte. Zweitens, dass der Schulbus hinter mir angefahren kam und der Anblick dieses wackelnden Pos im Bus Lachsalven auslöste. Als er spritzend vorbeirauschte, hingen Kinder am Fenster und zeigten lachend auf mich. Hätte eines von ihnen den Bus gefahren, hätte es gehupt.

Ich habe das nie vergessen. Immer wenn mich jemand aus dem Bus entdeckte, musste ich erdulden, dass er sich an mir vorbeizwängte und dabei mit dem Arsch wackelte. Diese Hänselei ging ewig weiter, und vielleicht ist das der Grund, warum ich mit Gehen etwas verbinde, das irgendwie nie aufhört. Natürlich hörte es auf, und ich dachte jahrelang nicht mehr daran. Rund vierzig Jahre lang. In der Zeit wurde ich Künstler – ein kurzer Satz für etwas, das eine ziemliche Plackerei gewesen ist. Aber immerhin, ich war es geworden und obendrein hatte ich gerade einen meiner Siebdrucke gegen einen Bentley getauscht.

Ein deutscher Schönheitschirurg, der Autos und Kunst sammelte und *speziell meine Kunst*, wollte heiraten und in einen Badeort auf Zypern ziehen, wo er einen Strandbuggy zu fahren beabsichtigte und deshalb seine Autos verkaufte. Er bot mir einen Tausch an: »Einen Druck für eine Schönheitsoperation oder ein Auto.« Ich dankte ihm und sagte, ich würde mich bezüglich der Schönheitsoperation vielleicht in ein paar Jahren wieder bei ihm melden und erst mal ein Auto nehmen.

Der Druck, den der Arzt wollte, trug den Titel *The Me I Never Knew*, worin er möglicherweise eine Anspielung auf sein neues Leben als Beachboy sah. Aber er bezog sich auch auf mich – *ich* am Steuer eines Bentleys. Wie James Cagney in *Sprung in den Tod sagt:* »Ich hab's geschafft, Ma. Jetzt bin ich ganz oben!« Kurz bevor er bei einer Explosion in die Luft fliegt.

Und wenn ich ehrlich bin, hielt meine Euphorie am Steuer des Bentleys auch nicht lang an.

Es war der 11. März, wie ich mich erinnere, mein Geburtstag. Ich wurde zweiundfünfzig, was ja noch kein Alter ist. Meine Frau Jane weilte beruflich in Paris, und alles hätte geräuschlos über die Bühne gehen können. Nur hatte ich am Morgen den Bentley von der Praxis des Arztes in Marylebone abgeholt und war zusammen mit meinen Kindern (ich sage »Kinder«, obwohl meine Tochter Ava damals siebzehn und mein Sohn Blake fünfzehn war) auf dem Weg zu Freunden, die uns eingeladen hatten, das Wochenende in ihrem Haus in Norfolk zu verbringen.

Ich war rund hundertdreißig Kilometer hinter London auf der M11 unterwegs, und da ich die ruhige Laufweise des Bentleys nicht gewohnt war, fand ich mich bald auf der Überholspur wieder und fuhr hundertfünfzig Sachen, die mir wie achtzig oder so vorkamen. Ich wollte gerade Tempo wegnehmen, als eine Art unheilvolles Piepen ertönte und auf dem Armaturenbrett eine gelbe Warnlampe aufleuchtete. Und nicht mehr ausging! Es war die Kraftstoffwarnleuchte, die aussah wie ein Mensch, der die Hände in die Hüften stemmte. Ich checkte die Tankuhr, dann ein zweites Mal. Herrgott, ich hatte noch genug Sprit – die Nadel schwebte nicht knapp über null, sondern stand ganz links im Anzeigefenster, weit weg von dem »E« für »empty«, reglos wie der Zeiger eines kaputten alten Weckers. Hatte der Arzt etwa nicht vollgetankt? Wenn nicht, hatte ich keinen Tropfen Benzin mehr.

Das Blut schoss mir aus dem Kopf in die Zehen. Unsere Geschwindigkeit – mein Fuß fühlte sich plötzlich kraftlos auf dem Pedal an – sank rapide, und der Wagen hinter uns, der jetzt *dicht* hinter uns war, gab mir die Lichthupe. Ich musste schleunigst auf die andere Spur.

Doch selbst die war anscheinend voller Raser, und nachdem mich mehrere Fäuste schwingende Rentner unter Einsatz der Lichthupe überholt hatten, hielt ich es für sicherer, auf die Standspur auszuweichen und dort im Kriechtempo weiterzufahren, bis wir an eine Tankstelle kamen. Oder liegen blieben.

»Was ist los?«, fragten die Kinder, denen das merkwürdig vorkam, zumal ich von dem neuen Wagen so geschwärmt hatte.

»Alles in Ordnung«, rief ich über die Schulter nach hinten. »Nur etwas wenig Sprit.«

Ich rechnete jetzt jede Sekunde damit, dass wir stotternd zum Stehen kamen. Und so dachte ich, als ein Schild auftauchte, auf dem

KEINE STANDSPUR AUF EINER LÄNGE VON
150 METERN

stand, das war's dann. Ich konnte es nicht riskieren, auch nur für einen Meter auf die Autobahn zurückzukehren.

Ich hielt an, stellte den Motor ab, schaltete das Warnblinklicht ein und fischte im Handschuhfach nach einer Zigarette.

Das Erste, was einem auffällt, wenn man auf der Standspur stehen bleibt, ist, dass der Verkehr auf der Autobahn *nicht* stehen bleibt. Er braust unablässig vorüber. *Wusch, wusch, wusch.* Und wenn ein Schwerlaster vorbeidonnert, gibt es eine Art Überschallknall mit Sogwirkung, die den gesamten Wagen auf seiner Federung durchrüttelt.

Nachdem ich eine Zigarette gefunden hatte, drehte ich mich zu den Kindern um, die, wie ich bemerkt hatte, immer lauter und besorgter fragten, was los sei. »Dad? DAD? *DAAAD!!!*«

»Tut mir leid«, sagte ich und wedelte das Streichholz aus, »aber wie's aussieht, haben wir keinen Sprit mehr.«

* * *

Bevor ich auf dem Standstreifen losmarschierte, um eine Tankstelle zu suchen, versuchte ich mich davon zu überzeugen, dass es richtig war, die Kinder zurückzulassen. Soweit ich mich erinnerte, war die Straßenverkehrsordnung in diesem Punkt unmissverständlich: »Das Begehen des Standstreifens ist verboten – außer im *absoluten Notfall*.« Es war viel zu gefährlich, und wenn es unbedingt sein musste, musste man in jedem Fall entgegen der Richtung des Verkehrs gehen, weil Autos, die auf die Standspur gerieten, einen natürlich übersehen konnten. Und wenn man ihnen den Rücken zukehrte, sah man sie nicht von hinten kommen. Niemals!

Nein, wenn man mit einer Panne liegen blieb, sollte man den Wagen durch die Beifahrertür verlassen und sich ein Stück von ihm entfernen. In der amerikanischen Straßenverkehrsordnung, deren Regeln ich lernen musste, als ich dort lebte, stand sogar, dass man einen *Hohlweg* aufsuchen solle, sofern einer da war. Hier war kein Hohlweg, doch neben dem Standstreifen verlief ein Straßengraben, der zugemüllt und von einer verlotterten Hecke gesäumt war. Ich führte die Kinder durch den Graben, schlug uns eine Bresche durch die Hecke und gelangte auf die Wiese dahinter, die sich einen Hügel hinaufzog. Auf halber Höhe stand ein Baum, der Schutz vor dem Regen bot, der gerade eingesetzt hatte, und von dem aus man den Bentley im Auge behalten konnte, der unten auf der Standspur blinkte.

»Okay«, sagte ich zu den Kindern, »ihr bleibt hier, bis ich wiederkomme.«

»Wie lange wirst du wegbleiben?«, fragten sie.

Ich zuckte mit den Schultern.

Ich hatte keine Ahnung, wie weit die letzte Raststätte zurücklag, und folglich auch keine Ahnung, wie weit es bis zur nächsten war.

Die Autobahn zog sich weit hin und sah so raststättenlos aus wie die Nordsee. Nun, da ich kein Teil mehr von ihr war, erschien sie mir fremd und nutzlos, wie etwas, das nur in die Ferne wies.

Neuerliche Panik überkam mich – bis zur nächsten Raststätte waren es womöglich zehn Kilometer oder mehr. Ich könnte eine Ewigkeit unterwegs sein. Aber ich wusste nicht, was ich sonst tun sollte.

Als Vater bin ich immer ziemlich locker gewesen, was nun nicht heißen soll, dass ich das für die richtige Methode der Kindererziehung halte. Vielmehr will ich damit sagen, dass ich immer dann, wenn ich etwas sehr *unlocker* zum Ausdruck brachte, auch die gewünschte Wirkung erzielte, und so tat ich das auch jetzt, bevor ich meine Kinder verließ.

»Egal, was passiert«, sagte ich, »ihr bleibt verdammt noch mal hier und rührt euch verdammt noch mal nicht vom Fleck – kapiert?«

Sie nickten.

Als ich denselben Weg zurückging und durch die Hecke wieder auf die Autobahn trat, sah ich einen riesigen Reisebus durch den Regen auf mich zurasen. Sprühfontänen, groß wie von einem Wal, schossen in weitem Bogen unter seinen Rädern hervor. Als er vorbeifuhr, spritzte er mich nass bis auf die Haut. Doch ich war schon so durchnässt, dass es darauf nicht mehr ankam. Womit ich zu kämpfen hatte, war der Lärm. Der unaufhörliche Lärm!

Ich spürte ihn im Vibrieren der monströsen Laster, die von hinten herangebraust kamen und so dicht an mir vorbeidonnerten, dass ich sie hätte berühren können. Der Regen, der mir übers Gesicht lief, schien mit Diesel verseucht, und von dem Geschmack bekam ich eine taube Zunge, während ich automatisch die Namen las, die hinten auf den Anhängern prangten und in dem Dunst irgendwie geheimnisvoller wirkten – ROCK PUSHER ABDECKSYSTEME, SOFA-TRÄUME und SPEDITION JACK ELLIS & SÖHNE ... Jack Ellis! So hieß mein Onkel, der immer mit vollem Namen genannt wurde. Jack Ellis aus Darlington. Er war zur Handelsmarine gegangen und im Krieg dreimal torpediert worden, was jeder wusste, obwohl er selten darüber sprach. Im Streit mit einem Hobbysegler soll er einmal gesagt haben: »Ich habe mehr Meerwasser aus meinen Socken gewrungen, als du jemals gesehen hast!«

Da kein Hinweisschild auf eine Raststätte zu entdecken war, fragte ich mich, ob dies vielleicht ein Hinweis meines Onkels war. Ich stellte mir vor, wie er gerade das rettende Ufer erreicht hatte, das Meerwasser aus seinen Socken wrang, dann kurz innehielt und mich mit einem Blick fixierte, der mir zu verstehen gab: »Mach einfach weiter, Junge.«

Während der legendäre Jack Ellis davonrumpelte, legte ich, gewissermaßen als Verbeugung vor seiner verblassenden Erscheinung, einen Zahn zu. Ich stemmte mich in den Gegenwind und marschierte weit vornübergebeugt, als würde ich jeden Augenblick hinfallen, ständig das Bild des harten Bodens vor Augen, der auf mich zukam. Hätte der Wind plötzlich ausgesetzt, wäre ich der Länge nach hingeschlagen.

Ab und zu blickte ich hoch und hielt nach etwas Ausschau, woran ich ablesen konnte, wie gut ich vorankam. Weiter vorn verengte sich die Autobahn auf zwei Spuren, und auf der Schilderbrücke, die beide überspannte, blinkte *80-80*.

Ich senkte den Kopf und stapfte weiter – *80-80* ging mir im Kopf herum wie das Geräusch eines ewig ungewissen Ausgangs, vermeintlich bebildert durch schwarze Reifenspuren am Boden, die schlingernd und einander kreuzend ins Nirgendwo führten.

Standspur, dabei mag man vor allem an endlose Leere denken, tatsächlich aber lag sie voller Sachen. Reifen, versteht sich – ich musste ständig geplatzten Reifen, alten Felgen und Schläuchen ausweichen, und, noch beunruhigender, schwarzen Gummifetzen, die gar nicht so aussahen, als wären sie jemals Teil von etwas Rundem gewesen, das Spaß macht wie eine Flussschaukel. Außerdem lagen da jede Menge Schuhe und Damenstrumpfhosen in nassen Haufen, auch ein rot-weißer Fußballschal, der vielleicht einem Fan aus dem Autofenster geflattert war – oder auf der Rückfahrt nach einer schweren Niederlage weggeworfen worden war.

An einer Stelle hatte ein Lastwagen seine Ladung an Gerüstbohlen verloren und über die gesamte Breite der Standspur verteilt, sodass ich auf einer entlangbalancieren musste. Klatschnass, wie ich war, musste ich dabei daran denken, was Piraten *über die Planke gehen* nannten – »den kürzesten Spaziergang«. Mein Spaziergang war zum Glück länger, und als ich hinten von der Bohle stieg, hatte ich, obwohl mich wie aufs Stichwort erneut die Wasserfontäne eines LKWs traf, wieder trockenen Boden unter den Füßen. Na ja, relativ trockenen.

Als ich zu dem 80-80-Schild hinaufblickte, schien es nicht näher gekommen zu sein. War es sogar weiter weg? Oder wich es gemäß einer Theorie der relativen Ausdehnung, die ich nie verstanden habe, zurück? Das ließ mich jedenfalls an M. R. James' verstörende Erzählung »Pfeife, und ich komme zu dir, mein Freund« denken. Eine Geschichte, die in der Tat von einem Mann handelt, der im Regen spazieren geht – nicht auf einer Autobahn, sondern einen Küstenstreifen entlang, wobei er von einem Läufer ohne feste Gestalt verfolgt wird, der nie näher zu kommen scheint, sich aber auch nie weiter entfernt ...

Diese Geschichte löst – wenn ich nur an sie denke – immer wieder ein seltsames Gefühl der Trägheit in mir aus, unter dem ich lang gelitten habe. Als Kind stellte ich mir vor, die schattenhafte Gestalt hinter mir sei ein *Teil* von mir den ich brauchte, um im Leben voranzukommen, den ich gleichzeitig aber fürchtete. Zumindest war das die Deutung, die ich der Sache als Teenager gab und von der ich mich, genau wie von der Erscheinung selbst, nur schwer freimachen konnte.

An einer Autobahn entlangzugehen, auf der Autos vorbeirasten, erzeugte in mir eine neue Art von *Hyperträgheit*, die vielleicht noch dadurch verstärkt wurde, dass mich jederzeit ein Sattelschlepper hinterrücks überrollen konnte. Dann würde alles, was ich noch vorhatte – meine sämtlichen Pläne, allen voran der, Benzin aufzutreiben, zu meinen Kindern zurückzukehren und weiterzufahren –, auf der Standspur zunichtegemacht werden.

Um nicht in Trübsinn zu verfallen, versuchte ich, kräftiger auszuschreiten, und spürte es sofort in der Leiste. Ich weiß nicht, ob es das war, was die Erinnerung an Daniel Bautista und seinen Geherstil weckte, aber ich dachte mir, warum denn nicht? Der Powackler, was denn sonst? Nichts lag näher. Es kamen zwar ständig Busse von hinten, aber keiner davon war der Schulbus.

Wieder, zum zweiten Mal in meinem Leben, straffte ich mich in den Hüften und wackelte im Geherstil los. Wie vor so vielen Jahren machte ich erneut die beglückende Erfahrung, gut voranzukommen.

Jetzt kam das 80-80-Schild jedes Mal, wenn ich aufschaute, näher.

Aber besser als dieses Schild war das andere – *das Schild!* Ach, das wunderbar kaffeebraune Schild mit seinem weißen Rand und den einfachen weißen Symbolen: Teetasse, Kiefer und Picknick-Tisch, Messer und Gabel über Kreuz, sogar ein Bett. Alles anderthalb Kilometer voraus.

* * *

Eine Sache, die man gar nicht realisiert, wenn man von der Autobahn in eine Raststätte abbiegt, ist, wie weit sie eigentlich noch entfernt ist. Ich glaube, das ist Psychologie. Heutzutage sind Raststätten bewusst so angelegt: Sie locken dich von der Autobahn herunter, lotsen dich durch eine Reihe von Kurven, damit du Gang um Gang herunterschalten musst, und um begrünte Hügel herum in eine andere Welt.

Als Autofahrer mag man sich dieses entspannenden Übergangs gar nicht bewusst werden, vor allem wenn man dringend aufs Klo muss. Doch als Fußgänger hat man das Gefühl, eine Art seltsam gepflegtes Niemandsland zu betreten, das keinesfalls dazu gedacht ist, zu Fuß durchquert zu werden. Tatsächlich hatte ich, als ich in direkter Linie Richtung Zapfsäulen einen der Hügel erklomm, das Gefühl, der Erste zu sein, der das je tat.

Obwohl ich im Hintergrund noch das Dröhnen der Autobahn vernehmen konnte, wusste ich, dass ich im Gegensatz zu einem Wanderer in der Wildnis hier keinem Menschen begegnen und mit ihm, so wie unter Wanderern üblich, ein Nicken oder ein »Hallo« austauschen würde. Ich hätte mir allenfalls vorstellen können, dass plötzlich, vorausgesetzt, die Teletubbies (die sich meine Kinder früher immer anschauten) wären ausgebüxt und im Regen drauflosgewandert, ein triefnasser Tinky Winky vor mir auftauchte ... so in etwa kam mir die Landschaft vor.

Von der Kuppe des dritten Hügels aus erspähte ich die Esso-Tankstelle. Ich legte unter einem frisch gepflanzten Baum eine Verschnaufpause ein und inspizierte meine Hände und Knie, die ich mir bei Ausrutschern im nassen Gras schmutzig gemacht hatte. Ich rupfte ein paar Blätter vom Baum, um mir die Hände abzuwischen, und rutschte weg, als sie unerwartet leicht abgingen. Den Hügel *rauf*zurutschen war eins gewesen.

Nun war der Hang spiegelglatt – und das Sohlenprofil meiner Tennisschuhe komplett abgelaufen –, sodass ich den verlorenen Halt diesmal nicht dadurch wiederfand, dass ich einfach ins Gras griff ... diesmal legte ich eine Freistil-Kür hin, in der alle halsbrecherischen Elemente von Überschlag vorwärts bis Rolle rückwärts vertreten waren. Unten angekommen, rappelte ich mich sofort auf, als ob nichts gewesen wäre, und steuerte in meinem Geherstil die Tankstelle an, wobei ich feststellte, dass ich humpelte und mein Hinterkopf unangenehm pochte.

Ich bin mir sicher, dass in Raststätten viel Aufwand betrieben wird, den Zustrom von Menschen und Fahrzeugen zu steuern – die Leute kommen müde an und fahren ausgeruht weiter. Im Großen und Ganzen funktioniert das System, doch als ich ohne fahrbaren Untersatz einlief und hastig über den Vorplatz humpelte, benommen und schlammverschmiert, hatte ich das Gefühl, irgendwie die Abläufe zu stören, weil ich aus einer anderen Dimension kam.

Im Tankstellen-Shop sah ich mich nach Benzinkanistern um, konnte aber keine entdecken und reihte mich in die kleine Schlange an der Kasse ein. Ich bemerkte die verstohlenen Blicke, und ein Kind starrte mich unverwandt an. Aber das war mir egal. Ich wollte nur einen Kanister kaufen, ihn mit Benzin füllen und zurück zu Ava und Blake.

Als ich zum Kopf der Warteschlange vorhinkte, staunte ich nicht schlecht über das Aussehen der Kassiererin. Ich bin eins fünfundachtzig groß, aber sie war größer – um die eins neunzig – und hatte eine rote Mähne, aber nicht rotblond, sondern mit Chemie rot gefärbt. Sie sah aus wie eine Mischung aus Amazone früherer Tage und Batmans neuer Gegenspielerin, die Catwoman abgelöst haben könnte. Auf jeden Fall sah sie mich neugierig an.

Ich lächelte entschuldigend und versuchte, auf mein Äußeres deutend, zu erklären, was gerade passiert war: die Sache mit dem Auto, dass meine Kinder unter einem Baum Schutz gesucht hatten, dass meine Frau in Paris war – *dass ich heute Geburtstag hatte* ... und so weiter und so fort ... und wie ich schließlich den Hügel runtergepurzelt und unten gelandet war.

»Na, jedenfalls«, sagte ich, »möchte ich eigentlich nur ein paar Kanister kaufen, kann aber keine finden.«

»Äh ... ja«, antwortete sie mit ruhiger, aber nicht unfreundlicher Stimme. »Ich glaube nicht, dass wir welche dahaben ... Lassen Sie mich nachsehen.«

Sie kam hinter der Theke hervor und stöberte in denselben Regalen, die ich bereits durchforstet hatte.

»Nein«, sagte sie und kehrte dorthin zurück, wo ich neben Keilriemen und Fahranfänger-Warnschildern stand.

»Ich muss jemanden fragen gehen.«

Ich nickte.

Ich hatte mir nicht überlegt, was ich tun sollte, wenn sie keinen dahatten. Ich muss ziemlich geknickt ausgesehen haben, denn sie fragte mich, ob ich mich nicht setzen wolle, solange sie hinten nachsehe. Ich nickte wieder. Mein Äußeres war ungewöhnlich, zugegeben, aber ich hätte nicht gedacht, dass es *besorgniserregend* war. Aber das muss es gewesen sein, denn ich kann zwar nicht behaupten, dass sie mich zu einem Stuhl brachte, doch ich spürte eindeutig eine Hand an meinem Ellbogen.

Während ich wartete, bemerkte ich hinter der Theke einen Überwachungsmonitor, der im Wechsel verschiedene Bereiche des Vorplatzes und der Umgebung zeigte, darunter, wie es aussah, auch den Hügel, den ich gerade heruntergefallen war. Als ein Autofahrer schräg über den Platz kam – sein Kopf füllte den Bildschirm aus, bevor er den Shop betrat –, wurde mir klar, dass zu sehen gewesen sein musste, wie ich Purzelbaum schlagend in der oberen Bildschirmhälfte erschien und dann in Geher-Manier zur Tür humpelte.

Vielleicht hatte sich jemand, der den Bildschirm überwachte, über die Darbietung gewundert und gefragt, mit wem sie es da wohl zu tun hatten. Und ich hatte mich unbeobachtet gewähnt. In Wirklichkeit wurde alles von der Kamera eingefangen und in den gleichen grießigen Bildern wiedergegeben wie die Olympischen Spiele 1976 auf meinem Fernseher, nur ohne ein Millionenpublikum und ohne den Ansturm von Gratulanten wie damals bei Daniel Bautista, als er Gold geholt hatte. Beim Betreten des Shops war ich mit verstohlenen Blicken gemustert worden und das Kind hatte mich angestarrt. Aber was hatten sie gesehen? Einen Verlierer, dachten sie zweifellos. Nicht ahnend, dass sie den momentan Führenden im Geher-Rennen »von nirgendwo nach irgendwo« auf dem M11-Standstreifen vor sich hatten!

Als die Frau mit den feuerroten Haaren wiederkam und mir leicht triumphierend einen Kanister überreichte (»Der letzte«, sagte sie), dankte ich ihr überschwänglich, und obwohl er grün, aus Plastik und leer war und praktisch nichts wog, nahm ich ihn wie einen Goldpokal in Empfang.

* * *

Postskriptum oder, wie man auch sagen könnte, Anmerkung:

Ich habe die Erfahrung gemacht, dass man, wenn man nicht weiß, wohin man geht, viel länger braucht, um anzukommen. Das soll jetzt nicht nach einem Autoaufkleber-Spruch klingen, sondern einfach nur zum Ausdruck bringen, dass ich an jenem Tag etwas über eineinhalb Kilometer marschiert bin, um Benzin zu holen, und etwas über eineinhalb Kilometer wieder zurück, also sagen wir, vier Kilometer insgesamt. Aber der Rückweg ging viel schneller. Und als die Kinder mich kommen sahen, unter dem Baum auftauchten und mir tatsächlich den Hang herunter entgegenrannten, da fühlte ich – wie es an meiner Stelle wohl alle Eltern getan hätten, deren Kinder erwachsen werden und ihnen eigentlich gar nicht mehr entgegenrennen –, dass sich der ganze Weg ... nun ja ... gelohnt hatte.

Immer wieder ... Grain

Will Self

Spätnachts, schlaflos und aufgekratzt, war dies der Balsam für meine Seele: die Vorstellung, dass ich entweder zur Isle of Grain wandere oder mich schon auf ihrer an einen Walrücken erinnernden, buschigen Unermesslichkeit befinde und auf den Mündungstrichter der Themse hinausblicke. In meinen Gedanken ruhe ich in mir selbst; ich fühle, wie mir die Brise salzig ins Gesicht klatscht, und ebenso die nachlassende Wärme einer Sonne, die sich ohne Frage auf den Feierabend zubewegt, in Richtung Westen und in die Vergangenheit ... Das wie von Katzenpfoten zerfurchte blaugrüne Wasser zieht meinen Blick über die Bucht hinüber zur fleckigen Linie der kilometerlangen Seebrücke von Southend – und weiter bis zum flachen Tupfer von Foulness Island. Aus dieser Entfernung ist der Broomway nicht einmal zu erahnen – dieser alte Weg über die Wattfläche, der aus im Schlamm versenkten Bündeln von Gestrüpp besteht. Allerdings ist er selbst dann kaum zu sehen, wenn man auf dem vergänglichen Werk selbst steht, irregeführt von dieser riesigen nass-schraffierten Fläche, die sich stromauf hinzieht bis dort, wo die Kamine der Gasfackeln der Coryton-Ölraffinerie auf Canvey Island die wahre östliche Einfahrt in diese Stadt bilden, die Marlow, Hauptfigur von Joseph Conrads *Herz der Finsternis*, als »eine[n] der dunklen Orte der Erde« beschreibt.

Ich bin den Broomway gelaufen – vom Strand von Foulness aus schmatzend und schlitternd, habe die hysterischen Schilder ignoriert, die vor Blindgängern warnen, und beschwöre Sie, genau das nicht zu tun. Ich bin den Broomway gelaufen und habe seine die Elemente betreffenden Rätsel erfahren – Meer im Sand, Sand im Meer, Himmel in beiden –, aber ich glaube nicht, dass ich ihn noch einmal gehen werde. Foulness ist schon seit dem ersten Weltkrieg Übungsgelände der Artillerie – ein völlig aus Südengland heraus- und in ein anderes Universum hineinexplodierter Ort: Als Besucher muss man den Pächter des einzigen Pubs anrufen, damit er den Sicherheitsposten der Polizeistation von Landwick in Kenntnis setzen kann, der einen dann die Brücke über den River Roach hinüber auf die Insel benutzen lässt. Entweder so oder man kommt mit dem Boot und benutzt die Fußwege. Der gesteigerte Rechtsanspruch der Landeigentümer hat hier seine natürliche Apotheose erreicht: Wer ein irrsinniges – und ganz und gar theoretisches – Recht geltend macht, über versunkene Weizenfelder zu schweifen, der riskiert sein Leben. *Runter von meinem Land!*, schreit der Demiurg, und der herumirrende Wanderer wird in die Luft gejagt. Krähen fliegen aus dem Wellblechgerippe einer verlassenen Baracke auf und schlagen die Abendluft mit ihren öligen Flügeln.

Es ist nachvollziehbar, dass mich Foulness nicht mehr ruft – ganz im Gegensatz zu Grain, seinem Zwilling auf der anderen Ästuarseite, und das immer wieder. Im Sommer 1987 war ich zum ersten Mal dort – und seither fast jedes Jahr. Vor etwa einem Jahrzehnt habe ich angefangen, die Halbinsel zu umrunden (eine Insel im engeren Sinn ist nur der durch den Yantlet Creek abgetrennte äußerste Zipfel der Halbinsel Hoo), und zwar ausgehend von Gravesend. Das meiste habe ich inzwischen geschafft – die Entfernungen sind nicht groß und der Weg nicht allzu schwierig. Ich komme etwa einmal im Jahr und wandere ungefähr die nächsten zehn Meilen, aber durch die Pausen zwischen den Etappen ist die Landschaft für mich zu einer Art geografischem Ohrwurm geworden. Neurowissenschaftliche Studien – die Heiligen Schriften unseres dezidiert materialistischen Zeitalters – lassen darauf schließen, dass wir eine Melodie besonders dann nicht aus dem Kopf bekommen können, wenn wir beim Hören unterbrochen wurden und diesem Mangel durch unmäßiges Wiederholen in unserem Kopf abzuhelfen versuchen.

Vom Ohrwurm also zu meiner Version eines Liedpfades: die Einheit aus Landschaftsräumen und Poesie, mittels derer australische Ureinwohner ihren ganzen Inselkontinent kartieren konnten, alles zu Fuß und vor der Ankunft des ersten Theodoliten wie auch eines einzelnen blauen Auges, das zusammengekniffen durch dessen Okular blicken konnte. Mein stockendes Vorankommen hat mich in folgenden Zustand versetzt: Da ständig die nächste Etappe bevorsteht, bin ich gezwungen, bis ins kleinste Detail reichende Vermutungen anzustellen. Damit ziehe ich die Verbindung zu einem anderen schlaflosen Schriftsteller – Charles Dickens, der 1856 den Landsitz Gad's Hill Place erwarb, vor den Toren von Rochester an den westlichen Ausläufern der Halbinsel gelegen. Er hatte das Anwesen schon als Kind gesehen, zusammen mit seinem Vater John, dessen als Ansporn gedachte Bemerkung, auch Charles könnte sich vielleicht einmal so etwas leisten, wenn er es »zu etwas bringen würde«, durchaus Wirkung entfaltete. Ob er es nun zu etwas gebracht hatte oder nicht, Ruhe fand auch Dickens nicht –

sollte er doch bisweilen nachts von seiner Londoner Wohnung in der Doughty Street in mehreren Stunden an die 48 Kilometer weit bis Gads Hill wandern, angetrieben von seinem ruhelosen Geist, der ihn nach eigenem Bekunden zwei Romane gleichzeitig im Kopf entwerfen ließ.

England wird immer wieder durch literarische Anspielungen gemildert und umrissen. Jeder Bach und jedes Wäldchen wimmeln von Romanfiguren, als wären sie papierfeine Najaden und Dryaden, Nymphen, die im Wind rascheln. Dass aber zufälligerweise gleich drei bestimmte Erzählungen an diesem Ort spielen, macht die Halbinsel Hoo geradezu zu einem Mikrokosmos des ganzen Landes, hervorgebracht eigens für mich. Der große französische Literaturbrandstifter Louis-Ferdinand Céline lebte als junger Mann einige Zeit in Gravesend und ließ einen großen Teil seines Romans *Mort à crédit* (»Tod auf Kredit«) in dieser Gegend spielen. Für Céline ist die englische Provinz seiner Launen ebenso würdig wie jeder andere Ort – aber auch er war offensichtlich begeistert vom siltigweichen Schwemmland-Ambiente der Halbinsel Hoo und ihrem schmerzhaft leeren Himmel, unter den sich die Dörfer und Städte ducken. Seine typischen mit Auslassungspunkten herausgeputzten Texte ... scheinen die bestehenden Lücken ... zwischen ästuarischen Dingen und ihrer Übergangslosigkeit zugleich einzuklammern. In Conrads Worten: »Die See und der Himmel waren fugenlos zusammengeschweißt.«

Der Wanderer beginnt vor dem Borough Market in Gravesend, erduldet das salzbeladen-nasse Anklatschen des Windes – und blickt ins Terrakottagesicht der Statue von Victoria vor dem Gebäude mit dem Holzdach. Seine Gliedmaßen sehnen sich nach dem Weg in die Weite, die ihren sind unter Gewändern verborgen, sodass sie gleichzeitig aus Ton besteht und darin eingewickelt ist. Also ist sie Urweib, geboren aus dem

Küstenvorland. Es geht abwärts durch Straßen mit viktorianischen Stuckvillen und seltsam ins Gelände eingesenkten Reihenhäusern ... abgekaute Zähne in einem Schädel von einer Stadt, denn wochentags ist sie ausgestorben. Dann, durch ein kleines Freizeitgelände am Ufer entlang, Tilbury Fort niedrig ans andere Flussufer geduckt ... schmale Gassen aus Wellblech und das metallische Bellen von Hunden, die am blassblau schimmernden Tageslicht herumreißen und es anderweitig malträtieren. *Was wollen Sie hier ...?* ist bestimmt der fundamentalste aller Vorwürfe – und ich habe ihn oft zu hören bekommen während meiner Umrundung, von Männern in Pickups, Männern hinter Maschendrahtzäunen und Männern, die auf Porenbetonsteinen aufgebockte Wohnwagen anstreichen.

Was tut sich im windgepeitschten Hinterland von Hoo und Grain?

Das äußerst Einsilbige dieser Namen lässt auf eine gewisse Brutalität schließen. »Hoo!« ist ein Ausruf – »Grain« [Getreide, Anm. d. Übersetzers] ein Grundnahrungsmittel. Ausgeschnitten und dann zusammengefügt wie verrostete alte Autokarosserien bilden sie sich am Ort einer merkwürdigen Auslassung – wo Erstaunen das grundlegende Erfordernis des Lebens ist. *Was wollen Sie hier?* ist dabei die Vagabundenversion von *Runter von meinem Land!* – einer keinesfalls liebenswürdigen oder wohlüberlegten Warnung. Wenn man von den Landstreichern vertrieben wird, die an der zerrissenen Küste bei Stoke Saltings kampieren, oder einem in der Ödnis der zugewucherten Flächen am ehemaligen Standort der Raffinerie Männer in den Weg treten, die hier vermutlich ein heimliches Methamphetaminlabor betreiben, dann ist das nicht der passende Zeitpunkt zum Nörgeln. Denn in dieser Region geht es um Verbote, unsichtbare Grenzen und unerwartete Tiefen – mal moralisch, mal matschig. Es geht auch um Säbelschnäbler, die wie lebende Federkiele die Wattflächen bekritzeln, oder um die Prinzipien der Verhaltensforschung, die landeinwärts von Mauerseglern im Formationsflug an den leeren Himmel geschrieben werden und an der Küste von Alpenstrandläufern. Welle auf Welle, vom Wind gekämmt, branden die kleinen, luftigen Geschöpfe an. Coleridge prägte den Begriff »Ineinsbildung«, um derlei zu beschreiben – das Verschmelzen und Wiederaufspalten, das ihn an Gedanken erinnerte, die zusammenkommen, um den menschlichen Geist zu erzeugen, und auch an Vögel in Schwärmen.

Ja: So muss man beginnen, immer den Küstenpfad entlang, verfolgt von Hundegebell und Menschenbissen – weiter entlang der Eastcourt Marshes, dann der Shorne Marshes –, vorbei am Shornemeade Fort und weiter zum Cliffe Fort. An jeder Biegung des Priels gibt es eine Engstelle – einen schmaleren, einst von Artillerie bewachten Durchschlupf. Gefeuert wurde natürlich nie – diese grasüberwachsenen Geschützbatterien sind die mit Erdwällen befestigten Versionen der Maunsell Forts: hagere, längst rostige Geschützplattformen, jede auf vier mit Seetang bewachsenen Stahlstelzen, die entlang der Küste bis zu zehn Meilen weit aufs Meer hinauszugaloppieren scheinen. Vor Harwich finden sie sich in kleinen Herden – und von dort aus ganz um den großen Ausbiss des Mündungstrichters herum bis Margate im Süden. Sie sind die größten Watvögel von allen im unsteten Sand der Nordsee: kriegerische Phönixe, die zweimal täglich auferstehen. Jenseits des Cliffe Creek weitet sich der Fluss noch mehr auf, während landwärts eine weitere Tetralogie auf den einsamen Wanderer zumarschiert kommt: vier Reihen von je vier Betonbauwerken, jedes aus vier vorgefertigten und vorgespannten Wänden mit einem flachen Dach. Auch sie besitzen die unmissverständliche Aura des Ersten Weltkriegs – dieses großen Werks technisch reproduzierten Todeskampfs. Draußen vor Blythe Sands gleitet ein Frachter mit der Ebbe seewärts, weiße Ware an Deck hoch gestapelt.

Wenn die Maunsell-Forts tiergestaltig sind, dann ist es schwer, sich England nicht als menschenähnliche Gestalt vorzustellen, die im Atlantik kauert – und noch schwieriger, wenn diese Analogie einmal hergestellt ist, die Themse nicht als eine Art von Verdauungstrakt zu sehen, durch den die Abfallprodukte unserer ach so verschwenderischen Gesellschaft ausgestoßen werden. Über dem einsamen Wanderer türmt sich derweil eine kubistische Ansammlung von Waschmaschinen, Geschirrspülern, Wäschetrocknern und Küchenherden – alle bestimmt für Ziele im Fernen Osten, wo sie wieder instand gesetzt und in irgendein anderes Gemeinwesen aufgenommen werden sollen. Made in China ... recycelt in China – die einzige Rolle, die wir in diesem Kreislauf spielen, ist ... entropisch. Und hinter dem Frachter folgt ein tief im Wasser liegender Schubverband mit Müllcontainern auf dem Weg zu einer Deponie auf der Essex-Seite. Für eine Weile hält der Wanderer mit dem Detritus Schritt – aber dann sticht dieser ihn aus, und er biegt landeinwärts Richtung Cliffe, erpicht auf ein halbes Pint schäumendes Lager im Pub ... Speckchips und Pinkeln auf einem Klo, wo der Spülkasten ... pinkelt.

Weiter über das Rückgrat der Halbinsel – von hier oben fühlt sich die Landschaft gewöhnlicher an, so wie sie nach der englischen Vorstellung sein sollte: kleine Felder, Katen aus Feuerstein und Häuser mit Kalkputz statt finsterer Orte oder unverdaulicher Maschinerie. Genau das hat mich schockiert, als ich zum ersten Mal auf Hoo und Grain war: In einem Augenblick stand ich in Mayfair mitten in London, als mir eine Offenbarung zuteilwurde: Ich erkannte, dass ich, obwohl ich in Charing Cross gleich an der Themse geboren wurde und mein ganzes Leben in der Stadt gelebt habe, durch die der Fluss fließt, noch nie dort gewesen war, wo er ins Meer mündet – und ich hatte nicht einmal ein gedankliches Bild von diesem Ort. Ich kam dann mit dem Auto her, fuhr stümperhaft ohne Karte eher nach Gefühl ostwärts durch Erith und Dartford. Meine Vorstellung war durchscheinend gräulich: Conrads Zusammenschweißen auch hier – aber als ich aus dem Wagen stieg, sah ich stattdessen die bauchigen, kastellartigen Türme von Cooling Castle, eingebunden in Ackerwinden und bewacht von Brennnesselwächtern. Und dann sah ich, was ich seither oft gesehen habe: Sonnenschein auf grünen Feldern, die Themse bei Hochwasser, gesäumt von grünen Ufern – ein entschlossener Fluss in einer entschlossenen Landschaft.

Zu Fuß ist es vom zugewachsenen Koloss aus dem 14. Jahrhundert zur St James's Church nur ein Spaziergang von wenigen Minuten, aber jeder Schritt versetzt den Wanderer weiter zurück in diese mythopoetische Landschaft, erhellt von literarischen Verschorfungen. Das damals zeitgenössische gedrungene Feuersteinbauwerk lieferte Dickens die Inspiration für die erste und großartige Handlung in *Große Erwartungen:* Pips Begegnung mit Magwitch, dem entflohenen Sträfling. Beim ersten Mal war mir der Status des Friedhofs mit seinen Kindergräbern nicht bewusst – ebenso wenig wie die Verminderung ihrer Zahl (denn in Wirklichkeit sind es dreizehn), eine fiktive Minderung der Todesrate. Pip kennt sie als die Gräber seiner toten Geschwister in Begleitung der Grabsteine seiner Eltern: »Fünf kleine Steinplatten, jede etwa anderthalb Fuß lang, lagen alle in einer zierlichen Reihe.« Er kommuniziert mit ihnen und stellt sich vor: »Diesen kleinen Steinen danke ich den Glauben, die Brüderchen wären alle auf dem Rücken liegend und mit den Händen in den Hosentaschen geboren worden.« So stehen Pips Geschwister da und blicken vielleicht bis in alle Ewigkeit auf Grain hinaus – genauso wie ich immer wieder dort herumwandere.

Bukolisch ist nichts an Pips Ansicht über Grain, das sich wie eine Schürze unter der flachen, von St James's gekrönten Anhöhe ausbreitet. Er sieht »die unwirtliche, flache Ebene jenseits des Kirchhofs, welche – von Gräben, Dämmen und Schleusen durchschnitten – zerstreuten Viehherden zur Weide diente.« Aber Pips Kindheit ist im Grunde vorindustriell, er wird »mit der Hand aufgefüttert« und ist ganz selbstverständlich zu Fuß unterwegs. Die entfernten Vorfahren unserer hoch mit weißer Ware bepackten Frachter waren die Gefängnisschiffe – ausgemusterte Kolosse, ursprünglich für die napoleonischen Kriege gebaut und während der nachfolgenden Dekaden im Mündungstrichter vor Anker gegangen, ein jedes mit seiner Fracht aus beschädigter menschlicher Ware. Wir werfen Miele und Creda weg – damals waren es Magwitch und Compeyson.

Und weiter: Wir bleiben für eine Weile auf dem Landrücken, erklimmen die Schwindel erregende Höhe (fünfundsechzig Meter über dem Meeresspiegel) von Northward Hill und tauchen dann durch Gestrüpp und Stechginster wieder hinunter an die Küste und folgen dem Küstenpfad zum lebendigen Toten, also Allhallows-on-Sea. Womit ich nicht sagen will, dass Hoo und Grain so abgelegen sind, dass es dort keine Menschen gibt. Aber an diesem immerwährenden Dienstag, an dem ich entweder gedanklich oder tatsächlich um die Halbinsel wandere, gibt es nichts als weißliche Tupfen hinter Windschutzscheiben, die bereits erwähnten bedrohlichen Begegnungen – und dann diese immobilen Wohnmobile der Zwischensaison in Grabsteinreihen mit ihren leeren, von Netzgardinen getrübten Fenstern, die blind auf das metallisch schimmernde Wasser des Mündungstrichters und den daran festgeschweißten zinngrauen Himmel starren. Als ich die ersten paar Male nach Allhallows wanderte, gelang es mir – weiß der Himmel, wie –, das Morbide auszuklammern, den Namen des Ortes: die Nacht, in der sich die Geister der Toten aufmachen. Und das rote Backsteinpub, das vorletzte Gebäude, bevor sich die kurze Hauptstraße in den Gräben, Dämmen und Schleusen der Marsch begräbt, trägt den Namen *The British Pilot*, als wolle es eine ganz besondere Art von Charon heraufbeschwören, um die Abschied nehmenden Ruheständler an Bord willkommen zu heißen und sie nach Southend oder Sheppey überzusetzen ... oder zum Hades.

Wie schon gesagt: Die ersten paar meiner flüchtigen Ichs sterben hier gemeinsam mit den demontierbaren Eigenheimen ab – verblassen zu Grau wie die Geisterbilder gehender Menschen, die Eadweard Muybridge im 19. Jahrhundert fotografierte. Weil es hier geschieht, etwa eine Meile östlich von Allhallows, dass das Land in der stumpfen Schweinswalbraue der Halbinsel endet. (Am Yantlet Creek, wo Schlick Schlick spaltet, während Binsen und Gräser die auflandige Brise besänftigen, gibt es eine Gedenkstätte zum Ende der Rechtsbefugnis der City of London über den Mündungstrichter … *denn auch dies ist einmal einer der dunklen Orte der Erde gewesen.* Die Küste ist tendenziös und führt das Auge – und in seinem Gefolge die Gedanken – in die unermesslichen Weiten von Meer und Himmel, die Belanglosigkeit eines einzelnen Lebens, die aus nörgelnden Möwen entstandenen *Sluaghs*[1]. Es sind nur drei oder vier Kilometer über dieses strittige Land hinweg bis zum Dorf Grain – aber gerade so, wie ich mir den eigenen Tod nicht vorstellen kann, wenn ich in Allhallows bin, schaffe ich es auf meinem Weg entlang der Dämme oder hinunter in die Marschen zuverlässig, mich zwischen beiden zu verirren. Ich muss umkehren und meinem flüchtigen Ich noch einmal begegnen. Häufig bin ich in die das Marschland von Grain umgebende Gefahrenzone gestolpert und habe mich gefragt: Was hat es auf sich mit dieser freigewählten Anziehungskraft, die Blindgänger und kolossale verlassene Geschützbatterien auf mich ausüben?)

Der Themsetrichter – das habe ich inzwischen wohl deutlich gemacht – ist ein Durchlass, durch den vieles entleert wurde und viele gereist sind. Er ist auch in wirtschaftlicher Hinsicht ein Einfallstor zum Körper – allerdings nicht mehr in politischer: Die Geschäftsleute fliegen zum City-Flughafen, und ihre Jets beschreiben Arabesken über Foulness und Grain, während die Blicke der Passagiere über kleine Bildschirme in ihren Händen huschen und nur selten – wenn überhaupt einmal – zum Plastikfenster hinausschweifen. Und wenn ich im Traum oder in der Wirklichkeit am Damm, der den Yantlet Creek säumt, entlanglaufe, dann ist es genau das: die unterschätzte Qualität der Landschaft, die mich packt, wieder und

---

[1] Horden toter Seelen, die nach irischer und schottischer Mythologie die Form von Seevogelschwärmen annehmen

wieder. Die weiße Ware wird in Tilbury gelöscht und ist nun bereit, dass wir unsere verzerrten menschlichen Beziehungen auf sie projizieren – und dann, in dieser Hinsicht gänzlich verbraucht, wird sie umgeladen und in den Fernen Osten verschifft. Aber auf der Insel Grain wachsen die Quecken immer noch aus den Ritzen der gewaltigen zerbrochenen Betonfläche heraus, die zurückblieb, als die Ölraffinerie in den frühen 1980er-Jahren aufhörte, schwarz ... klebrig zu gluckern.

Eine zerbrochene und zugewucherte Fläche – die, als ich noch im selben Jahrzehnt zum ersten Mal hier vorbeikam, noch immer voller gebogener und sich schlängelnder Rohre war, allesamt starr wie Leichen. Das Kraftwerk hinter dem Dorf Grain wurde teilweise gebaut, um das hier raffinierte Öl zu verbrennen – aber diese kleine auf Umweltzerstörung basierende Symbiose fand während der 1990er-Jahre ihr Ende und 2016 wurde der Hauptkamin des Kraftwerks abgerissen. Der gewaltige Schattenzeiger war der Ruhepol, um den sich alle Wahrnehmungen von Grain drehten – mit 244 Metern Höhe war er das höchste Gebäude in Großbritannien, das je abgerissen wurde. Seinen Sturz konnte ich nicht sehen – hätte es aber gern. Und jetzt ist sein Wanken und Aufgehen in einer Staub- und Rauchwolke fester Bestandteil meiner wiederkehrenden Tagträume.

Auch die gewaltigen Turbinenhallen des alten Kraftwerks sind abgerissen worden, während das nahe Kingsnorth – ein weiterer umstrittener Treibhausgasemmitent – 2012 für immer die Stromerzeugung eingestellt hat. Kingsnorth zog damals die mächtigsten Protestierenden an: Greenpeace-Aktivisten, die auf den gewaltigen Schornstein kletterten und einen Namen aufsprayten: »Gordon ...« Eigentlich sollte der Spruch enden mit »... schmeiß ihn weg«, eine an den damaligen Premierminister gerichtete Aufforderung, den

Weiterbetrieb der Anlage zu verhindern. So geschah es dann auch – und so schmücken nun die Überreste dieser drei gewaltigen Anlagen die südlichen Ausläufer von Grain: eine profane Trinität, die ihren eigenen Abfall kannibalisiert. Jenseits des Mündungstrichters des Medway liegt Shippey mit seinem Hauptort Sheerness. Ich habe dort einmal einen Stegosaurus aus Beton gekauft – in einem der riesigen Gartencenter, die zusammen mit Hochsicherheitsgefängnissen und dem Hafen das wirtschaftliche Lebenselixier der Insel darstellen.

Und was ist mit Grain selbst? Als namengebender Held seiner eigenen Inselgeschichte ist das Dorf eine lieblose Ansammlung niedriger Wohnhäuser, die während der 1960er- und 1970er-Jahre für die Arbeitskräfte von Kraftwerk und Raffinerie erbaut wurden. Aber die Arbeit ist größtenteils verschwunden – und was man an Menschen sieht, die von ihren UPVC-Haustüren im Regency-Stil zu ihren verrosteten Autos gehen, trägt den unsichtbaren Schleier der Armut um die Schultern. Immer wieder stolpere ich an der West Lane in diese Siedlung hinein – und jedes Mal denke ich mir: warum nicht? Warum sich nicht hier niederlassen, in diesem kleinen dörflichen Ultima Thule, dieser kleinen angebissenen Noppe am Ende von England? Denn ist Grain nicht eine Synekdoche in einer Synekdoche in einer Synekdoche – und habe ich es mir nicht zu eigen gemacht dadurch, dass ich immer wieder … und wieder hingewandert bin? Unten am Strand stakse ich vorsichtig über die vom Seetang glitschige Buhne hinaus zum Grain Tower, einer weiteren zur Zeit ihrer Fertigstellung Mitte des 19. Jahrhunderts schon überholten Geschützstellung, der dann aber durch die Bedrohung durch schnelle Torpedoboote ein neuer Verteidigungsauftrag zukam. Für den Ersten und Zweiten Weltkrieg wurde die ursprüngliche, nach Martello-Turm-Art gedrungene steinerne Keksdose brutalistisch mit

Beton erweitert – und kauert nun zwischen mittlerem Hoch- und Niedrigwasser als unübersehbarer Endpunkt.

Zwischen den gespreizten Betonstützen gibt es einen Weg hinauf in die nicht so recht dazu passenden Backsteinaufbauten – aber so wie ich Grain niemals hinter mir lassen kann, reiche ich auch niemals ganz an das alte Seil heran, das irgendein Neugieriger dort hat hängen lassen. Wenn ich könnte, würde ich mich im Turm häuslich einrichten – ich würde hier kauern und aufwachen, wenn die Flut zu neuem Leben erwacht ist. Und was meinen in der Stadtmitte von London zurückgelassenen Körper angeht – was wäre der dann noch außer einem leeren Gefäß, angefüllt mit der Dunkelheit der Stadt ...

Routen

Irenosen Okojie

Die Tat des Zauberers

Mein Hund Gogo und ich finden Rettung auf der Lichtung im Park beim weißen Stumpf eines Eukalyptusbaums, der dort im Boden steckt, als sei ein blasser, halbfertiger Gott vom Himmel gefallen. Der Schatten seiner abgehauenen Äste verliert sich in den Büschen auf beiden Seiten. Zerbrochene Alkoholflaschen, Schokoladenverpackungen und billiger Modeschmuck blitzen aus den Lücken hervor wie zufällige Dekoration. Gogo, ein schönes Beagle-Weibchen mit strahlenden Augen, das vor Freude und Unfug strotzt, ist heute früh ganz wild darauf, aus dem Haus zu kommen. Sie umkreist mich, während ich mich für den Spaziergang anziehe – eine schwarze Jogginghose, ein weites Nina-Simone-Shirt, eine graue Strickjacke, ein Mantel mit einem Loch im Futter, in dem sich ein alter Afro-Kamm und weiße Kopfhörer befinden. Eifrig wedelt sie mit dem Schwanz und lässt die Zunge heraushängen.

Im Park laufen wir durch die Plantage, wo die Mispeln, Zwetschgen und Maulbeeren noch nicht blühen. Nach zwanzig Minuten löst sich Gogo wie Houdini aus der Leine und schlüpft durch den Gitterzaun des Parks auf den Gehweg. Sie rennt, als nähme sie am 100-Meter-Finale der Olympischen Spiele für Hunde teil und wollte irgendein Hinterland erreichen, auf das sogar Lassie stolz wäre. Es macht mich sprachlos, wie ihr dieser schnelle Trick direkt vor meiner Nase gelingt. Ich habe Angst, fürchte, dass sie auf die Straßen rennen könnte. Noch schlimmer ist, dass ich keine Leckerlis dabeihabe, um sie anzulocken. Ich springe über den Zaun und verfolge sie. Eine schwarzäugige, dunkelhaarige, verkniffen dreinblickende Frau in einem weiten Jumpsuit mit Tigermuster wechselt auf die andere Straßenseite, um mir aus dem Weg zu gehen. Ich bin verzweifelt und stoße laute, unverständliche Geräusche aus. Ein Mann in einem weißen Lieferwagen sieht mich mitleidig an und drückt dann aufs Gas. Ein anderer Mann, der mit seinem Sohn unterwegs ist, blickt mir kurz ins Gesicht und zieht das Kind näher zu sich, als sei der von mir ausgehende Stress ansteckend. Ich bin auf mich allein gestellt.

Ich renne los. Ich würde mir gerne die weißen Ohrhörer einsetzen, um ein Signal an Jupiter zu schicken. Wer auch immer hier das Zepter in der Hand hält, soll erfahren, dass mein Hund sich während eines Spaziergangs aus der Leine befreit hat. Ich überlege, ob ich diese Leine in den Verkehrsstrom am Park werfen soll oder doch lieber auf die Fitnessgeräte, die wie schweigende Zuschauer herumstehen und mir plötzlich rostzerfressen erscheinen. Mein Herz, das mir bis zum Hals schlägt, verändert seine Form. Es ist entstellt, fließt aus meinem Mantelfutter und heftet sich an Gogos Fersen, während sie vorausläuft und nur manchmal anhält, um am Boden zu schnüffeln oder zu scharren. Ihre feuchte Nase glänzt; ihr drahtiger goldener Körper zappelt in der Ferne. Meine Hände schwitzen. Das Pulsieren in meinem Hals fühlt sich fanatisch an.

Ich renne, bis das Seitenstechen unerträglich wird und ich

mich hinter Straßenlaternen verstecken muss – in der Hoffnung, dass Gogo mich nicht entdeckt, wenn sie eine Pause macht. Ich werde immer panischer. Ich sehe, wie sie sich eine halb aufgegessene Wurst, Chips und Hähnchenknochen genehmigt. Alles Essbare, das sie findet, schlingt sie freudig hinunter. Ich weiß nicht, wie ich meiner Schwester sagen soll, dass ich unseren Hund verloren habe. Dass Gogo ihrem Namen alle Ehre gemacht hat. Wie soll ich ihr davon erzählen mit diesem Kloß im Hals, der droht in meinen Mund zu rutschen? Ich kenne diesen Weg. Wir gehen ihn oft. Wie konnte er mich jetzt austricksen? Ich sammle mich. Sie wird bald müde werden. Ich muss mich in Geduld üben. Ich muss weiter auf die Lösung zugehen.

Irgendwann sind wir wieder am Ausgangspunkt. Gogo wartet bei dem weißen Eukalyptusbaumstumpf auf mich. Neben ihr liegt eine vom Wetter zerfledderte Zeitungsseite mit einem Artikel über alte Mondrituale von Frauen. Gogo macht Männchen, wie immer, wenn ihr etwas wichtig ist, als wolle sie sagen: *Das wollte ich dir zeigen*. Als habe sie die ganze Zeit gewusst, dass dort der Artikel liegt, von dem ich gar nicht wusste, dass ich ihn brauche – als notwendige Erinnerung an Frauen, die Wege finden, für sich selbst zu sorgen. Danach ist Gogo seltsam ruhig. Auf der riesigen Grünfläche sind wir klein wie Spielzeuge. Wir winken den sich stetig schlängelnden roten und blauen DLR-Zügen im Hintergrund zu, auf deren Waggonfenstern man die getrockneten Tropfen des letzten Regens sieht.

Diesmal läuft Gogo nicht weg. Sobald sie mich erkennt, bin ich erleichtert. Es mag vielleicht seltsam klingen, aber die Panik, die Jagd und der Adrenalinrausch vermitteln mir das Gefühl, ich könnte mich während der Verfolgung für sie in ein fremdes Wesen verwandelt haben. Wenn wir diese Route laufen, ohne dass unsere Körper eingehegt werden, schaffen wir neues Wetter. Ich schiebe meine Hände unter ihr Halsband, ziehe es fester und hake die Leine ein. Dabei achte ich auf eine ruhige Ausstrahlung. Gogo leckt mein Gesicht. Wir sind dem Baumstumpf so nahe, dass ich im Augenwinkel die weißen Wirbel im Holz sehen kann. Sie formen ein Gesicht. Schweißperlen rinnen mir in die Augen. Die Linien im Baumstumpf erscheinen für einen Moment brüchig. Goldenes Harz fließt vom Gesicht im Baumstumpf in meine Hände. Während dieser Taufe donnert es leise. Wenn wir uns darauf einlassen, fühlt es sich an wie eine spirituelle Reinigung.

Das Multiversum fließt aus einem Schuh

Gogo und ich könnten bis zum Kilimandscharo gehen oder einen Weg ins Yosemite Valley finden, getrieben von sanftem Rückenwind, die Quittung der Abenteuer vom gestrigen Nachmittag, ein Riss in der Galaxis, durch den wir ins Multiversum gelangen. Meine Schwester liegt im Krankenhaus und wird von Medikamenten entwöhnt, wodurch ihre Krampfanfälle verstärkt werden. Ich trage ihren letzten, verängstigten Gesichtsausdruck in mir wie eine Landkarte. Gogo weiß, dass sie fort ist. Sie ist von einer kleinen, melancholischen Blase umgeben. Auf diesem Spaziergang in Richtung der hiesigen »Alpen« lausche ich über meine Ohrhörer dem Gesang von Nonnen. Ich heiße die Bilder der Natur willkommen wie weiche Fallschirme, die ich umarmen kann. Es ist Frühling. Die frische Luft auf meiner Haut fühlt sich noch kühl an. Goldene Blätter sammeln sich, rascheln und werden durch unsere Schritte aufgewirbelt. Gogo und ich laufen im gleichen Rhythmus, sind so sehr miteinander verwoben, dass wir Teil des Pulsierens aller Elemente sind, jetzt und in Zukunft. Wir sind so sehr eins, dass der Singsang der Nonnen in die Bewegungen ihres Kiefers sickert und etwas darin löst. In meiner verzerrten Wahrnehmung aus dem Augenwinkel sieht es aus, als antworte Gogo, statt zu bellen, mit einem buddhistischen Gesang:

Om Mani Padme Hum
Om Mani Padme Hum
Om Mani Padme Hum

Von zu Hause dauert der Spaziergang nur zwanzig Minuten. Mein Körper öffnet sich, Gedanken, die lange hin und her kreisten, verblassen. Ich spüre, wie Dinge in den Zwischenräumen wachsen, unterbrochen vom Singsang der Nonnen und Gogos reglosem Kiefer. Auf dem Weg kommen wir an einem Begegnungszentrum für Alte vorbei, das kürzlich in einer der Seitenstraßen entstanden ist. Eine verfallene Telefonzelle steht hier noch, der Hörer baumelt am Kabel, Metall und Glas bilden ein Portal. Gogo zieht an der Leine, wie immer, wenn sie etwas Neues erkunden will. Sie dreht ihren Körper nach rechts und bringt damit Passanten zum Lächeln, die auf dem Weg in ihre eigenen Abenteuer sind.

Der Singsang löst sich in meinen Adern auf. Seine Kraft zieht ein Eichhörnchen an, das in einem frenetischen Tanz mit einer Eichel gefangen ist und dann einen einsamen Ahornbaum hochflitzt. Ein Fuchs verharrt einige Sekunden, als wolle er sich unseren Anblick einprägen. Einen Augenblick lang sehe ich seine Zukunft vor mir, die auf grausame Weise unter einem Auto endet. Dann flitzt er ins Gebüsch. Sein orangefarbenes Fell leuchtet, während er seinem Schicksal entgegengeht; er versteckt sich und zeigt sich nur, wenn es nötig ist. Wir laufen an der DLR-Haltestelle gegenüber dem Supermarkt vorbei. Über das Getümmel der Menschen hinweg ist das leise Quietschen der Einkaufswagen zu hören. Wir sind Teil dieser städtischen Umgebung und ihrer geheimen grünen Rückzugsorte. Wir überqueren die Straße am Kreisverkehr. Ich blinzele. In den Autos sitzen zerbrochene Sirenen statt Menschen; die Ampeln fehlen. Die Straßen sind mit weißen Plastiktüten übersät, die zugleich als Landeplätze auf dem grauen Beton fungieren.

Gogo mag den Aufstieg in die »Alpen«. Vorbei an Büschen und Ecken läuft sie zum Gipfel, wo es sich anfühlt, als könnten wir die Sterne berühren. Wir überraschen uns dabei, wie wir mit dem Kosmos sprechen, der wie ein Schuh geformt ist. Es ist taghell. Von hier oben können wir unser ganzes Viertel und Teile Londons sehen. Ich mag diesen Ort. Er ist felsig und voller Höhlen. Der Boden bewegt sich unter uns, als beherberge er grummelige Wesen, die nach oben durchbrechen und vom Licht zehren wollen. Nachts beobachten wir Flugzeuge, die blasse Streifen am Himmel hinterlassen, und Krankenwagen, die durch die Straßen rasen, um vielleicht Leben zu retten. Wir sind Schüler der Straße, die auf ihren Flügeln sitzen. Mein

Körper steigt auf, um eine selbst erzeugte Höhe zu erreichen, die trügerisch ist. Ich kann den schwachen Umriss des Kosmosschuhs sehen. Die summenden Nonnen in meinen Ohren unterbrechen immer wieder ihren Singsang. Die Pausen sind Ellipsen. Sie lassen Raum, in dem sich Dinge manifestieren können.

Im Chaos unter uns entdecken wir eine Frau. Sie hockt auf einem Felsen neben den Resten eines verloschenen Feuers und einer blauen, löchrigen Matratze. Sie ist eine Erscheinung. Ihre Dreadlocks sind grün gefärbt. Ihre bernsteinfarbenen Augen schillern, ihre Haut hat die Farbe von Muskatnuss. Sie raucht eine Zigarette, die zugleich als Zeichen dient. Gogo winselt. Die Frau blickt zu uns hoch. Lächelt. Sie hat keine Zähne. Sie hebt die linke Hand und bietet uns eine Handvoll Zähne wie Juwelen an. Wenn man tagsüber magische Orte besucht, fühlt sich das an wie Atmen, als würde man von der Versuchung in ein verlassenes kleines Paradies gelockt, in dem die wilden Pflanzen auf die Vertreibung warten. Wagen wir uns zu weit nach vorn, könnten Gogo und ich hinunterfallen, in die Frau, und während einer stummen Unterhaltung vom Kosmos verschluckt werden.

Der Angelclub bietet sein Fenster an

Unser örtlicher Angelclub liegt im Park an der Route 262 Richtung Stratford. Mit einem See rechnet man hier nicht. Er ist ziemlich groß und liegt hinter dem Clubhaus, dem Basketballfeld und dem Spielplatz. Gogo und ich sehen den Leuten gerne dabei zu, wie sie selbstvergessen fischen. Ihre grünen Zelte wirken wie Zufluchtsorte. Sie werfen ihre Angeln aus, um etwas Überraschendes zu fangen. Das Licht fällt hier aus unterschiedlichen Winkeln aufs Wasser und bildet verschiedene Prismen. Ich lasse Gogo eine Weile von der Leine und werfe Stöckchen, die sie sucht und mir zurückbringt. Sie ist großartig, wenn sie sich bewegt, über kleine Sonnenblumen springt, stehen bleibt, um sich Aufmerksamkeit von Fremden zu holen, und neugierig an einer Stelle schnüffelt, die sie interessant findet. Nachdem ich sie wieder angeleint habe, laufen Gänse auf die Wiese, strecken die Hälse und plustern sich auf, als wollten sie herausfinden, was wir ihnen mitgebracht haben, um den zerbrechlichen Vertrag zwischen Beobachter und Beobachteten zu bekräftigen. Bemalte Gesichter von Kindern und Erwachsenen schweben zwischen den Bäumen und Spielplatzgeräten. Sie sehen aus wie Figuren aus einem Gemälde von Salvador Dalí. Die Kinder laufen von einem Teil der Wiese zum anderen. Sie rennen hin und her, finden Stöcke und spielen damit Kämpfen.

Vielleicht liegt es am Wirbeln dieser vielgestaltigen Anarchie, dass eine alte Erinnerung im Wasser aufsteigt. Gogo und ich stehen am Ufer, wo die sandigen bunten Steine unter unseren Füßen knirschen. Mein Spiegelbild zeigt mich als kleines Mädchen im Alter von sechs Jahren. Ich trage ein weiß-grün getupftes Kleid. Ich befinde mich in einem Vergnügungspark in Lagos, wo ich für mehrere Stunden verloren gegangen war. Ich halte eine große Stange Zuckerwatte in der Hand und bin von vielen Menschen umgeben, wirke aber nicht unsicher oder ängstlich. Dieses Bild von mir gibt es auch als Polaroid, es zittert im Wasser. Seit diesem Vorfall kann ich mich nicht an die Stunden erinnern, in denen ich verschwunden war. Ich weiß nicht, wohin ich gegangen bin, mit wem ich gesprochen und was ich getan habe. Ich weiß nur noch, dass ich, kurz nachdem das Foto gemacht wurde, fortging, mich immer weiter von meiner Familie entfernte und in Richtung der Menschenmenge ging, hinein ins Maul von etwas, das der Tag verborgen hatte. Vielleicht begann damals die Unruhe, die ich in meinen Gliedern spüre. Das Bedürfnis, auf Unvorhergesehenes zuzugehen, auf wartende Momente, die der Körper erst erkennt, wenn er ihnen begegnet.

Das Polaroid im Wasser zittert. Mein erwachsener Kopf konzentriert sich auf den kleinen Körper auf dem Bild. Das Foto blutet. Jetzt ändert der See die Farbe. Er sieht aus wie das rosa Wasser im Senegal. Wie die rosa Zuckerwatte, die ich in der Hand hatte, als ich an einem heißen Nachmittag für mehr als fünf Stunden in einem Freizeitpark verloren ging. Ich ziehe an Gogos Leine. Sie macht einen Schritt zurück. Wir gehen weiter. Ich weiß nicht, ob ich mich je an die verlorenen Stunden dieses einen Tages in meiner Kindheit erinnern werde. Aber Gogo und ich laufen in Richtung der erblühenden Teile längst vergrabener Geheimnisse.

Irgendwo zwischen dem rosa See, den Zelten am Himmel und den geisterhaften Angelschnüren gehen wir noch immer. Unsere Körper verschwinden in einem süßen Mekka jenseits der Grauzone.

Verirrt

Joanna Kavenna

Auf halbem Weg der Wanderung hatte ich mich verirrt. Die Sonne versank, und der Mond ging auf wie ein feuriger Ballon. Ich stand auf einer windigen Hochebene, unter mir der dunkle Wald und dahinter das stumme Meer.

Beim Wandern gehen einem die verrücktesten Dinge durch den Kopf. Ich war wegen einer Auszeit hier. Es ist schon einige Jahre her, und ich jobbte damals in London. Ich war sehr schlecht in meinem Job. Dazu kamen einige Todesfälle in meiner Familie und eine Menge Anrufe von Ärzten, die mit ernster Stimme schlechte Nachrichten durchgaben. Die Wirklichkeit fühlte sich irreal an. Menschen verschwanden einfach, es war der totale Wahnsinn. Aber man sagte mir, es sei normal und der Lauf der Dinge. Nachts wachte ich auf und bekam keine Luft. Ich fürchtete, verrückt zu werden.

Alle sagten, ich bräuchte eine Pause, und manchmal hat es ja einen Grund, warum alle so etwas sagen. Also nahm ich den Zug nach Paris und fuhr weiter Richtung Süden. Ich rief meinen Chef an, damit er mich feuern konnte, was er auch tat. Er meinte, ich hätte die Orientierung verloren. Ich sagte: »Nein, ich habe eine Karte.« Darauf er: »Ich meine es bildlich.« Er hatte auf seine Weise ja recht. Aber jetzt hatte ich wirklich die Orientierung verloren. Im Kartenlesen bin ich eine Niete. Wörtlich und bildlich. Karten sind ja irgendwie Bilder, und darin liegt das Problem! Ich kapiere einfach nicht, was eine fixe Darstellung mit der veränderlichen Wirklichkeit um mich zu tun hat. Mit dieser Ebene zum Beispiel. Den funkelnden Sternen, dem endlosen Himmel. Den Schatten, die über das Gras wandern. Und wie das Gras sich flach hinlegt, als hätte es Angst. In einer Geschichte von Jorge Luis Borges, »Von der Strenge der Wissenschaft«, stellen die Kartografen eines Fantasiereichs auf der Suche nach einer ganz genauen Karte immer größere Karten her. Sie verabscheuen Bilder. Zuletzt machen sie eine Karte, die genauso groß ist wie das abgebildete Reich und sich »Punkt für Punkt« mit ihm deckt. Doch die Karte ist zu nichts zu gebrauchen, und sie überlassen sie dem Zerfall in der Wüste.

Aber hier war nicht der Ort für Fantasiegeschichten. Ich hatte mich verirrt und musste mich an die Fakten halten.

Ich ging auf dem Grande Randonnée Nr. 4 von Grasse über die Verdonschlucht zum Plateau de Valensole.

Die Grandes Randonnées oder Grote Routepaden oder Lange-Afstand-Wandelpaden oder Grande Rotas oder Gran Recorridos sind ein Netz von Fernwanderwegen durch Europa.

Der Grande Randonnée 4 (GR 4) verläuft auf einer Höhe von einem bis 1912 Metern. In meinem Rucksack hatte ich jede Menge Käse, Brot und Wasser dabei, außerdem einen Schlafsack. Es war August, und ich konnte draußen übernachten.

Ich würde eine Woche unterwegs sein, dann musste ich wieder nach Hause und mir einen neuen Job besorgen. Im Moment hatte ich ganz konkret und vielleicht auch bildlich keine Orientierung.

Ich las im Schein der Taschenlampe die Karte, als ein Windstoß sie mir aus der Hand riss. Manchmal hat man das Gefühl, als wollte das Universum einem etwas zeigen. Der Akku meines Handys war leer, und ich brauchte die Karte, auch wenn ich Schwierigkeiten hatte, sie zu lesen. Also rannte ich ihr nach, begleitet von mehreren Schatten. Ich fand sie auf einem Grasbüschel liegen, hob sie auf, ließ sie fallen und rannte ihr wieder nach. Es war ein lustiges Spiel, so ganz im Dunkeln. Der Mond lächelte auf mich herunter, mein Rucksack fühlte sich schwerer an denn je. Dazu kamen noch die Windböen. Und wo ich schon dabei war, wie viele Stunden war ich eigentlich schon unterwegs? Fünfzehn? Meine Füße wollten nicht mehr. Meine Stiefel waren alt und bequem, doch schienen sich an ihnen einige Löcher aufgetan zu haben. Aber davon abgesehen hatte ich es nicht schlecht getroffen. Es war eine klare, warme Nacht. Ich machte mir keinerlei Gedanken darüber, wo ich schlafen sollte. In der Natur war ich immer glücklich.

Ich war einige Tage zuvor in Grasse losgelaufen. Aus Grasse führen viele Wege hinaus. Ich ging eine Zeitlang hin und her und dann, so schnell ich konnte, einen Hang hinauf. Eine Weile hatte ich einen Blick auf das glitzernde Meer, dann tauchte der Weg in einen schattigen Wald ein, wo in den knorrigen Eichen Vögel sangen. Ich glaubte eine Lerche zu hören. Bei Einbruch der Nacht kroch ich in meinen Schlafsack. Ich machte mir nicht einmal die Mühe, mich neben den Weg zu legen. Bei strahlendem Sonnenschein wachte ich auf, als eine Familie von Wanderern vorsichtig über meinen Kopf stieg.

Die Landschaft war traumhaft. Überall schrillten Zikaden, die lautesten Insekten der Welt. Mein Kompass rastete immer wieder aus. Die Karte – gut, darüber habe ich genug gesagt. Jedenfalls hatte ich ständig meine Mühe damit. Am zweiten Tag ging es vor allem um Blümchen und Magie. Es war drückend heiß, und ich musste mir meine Wasservorräte einteilen. Die Blumen waren wunderschön und winzig klein. Was für eine Vielfalt von Farben! Ich dachte den ganzen Tag an Wasser. In der Nacht schlief ich am Fuß eines Kalksteinfelsens, in der Mitte eines Kreises von Felsblöcken. Im Kreis war mir wohler, ich fühlte mich geschützt. Vor dem Einschlafen versuchte ich die Felsen zu zählen – siebzehn oder achtzehn? Oder sechzehn? Nein, ganz bestimmt siebzehn. Der Kreis hatte eine Lücke, so wie eine Tür. Ich schlief tief und fest und wachte in der Früh auf, als die letzten Sterne am grauen Himmel vergingen. Alles war kalt und unheimlich, und die Lücke war verschwunden. Ich sah keine Tür mehr, nur einen geschlossenen Kreis von Steinen. Das verstand ich nicht. Ich überlegte, ob nachts vielleicht ein Stein vom Berg hinab in die Lücke gerollt war. Oder ob es sich um einen magischen Steinkreis handelte. Mit einer Lücke, die törichte Reisende anlockte, damit sie von steinernen Riesen gefressen werden konnten. Das war natürlich Quatsch, aber in letzter Zeit waren so viele unmögliche Dinge passiert, dass man nicht vorsichtig genug sein konnte. Ich sammelte meine Sachen ein und verließ den Kreis auf Zehenspitzen. Die Berge trugen schroffe, uralte Gesichter. Ich war mir sicher, dass da eine Lücke gewesen war.

Am dritten Tag schlief ich in einem Wald. In dieser Nacht hatte ich ein sehr bequemes Bett. Ich legte mich auf eine dicke Unterlage aus Moos und war über mein Bett sehr glücklich. Es kostete nichts, und das Moos duftete würzig. Diesmal keine Steine und keine Lücken. Nur der volltönende Gesang der Finken. Am Morgen sah ich einen Reiher so unbewegt in einem See stehen, dass ich ihn für Einbildung hielt – bis er sich mit majestätischen Flügelschlägen in die Luft schwang. Ich lief platschend in den See und trank das Wasser in großen Schlucken. Dann füllte ich meine Flaschen auf und machte mich mit meinem beruhigend gluckernden Rucksack wieder auf den Weg.

Jetzt war der vierte Tag, und ich war stundenlang auf dem Weg, abseits davon und wieder auf dem Weg marschiert. Vor mir sah ich einen dunklen Schatten von unbestimmter Gestalt. Ich dachte, es könnte eine Art Schutzhütte sein, ein warmer, gemütlicher Ort mit einer Feuerstelle und einem Bett. Also ging ich schneller, aber dann stellte sich heraus, dass es sich nur um eine Ruine handelte. Die bröckelnden Mauern boten einen gewissen Schutz, also legte ich mich in den Windschatten. Ich war so froh, den Wind los zu sein. Der Himmel war voller bekannter Sterne und Schleier von schimmerndem Staub. Ich las gerade ein Buch von Hubert Reeves: *Pourquoi la nuit est-ell noir?* Der dunkle Nachthimmel ist der Beweis für die Endlichkeit des Universums. Wir bestehen aus Sternenstaub. Wenn wir sterben, wird diese Energie in etwas anderes umgewandelt. Nichts, das einmal existiert hat, kann je wirklich verschwinden. Das alles ergab keinen Sinn. Ich war müde und mein Französisch war zu schlecht.

Der Wind heulte. Ich schlief schon, da zupfte etwas an meinem Fuß. Nur halb wach, hielt ich es für einen Traum. Schwarzer Himmel, Himmelsstaub. Ich konnte doch nicht allein in den Tiefen des Nirgendwo schlafen. Da hörte ich ganz deutlich ein lautes Rascheln und dann – noch schlimmer – das Geräusch von Schritten. Schlagartig war ich wach und hatte große Angst. »Wer ist da?«, fragte ich einfältig. »Was wollen Sie?« Ich sagte noch alle möglichen dummen Sachen, dann schaltete ich mit einer verzweifelten, zitternden Bewegung die Taschenlampe an.

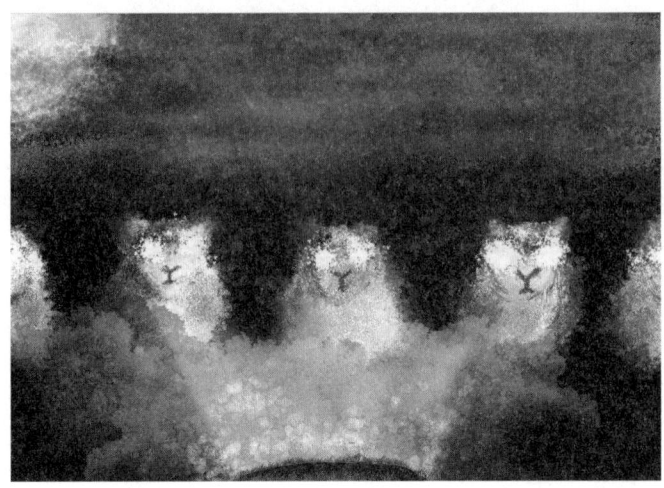

Ich rechnete mit ... einem Mörder, einem Verrückten mit bleichem Gesicht, einem Mondgeist, dem Geist meines Vaters. Stattdessen – Schafe! Ich war so wütend auf sie, weil sie mir einen solchen Schrecken eingejagt hatten. Aber sie sahen mit ihren kleinen weißen Gesichtern so jämmerlich aus. Maskiert und besorgt wie ein griechischer Chor. Ich hatte ihnen ihren Lagerplatz weggenommen, die einzige windgeschützte Stelle im Umkreis von Kilometern. »Tut mir leid«, sagte ich, immer noch vor Schreck zitternd. »Ich bin nur eine Nacht hier.« Sie starrten mich böse an. »Legt euch doch da drüben hin.« Ich zeigte auf die Mauer gegenüber. Dort war es nicht ganz so windgeschützt, aber es war immer noch besser als nichts. Die Schafe blieben noch eine Weile stehen, dann gaben sie wie auf einen gemeinsamen Beschluss hin auf und zogen weiter. Mit klopfendem Herzen schaltete ich die Taschenlampe aus. Wie albern! Es dauerte eine Weile, bis ich es wagte, wieder einzuschlafen, und als ich in der Morgendämmerung aufwachte, waren die Schafe verschwunden. Sie hatten hoffentlich eine gute Nacht.

Der GR 4 hat ein System von Wegweisern, die sehr hilfreich sind, wenn man sie richtig liest. Ein weißer Strich über einem roten Strich bedeutet, dass man den Weg weitergehen kann. Dieselben beiden Striche mit einem weißen Pfeil darunter, der nach links oder rechts zeigt, bedeuten, dass man die Richtung ändern soll. Ein roter Strich und ein weißes Kreuz bedeuten, dass man in die falsche Richtung geht. Ich habe die Klarheit und Einfachheit dieser Wegzeiger bewundert, obwohl ich sie oft falsch gelesen habe. Sie nahmen Bezug auf konkrete Dinge im Raum wie eine Landmarke, das nächste Dorf, den richtigen oder falschen Weg. Aber ich konnte damals nicht klar denken und habe oft überlegt, ob die Zeichen etwas anderes bedeuteten. Warum zum Beispiel geriet ich immer wieder auf den falschen Weg? Und wenn auf dem Schild stand, ich solle die Richtung ändern, bezog sich das nur auf den GR 4 oder das Leben überhaupt? Dort gabelt der Weg sich ständig, ohne dass ein Schild danebensteht. Also im Leben – im Unterschied zum GR 4, der immer beschildert ist. Und natürlich vermisste ich, wie alle es tun, die Toten. Ich konnte sie nicht herbeirufen außer in wirren Erinnerungen und Träumen.

Eine kurze Pause, um meine Gedanken zu stoppen. In der Ferne nebelverhangene Felsen. Auf dem Weg Schäfer, bellende Hunde. Lavendelduft. Noch mehr Finken, die übermütig durch die Luft flattern. An einem Bach fülle ich meine Flaschen mit süßem Wasser auf. Ein Baum ist von einem Blitz getroffen worden, der glatte Stamm ist knochenweiß. Und da war der Wegweiser wieder, ich sollte dem Weg folgen. Er war gut, fest und sicher und führte bis zum Point Sublime und der Verdonschlucht. Üppige Baumkronen, saphirblau leuchtendes Wasser. Ich aß Fisch mit Kartoffeln, trank Bordeaux und schlief auf einem Campingplatz. Glück pur. Keine Riesen und keine Geister.

Am nächsten Tag war ich wie auch alle anderen auf dem richtigen Weg. Der Weg durch die Schlucht ist nach Édouard Alfred Martel benannt, der in der ersten Dekade des 20. Jahrhunderts dort kartografierte. Bei seiner Ankunft gab es noch überhaupt keine Wege. Er machte sich selbst einen, den bis heute einzigen Weg. Man kann sich die Schlucht nur schwer ganz verlassen und ohne Pfade und Wegzeiger vorstellen. Sie war atemberaubend, aber jetzt hatten wir August, und auf dem Weg drängten sich die Menschen. Wir bewegten uns in einer Schlange langsam vorwärts, die bei den Leitern ganz zum Stehen kam. Die bizarren Felsformationen erinnerten an gotische Kathedralen, der einzige Ausgang lag hoch über uns.

Es war heiß und bedrückend eng. Die Schlange hielt erneut an einer Leiter. Ich dachte gerade wieder einmal an Wasser, da sah ich einen Mann auf einem Stein sitzen. Er trug einen dicken braunen Anzug – eine seltsame Wahl –, war rot im Gesicht und hatte sich keuchend vornübergebeugt. Er machte einen niedergeschlagenen Eindruck. Als die Schlange sich endlich wieder in Bewegung setzte, reihte ich mich hinter ihm ein. Er ging mit gesenktem Kopf und hatte keinen Blick für die Landschaft übrig. Gelegentlich wischte er sich mit einem weißen Taschentuch über das Gesicht. Dann zog er sein Jackett aus und hängte es sich über die Schulter. Sein Hemd war schweißgetränkt. Er hatte ein schmales, attraktives Gesicht und grauschwarze Haare. Über uns gewaltige Felswände, gesprenkelt mit Menschen, die nach oben in Richtung Ausgang strebten. Ich beneidete die kleinen Gestalten hoch über mir, weil sie die Schlucht schon fast verlassen hatten.

Wirklich eine sonderbare Idee, dachte ich. In einem Ofen Schlange zu stehen, lebendig gekocht zu werden. Zum Spaß! Was für ein Erlebnis! Anbetung der Natur. Ich musste an W. H. Auden denken, der die Berge nicht leiden konnte. Ich mochte sie und auch die windigen Ebenen, aber nicht diese kochend heiße Schlucht. Der braune Anzug trug keinen Rucksack, er hatte nicht einmal eine Wasserflasche dabei. Irgendwann hielt ich es nicht mehr aus. Ich ging zu ihm und hielt ihm eine Flasche hin. Außer ihm hatten alle Wasser dabei. Ich fragte: »Wollen Sie?« Er sah mich erschrocken an und machte eine Handbewegung. Nein, nein, es gehe ihm gut. Danke! Schweigend gingen wir weiter, und ich vergaß die Zeit, in Gedanken bei Auden und auch diesem Mann. Nach einer Weile klopfte ich ihm noch einmal auf die Schulter und sagte in meinem schlechten Französisch: »Bitte nehmen Sie, ich habe genug.« Diesmal bedankte er sich, nahm die Flasche und trank sie fast leer. Er wirkte benommen. Darauf bot ein Mann hinter mir, ein Profiwanderer mit Topausrüstung, mir eine Ersatzflasche an. Ich war darüber richtig gerührt. Am liebsten hätte ich ihm von den Wegzeigern erzählt, von dem Reiher und den Riesen und wie ich die Schafe verärgert hatte. Stattdessen bedankte ich mich noch ein zweites Mal bei ihm. Der Profiwanderer sagte: »Ich passe auf Sie auf!« Dann gab er die Flasche dem braunen Anzug, der sie gern nahm. Ich fand das witzig. Die Schlucht war die Hölle, viel zu heiß und überfüllt mit Menschen. Aber die Menschen waren sogar in der Hölle freundlich zueinander, trotz der unwirtlichen Bedingungen. Vielleicht hatte ich einen Hitzschlag. Jetzt ging es Gott sei Dank nach oben, zum Ausgang. Der Profiwanderer war verschwunden.

Am oberen Ende der Schlucht erwartete uns etwas ganz Erstaunliches: ein kleines Café, das Eis und Getränke verkaufte und das keine Fata Morgana war. Der braune Anzug sprach mich an und fragte, ob ich Lust auf ein Bier hätte. Er hieß Gabriel. Wir setzten uns auf eine Bank, tranken Bier und waren rundum glücklich – zumindest ich. »Es tut mir leid, aber ich konnte da unten nicht sprechen«, sagte Gabriel. Er war hier, weil sein Bruder oft durch die Schlucht gewandert war. Der Bruder war vor wenigen Tagen mit nur vierzig an einem Herzinfarkt gestorben. Sein Tod sei ein unglaublicher Schock gewesen, erzählte Gabriel, und er habe nicht gewusst, was er tun sollte. Also kam er hierher, um bei seinem Bruder zu sein. Ich sagte, wie sehr es mir leidtue. »Hat es geholfen?«, fragte ich. Gabriel war verwirrt – mein Französisch war für ein solches Gespräch nicht annähernd gut genug. »Ich meine«, sagte ich, »ich bin auch hergekommen, weil ich dachte, es könnte helfen. Gegen mein eigenes Gefühl des Verlusts.« Zumindest habe ich versucht, das zu sagen. »Nichts hilft«, sagte Gabriel, »nur die Zeit. Die Zeit betäubt den Schmerz.« Er drückte es allerdings viel poetischer aus. »Le temps«, sagte er, »c'est une musique sensible qui engourdit la douleur.« Wenn ich ihn richtig verstanden habe. Wir tranken aus und standen auf. Ungeschickt sagte ich, bei unserem nächsten Treffen würde ich ihn zu einem Bier einladen, und er lachte. Wir wussten beide, dass ein solches Treffen unwahrscheinlich war. Wir gaben uns die Hand, und dann umarmten wir uns ganz unerwartet noch. Sein Hemd war immer noch nass. Als wir uns trennten, sagte Gabriel: »Gehen Sie zuerst, Sie sind schneller.« Ich bedankte mich noch einmal und ging dann, so schnell ich konnte, los, damit ich auch wirklich schneller war.

Ich bin Gabriel auf dem weiteren Weg nicht mehr begegnet. Ein, zwei Tage bin ich noch dem GR 4 gefolgt. Dann habe ich den Zug nach Grasse genommen, bin nach Hause zurückgekehrt und habe mir einen anderen Job gesucht. In gewisser Weise hat diese Wanderung mein Leben verändert. Sicher werde ich es aber nie wissen. Ich war ja nur wenige Tage auf dem GR 4 unterwegs, zusammen mit Scharen von anderen Touristen. Es war keine schwierige oder einsame Wanderung, ich war nur in einem fiebrigen Zustand. Wenn ich »Grande

Randonnée« schreiben will, macht mein Computer daraus »Grand Randomness«, großer Zufall. Meine Wanderung auf dem GR 4 war tatsächlich von großem Zufall bestimmt. Der Weg hat sich immer wieder gegabelt, und ich habe oft die falsche Abzweigung genommen. Aber auf den falschen Wegen sind so viele interessante Dinge passiert, dass ich es nie bereut habe, sie gegangen zu sein. Mein Exchef und Borges hatten recht. Karten reichen nicht aus. Die eigentliche Wanderung vollzieht sich in Gedanken. Gabriel und ich waren beide in tiefer Trauer, und doch war es rein zufällig, dass wir im selben Teil der Schlange landeten. Und vielleicht waren ja alle in der Schlange traurig, erfüllt von dem Schmerz, den wir alle mit uns herumtragen. Vielleicht gehört das zum großen Zufall. Zeit ist eine Musik, die den Schmerz betäubt, wie Gabriel vielleicht gesagt hat, aber vielleicht auch nicht.

Und Wandern ist eine seltsame Disziplin. Du bist in Gedanken überall – bei den Toten, den Lebenden, den Sternen, der wirklichen und der unwirklichen Welt. Alles verschmilzt, während dein Körper sich rhythmisch bewegt. Im Takt, stetig voran. Jetzt bin ich älter, und der Weg verzweigt sich immer noch. Ich gehe einfach weiter, wie immer.

Portale

Agnès Poirier

Im Alter von zehn bis vierzehn Jahren war ich an diesen grauen Mauern zweimal, manchmal viermal am Tag entlanggegangen. Doch erst viel später, als Geschichts-Studentin an der Sorbonne, begriff ich, wie atemberaubend mein täglicher Fußweg eigentlich gewesen war.

Als Kind hatte man mir mehrfach erzählt, dass hinter diesen alten Mauern in der 35 Rue de Picpus im 12. Pariser Arrondissement das Grab eines berühmten Franzosen lag, dessen Name viele schmale und breite Straßen in Amerika zierte. Ein großer Franzose und, wie ich später erfuhr, an die tausend weitere Landsleute. Lag es an dem nichtssagenden Gebäude mit kirchlicher Anmutung oder am Stilbruch der direkt gegenüber gelegenen hässlichen Renault-Werkstatt aus den 1970er-Jahren, dass meine jugendliche Neugier nicht geweckt wurde? Erst mit Anfang dreißig trat ich zum ersten Mal durch diese Tür. Oder war es ein Portal? Mit einem Schritt verließ ich das 21. Jahrhundert und betrat das 17., und mit einem weiteren starrte ich auf das Jahr 1794 und seine Schuttkarren voller enthaupteter Leichen.

Spaziergänge in Paris sind immer Zeitreisen. Kopfüber taucht man ein in eine Geschichte voller dunkler Ecken und hell erleuchteter Boulevards, voller Straßenproteste und Liebesnester, voller *Quartiers* mit bitterer Armut und luxuriöser Sackgassen. Im Hof des heutigen Sitzes der Congrégation des Sacrés-Cœurs geraten die Füße der Besucher auf dem unebenen Pflaster aus dem 17. Jahrhundert leicht ins Stolpern, und allein das erinnert einen wie in Marcel Prousts *Suche nach der verlorenen Zeit* an die Zeitreise, auf die man sich soeben begeben hat. Genau wie Gerüche, Geschmäcker und Geräusche hinterlässt die Berührung der *Füße* auf einer bestimmten Oberfläche oder einer Parzelle eine tief verankerte neurotische Spur im Gehirn, die jedes Mal aktiviert wird, wenn der Sinnesreiz sich wiederholt. Anders gesagt, ein Spaziergang triggert seine eigene Erinnerungsfolge, wobei die Füße als Übermittler ans Gehirn funktionieren.

Passiert man das Portal der 35 Rue de Picpus, bemerken die Füße der Besucher rasch die Veränderung in *décor* und Epoche. Willkommen am Friedhof von Picpus, einem der zwei privaten Friedhöfe der französischen Hauptstadt – der andere ist der portugiesisch-jüdische Friedhof im 19. Arrondissement.

Vom 14. Juni bis zum 27. Juli 1794 stand die Guillotine ganz in der Nähe auf dem Platz des Gestürzten Throns, heute Place de la Nation, wo ich in meinen ersten zwanzig Lebensjahren wohnte. In diesen fünf Wochen des Sommers 1794 wurden 1306 Menschen enthauptet und ihre Leichen in Massengräber geworfen, die eilig im Klostergarten in der Rue de Picpus ausgehoben worden waren. Zwei Marmorplatten in der Kapelle verzeichnen die Namen der Unglücklichen, die ihr Haupt verloren, damit die Revolution leben und ihren Verlauf nehmen konnte. Darunter sind viele Adelige, aber auch Nonnen und einfaches Volk. Neben den berühmten Familien Noailles,

Montmorency, Rochefoucauld, Polignac und Rohan liegen Bürger jeden Alters und Standes. Die lange Liste der Opfer ist eine bewegende Lektüre: Sie waren Bauern, Perückenmacher, Gärtner, Musiker, Lehrer, Köche, Schauspieler, Kaufleute, Gerichtsdiener, Dichter, Weber, Näherinnen, sogar ein Musselin- und Chiffonmacher. Die *Terreur* machte keine Unterschiede, und am Ende verschlang die Revolution ihre Kinder mit derselben Wut, mit der sie die Tyrannen des Landes verschlungen hatte. So war ich also an diesem verschneiten Januartag 2008 gekommen, um einem großen Franzosen meinen Respekt zu zollen, und verneigte mich am Ende vor eintausend meiner Landsleute, die zu meinen Füßen begraben waren.

Nach der Revolution erwarb ohne großes Aufsehen eine Gruppe Adeliger das Grundstück, auf dem die Leichen ihrer Verwandten so grausam verscharrt worden waren; und bis heute können sich Verwandte der Guillotinierten an der Seite ihrer Ahnen begraben lassen. So kam es, dass 1807 die Marquise Adrienne de Noailles auf dem Friedhof von Picpus beigesetzt wurde. Sie hatte sich gewünscht, im Tode mit ihrer geliebten Schwester, Mutter und Großmutter vereint zu werden, die dreizehn Jahre zuvor alle drei enthauptet worden waren. 1834 kam ihr Gatte für seine letzte Ruhe an ihre Seite. Sein Name: La Fayette. Der Marquis de La Fayette. Durch ihn vereinigten sich in Ort und Gedächtnis zwei ruhmreiche Ereignisse – die Erde auf seinem Grab war die Erde, die er zu diesem Zweck aus Charlestown in Boston mitgebracht hatte, vom Schlachtfeld der Battle of Bunker Hill, einer der entscheidenden Schlachten des amerikanischen Unabhängigkeitskriegs.

Während ich schweigend vor seinem Grab stand und die amerikanische Flagge betrachtete, die in der kalten Winterluft darüber wehte, versuchte ich, im Kopf die Schwarz-Weiß-Bilder von US Army General John J. Pershing und Colonel

Charles E. Stanton darüberzulegen, die ich einmal gesehen hatte; die beiden standen am 4. Juli 1917 an exakt derselben Stelle, drei Monate nach dem Eintritt der Vereinigten Staaten in den Ersten Weltkrieg auf der Seite Frankreichs und seiner Alliierten. Und ich erinnerte mich an die Worte von Colonel Stanton, der so wie ich gerade La Fayettes Grab vor Augen hatte:

> Amerika hat seine Truppen mit den alliierten Streitkräften vereint, unser Blut und unser Vermögen sind Euer. So entfalten wir denn mit Stolz und Liebe unsere Fahne zu Ehren dieses Bürgers Ihrer großen Republik. Hier und jetzt, im Schatten der ruhmreichen Toten, verbürgen wir unser Herz und unsere Ehre, um diesen Krieg einem sieghaften Ende zuzuführen. La Fayette, nous voilà!

Selten gab es einen Ruf, der den Franzosen derart das Herz erwärmte. Und in Erinnerung dieses Augenblicks verließ ich den Friedhof von Picpus und tauchte wieder ins Paris des 21. Jahrhunderts empor.

Als Pariser wird man als zwanghafter Fußgänger geboren. Die besondere geografische und demografische Lage von Paris – eine der am dichtesten besiedelten Städte der Welt mit rund 20.000 Einwohnern pro Quadratkilometer – macht die Stadt zu einem permanent summenden Bienenstock, in dem man nie allein ist. Jede Straße hat ihren Bäcker, Metzger, Obst- und Gemüsehändler, ihre Bank, Buchhandlung, ihr Café, ihre Weinbar, ihr Bistro und ihre Konditorei. Für jeden angehenden oder jungen Spaziergänger ist das ein beruhigendes Gefühl. Später im Leben sehnen sich die Pariser vielleicht nach mehr Ruhe und weniger Tuchfühlung. Doch ihre Weltanschauung ist dann längst geprägt von dieser Gemeinsamkeit und meist auch von dieser Seelengemeinschaft.

Wem diese andauernde Nähe zu klaustrophobisch wird, kann sich immer auf die Pariser Friedhöfe retten, allesamt Horte des perfekten Ausgleichs zwischen Einsamkeit und Intimität – mit Geistern als einzigen Gefährten. Alles in allem eine attraktive Vorstellung für vorwitzige Teenager. Mit fünfzehn hatten meine Freundin Laure und ich eine Angewohnheit: Einmal pro Woche nahmen wir uns ein Sandwich mit und durchstreiften in einer ungewöhnlich langen Mittagspause Paris auf der Suche nach mysteriösen Orten. Ich war die pummelige Blonde, sie die schlanke Brünette, und wir waren beide gut im Suchen. Ziel unserer Sehnsucht waren besondere, romantische Orte und die Wahl für unsere wöchentliche Exkursion beruhte auf genauer Vorbereitung.

An einem sehr kalten und verschneiten Dezembertag waren wir erwartungsvoll auf dem Weg zum Passage d'Enfer (dem »Höllenweg«) im 14. Arrondissement, von wo wir zum Friedhof Montparnasse und dessen Haupteingang am Boulevard Edgar Quinet gingen. Es war fast menschenleer, und mit dem frischen, ungewöhnlich tiefen Schnee unter unseren Füßen fühlten wir uns, als liefen wir über Watte.

Die merkwürdig unberührte Schneedecke ohne Fußspuren, der scharfe Schwarz-Weiß-Kontrast zwischen dem blendenden Weiß der schneebedeckten Gräber und ihren dunkelgrauen Seiten und dann natürlich die eiskalte Luft – all das beeindruckte uns junge Mädchen zutiefst. Wir hatten eine Liste der Seelen verfasst, die wir besuchen wollten. Laure wollte auf keinen Fall die Gräber von Jean Seberg, Guy de Maupassant und Man Ray verpassen; ich nicht die von Simone de Beauvoir, Jean-Paul Sartre und Baudelaire. Auf einem kreisrunden Grabstein an Man Rays Grab stand: »unconcerned but not indifferent« –

unbesorgt, aber nicht gleichgültig. Fasziniert versuchten meine Freundin und ich den Subtext dieser vier Worte zu durchdringen, und bald vergaßen wir alles andere. Der Spruch blieb für uns jahrelang ein Insiderjoke. Und bis heute weiß ich nicht recht, was wir eigentlich meinten, wenn wir ihn vielsagend anbrachten, außer ein Zeichen unserer Verbundenheit.

Paris ist wie gemacht sowohl für Abschweifung als auch Geradlinigkeit, für Dichter wie Generäle. Es ist, als wären die engen, verwinkelten Gassen und die breiten, geraden Boulevards immer zu diesem Zweck erbaut worden: Dichtung und Politik. In Paris zu Fuß zu gehen heißt beobachten und fliehen, schauen und weitergehen und sich eine Meinung bilden. Was ist auch ein Pariser Protest anderes als ein Spaziergang in Prosa? Eine lange, gesunde und militante Promenade und eine Chance, einen Weg aus dem Dilemma zu finden. Es ist ein Prozess, von A nach B, räumlich, physisch, geistig. Und politisch.

An einem weiteren Dezembernachmittag, diesmal 1986, log ich meine Eltern an und ging mit meinen Schulfreundinnen auf meine erste Demonstration – ein französischer *rite de passage*. Wir hatten keine Ahnung, worum es wirklich ging. Wir waren tatsächlich unbesorgt, aber vermutlich nicht gleichgültig. Die französischen Studierenden protestierten gegen die jüngste Hochschulreform der Regierung Chirac und seines Bildungsministers Alain Devaquet, und wir Jugendlichen gingen einfach nur mit auf die Party. Das Verlockende war, mitten auf der Straße zu gehen – das heißt, zu spazieren –, von der Bastille bis zu den Invaliden, ein ruhmreicher *parcours*, beinahe bühnenreif. Am Ende der Demo sollten zwei beliebte Sänger auftreten. Wir begannen unseren Marsch mit der Begeisterung der frisch Bekehrten. Wir sahen uns um: Die Spruchbänder zeigten die Kreativität des Protests – lauter witzige Wortspiele. Das hier war eine neue Welt, und sie war sehr verführerisch. Es herrschte eine Atmosphäre von Spaß und Spiel; für das hier waren wir geboren. Wir skandierten die Parolen mit, sie hatten einen Rhythmus, reimten sich sogar. Und so sangen wir: »Devaquet, si tu savais, ta réforme, où on s'la met. Au-cu! Au-cu! Au-cu-ne hésitation!«[2]

---

2   *Übersetzt bedeutet das ungefähr: »Devaquet, wenn du wüsstest, wo uns deine Reform vorbeigeht: am Arsch, am Arsch, am Arsch – Anarchie!«

Es war dunkel geworden, und wir näherten uns den großen Rasenflächen vor den Invaliden mit Napoleons Prachtgrab darin. Plötzlich rochen wir Tränengas. Was war los? Wir spürten die Spannung in der Luft, und wir wussten, das hier war die Stunde der Erwachsenen, nicht der Kids, wie wir es waren. In einem Gemisch aus Angst und Hochgefühl rannten wir zum nächsten Metroeingang; wir erzählten unseren Eltern nicht, wo wir den Nachmittag verbracht hatten. Am nächsten Morgen hörten wir sie über einen Studenten sprechen, Malik Oussekine, der ums Leben gekommen war, als die Demonstration ausartete, und wir begriffen, was und wie bedeutsam Politik war. Drei Tage später akzeptierte die Regierung die Forderungen der Studenten und zog die Reform zurück. Es war die erste von vielen Pariser Demonstrationen, an denen ich im Lauf der Jahre und Jahrzehnte teilnahm – wie soll man der Versuchung widerstehen, nicht nur seine Meinung zum Ausdruck zu bringen, sondern, genauso wichtig, mitten auf der Straße zu gehen in dem berauschenden Gefühl, das Land mit seinen Füßen zu besitzen und zu beherrschen? Dieser sehr französische Zeitvertreib hat inzwischen auch weit entfernte Orte erobert. Die halbe Welt scheint heute auf der Straße zu sein: von Hongkong, der Ukraine und Belarus bis Chicago, Buenos Aires, Moskau und Amsterdam.

Zu Fuß zu gehen ist natürlich etwas durch und durch Europäisches. Und es wäre nie ein grundlegender Pariser Charakterzug geworden, wäre es nicht zunächst in der DNA Europas verankert gewesen. Lange vor Zug und Auto wurde Europa lang und breit zu Fuß durchquert. Zwar schränkten Zölle den Handel unter den europäischen Ländern ein, und Kriege behinderten zeitweise die Bewegungsfreiheit, aber im Prinzip eignet sich die europäische Landschaft perfekt für den Fußmarsch. Selbst über die Alpen hinweg haben die Europäer es fertiggebracht, sich frei miteinander zu vermischen. Von römischen Straßen zu Wanderrouten, von Pilgerwegen zu Invasionen: Der europäische Gedanke ruht auf zu Fuß erreichbaren Räumen.

Vielleicht kann man Pariser aus Paris entfernen und Europäer aus Europa, aber man kann Paris nicht aus den Parisern entfernen oder Europa aus den Europäern. Manche Gewohnheiten sind einfach nicht unterzukriegen. Eingefleischte Pariser und europäische Fußgänger werden nie davor zurückschrecken, andere Städte zu Fuß zu erkunden, auch ungeheuer große wie Tokio oder fußgängerfeindliche wie in den USA. Sie halten unter allen Umständen an ihrer Gewohnheit fest, überallhin zu Fuß zu gehen, wo immer sie sich befinden. Für sie ist das einer der besten Schlüssel für ein Verständnis anderer Menschen und anderer Kulturen. Und in einer unbekannten, neuen Umgebung ist es zugleich eine zutiefst ermächtigende Erfahrung.

Als junge Pariserin durch Paris zu streifen, als *flâneuse* aus freien Stücken und aus Leidenschaft, bedeutete für mich eine Möglichkeit, die Stadt und ihre Straßen zu zähmen. Ich lernte, ihre vielen Gefahren zu meiden und mit der Angst umzugehen. Es war eine Schule fürs Leben.

»Ferne Orte in der Nähe«

Auf der Suche nach Maeve Brennan

Sinéad Gleeson

1

Früher habe ich über Begegnungen mit Geistern geschrieben, mich aber nie selbst aktiv auf Geisterjagd begeben. Die Jagd nach den Toten mag manchen zu melancholisch oder – in der schnelllebigen Welt von heute – als Zeitverschwendung erscheinen. 2013 begab ich mich in New York auf die Spuren der irischen Schriftstellerin Maeve Brennan. In New York begegnet man Geistern an jeder Straßenecke. Leser von Emily Dickson fahren nach Amherst, Anhänger der Brontës in die Moore von Haworth, und meine Pilgerreise führte mich eben nach Manhattan. Ich suchte weder eine Segnung noch eine Basilika, sondern wollte mich durch den Lebensraum einer Schriftstellerin bewegen und die Straßen ihrer Vergangenheit erkunden. Brennan hatte die Fähigkeit, die Einsamkeit einer Stadt zu vermessen und zu erfassen, was es heißt, als Frau in einer Großstadt zu leben. Mein Spaziergang war deshalb eher ein Akt der Ehrfurcht als eine Wiederbelebung. Ich wollte sehen, ob ich sie nach Jahrzehnten noch zwischen den Häuserblocks von New York finden konnte.

2

Maeve Brennan wurde 1917 in Dublin geboren, am 6. Januar, einem Datum, das literarisch mit dem bekannteren irischen Autor James Joyce verbunden ist. An jenem Datum spielt nämlich »Die Toten«, das atemberaubende Finale der *Dubliners*, einer Sammlung von Kurzgeschichten, die nie innehält. Joyce war ein kinetischer Autor; sein Werk mäandert durch seine Heimatstadt. Am deutlichsten wird das in *Ulysses*, dem ultimativen Spaziergängerroman. Auf der anderen Seite des Atlantiks bewegte Brennan sich durch New York, schrieb über die Gehwege und Restaurants, die Menschen und ihre glorreichen, merkwürdigen Leben. Das Gehen – das Flanieren – war für beide von zentraler Bedeutung. Anders als viele irische Schriftsteller der Vergangenheit waren Brennan und Joyce Experten für Städte und Straßen, nicht für Felder und Bauernhöfe.

3

New York ist die reine Möglichkeit. Ein Leuchtturm für Einwanderer und Reisende, ein Ort, an dem man seine eigene Erzählung schreiben kann. In den letzten zehn Jahren war ich immer wegen der Arbeit hier, und mein Zeitplan passte sich dem Tempo der Stadt an: Ich arbeitete zwölf Stunden am Tag und besuchte keine Galerien oder Touristenattraktionen. Auf dieser Reise jedoch nahm ich mir einen Tag frei, um mich auf die Suche nach Brennan zu machen. Ich stellte eine Liste mit Orten zusammen, an denen sie gelebt und gearbeitet hatte: die Bars und Restaurants, die sie besuchte, die vielen Viertel,

Gute Morgen

Liebe

viel Spaß bei der Komödie!

Liebe Grüße [signature]

Überall ist Wunderland!
Überall ist Leben!
Joachim Ringelnatz

in denen sie unterwegs war (Angela Bourkes hervorragende Biografie *Maeve Brennan: Heimweh beim New Yorker* ist diesbezüglich eine wahre Fundgrube). Brennans eigene Schriften sind voller Karten und Hinweise: Die genaue Adresse ihres Elternhauses in Dublin kommt in mehreren Kurzgeschichten vor, und viele Adressen in Manhattan werden in ihren Kolumnen im *New Yorker* erwähnt. Greenwich Village und Midtown bilden zwei getrennte Bereiche. Ich beginne mit dem ersten und nehme mir vor, den Rücken dieser stark bevölkerten Insel zu erklimmen.

4

1954 wurde Brennans erste Kolumne der Reihe »Talk of the Town« im *New Yorker* veröffentlicht. Sie war die erste Frau, die für diese begehrte Serie schreiben durfte, und schrieb unter dem Pseudonym »The Long-Winded Lady«. Während ihre fiktionalen Texte von Innerlichkeit geprägt sind, erzählen diese Stücke vom Draußen, vom Städtischen und Unbekannten, das New York ausmacht. Als eine von Millionen New Yorkerinnen bewegte sie sich unbemerkt zwischen ihren Studienobjekten. Auf der Straße weiß niemand, dass du nicht von dort bist.

5

Gehen bedeutet, dass der Körper auf der Straße aktiv ist. *Links, rechts, links, rechts,* die Lungen voller Luft, die Arme schwingend, der Herzschlag wie eine Stoppuhr, die unaufhörlich zählt. Ich halte den Rhythmus zwischen den Lichtflecken auf dem Gehweg.

6

Mein Hotel liegt im Herzen von Greenwich Village, dem Viertel, das Maeve so sehr liebte. Es ist klein, die Zimmer sind dunkel, und der alte Aufzug wirkt, als würde er jeden Moment stecken bleiben, wenn ich ihn betrete. Von all ihren Orten ist der, den ich am dringendsten besuchen will, nur wenige Minuten von hier, aber ich warte noch und bewahre mir so die Vorfreude. Die Geschäftigkeit der Stadt bildet die Geräuschkulisse für meinen Spaziergang zum Washington Square Park. Chaos, Verkehr und Telefongespräche prallen aufeinander, wirken harmonisch oder auf angenehme Weise diskordant. Keine andere Stadt klingt so. Am Eingang zum Park sieht man zuerst den berühmten Torbogen, der an die Amtseinführung George Washingtons erinnert. New York ist stolz auf seine großen Wahrzeichen, aber dieses ist eher unauffällig. Es besteht aus weißem Tuckahoe-Marmor und ahmt europäische Siegestore nach. Maeve Brennan muss hunderte Male hindurchgegangen sein, wenn sie ihre Hunde hier spazieren führte. Im Park umschließen die Kirschblüten pralle rosa Knospen. Unbeeindruckt von den vielen Menschen flitzen dreiste Eichhörnchen über die Wege. Eine Gruppe Schachspieler hat ihre Bretter auf Tischen aufgestellt, an denen Leute gegen Geld spielen können. Hinter ihnen liegt Hayden Hall. Heute ist dort ein Studentenwohnheim der NYU; früher war dort das Holley Hotel, in dem Maeve ein Zimmer hatte. Brennan lebte in zahllosen Hotels und Wohnungen. Sie blieb nie lange an einem Ort. In einem Stück von 1962, *Ferne Orte in der Nähe*, nennt sie mehrere Adressen: Sullivan Street, 22nd Street Nähe Ninth Avenue, Tenth Street, Ninth Street Nähe Fifth und Hudson Street. Alle sind auf meiner Karte. Dort lebte die Nomadin Brennan für je kurze Zeit in kleinen Räumen mit großen Kaminen. Sie bezeichnete sich als »Gastreisende«, und es hieß, sie könne ihren gesamten Besitz in einem Taxi unterbringen. Ich blicke zu Hayden Hall hinauf und frage mich, ob sie damals ein Zimmer mit Parkblick hatte. Oder (wie ich in meinem Hotel) ein Zimmer, von dem aus man in einen Hinterhof oder die Fenster anderer Gäste blickt.

7

Zurück am Torbogen, stemme ich mich dem Märzwind entgegen und gehe Richtung Fifth Avenue. Ich biege links ab auf die West Tenth Street. Maeve bewohnte in dieser Straße mindestens zwei Wohnungen. Genauigkeit und präzise Ortsangaben waren ihr so wichtig, dass die Straße sogar zum Titel einer Kurzgeschichte wurde: *Die Tür auf der West Tenth Street*. Hier ist es still, am Straßenrand stehen Bäume. Der Eingang von Nummer 27 ist beeindruckend: Eine rote Holztür wird von einem schwarzen Giebel und zwei ionischen Säulen eingerahmt. Das wirkt suggestiv und geheimnisvoll, ähnlich der Art, wie Brennan Orten oft eine Art Persönlichkeit verlieh. Straßen nahmen eigene Charakterzüge an: Über die Park Avenue schrieb sie, sie habe »die Aura enormer Gleichgültigkeit gegenüber der Menschheit«. In einem anderen Text ist der Broadway »selbstsüchtig« und in *Ich wünsche mir ein bisschen Straßenmusik* (aus dem Jahr 1968) beschrieb sie ihn als »sterbend«.

8

Einmal war ich für einen Radiobeitrag hier und spazierte mit dem Schriftsteller Teju Cole durch Manhattan. In seinem Roman *Open City* bewegt sich eine Figur zu Fuß durch New York. Cole erzählte, er sei stark von Joyces *Ulysses* beeinflusst worden.

Wir spazierten durch Nolita und sprachen darüber, wie wichtig es ist, in New York nach oben zu blicken – nicht zu den verglasten Wohnungen oder den Wolkenkratzern der Konzerne, sondern zu den Schaufenstern und Cafés, die Fenster in die Vergangenheit sind. Cole glaubt, Orte trügen Spuren dessen, was dort geschehen ist. Wir als Beobachter und Spaziergänger sollten auf diese verschwundene Geschichte, auf die nicht mehr sichtbaren Dinge, achten, die »noch immer Teil der spirituellen Atmosphäre« seien.

9

Städte *müssen* zu Fuß erkundet werden: Im Bus oder in der U-Bahn gehen zu viele Erfahrungen verloren. Diese Lektion lernte ich während eines heißen Sommers in London, als ich mit der Tube durch das riesige Tunnelnetz fuhr. Damals gehörte die Angst vor den Bomben der IRA noch zum Alltag. Eines Nachmittags wurde die U-Bahn evakuiert, als ich noch zwei Haltestellen von zu Hause entfernt war. Ich stieg an der Haltestelle King's Cross aus. Es war heiß, ich war verwirrt und merkte, dass ich nicht wusste, wie ich mich zu Fuß in der Stadt orientieren sollte. In New York verpasst man zu viel, wenn man in einen stickigen Waggon der Linien 4, 5 oder J gedrängt ist. Selbst wenn man nicht U-Bahn fährt, ist diese ständig präsent und knurrt unter der Stadt in ihrem regelmäßigen, unterirdischen Rhythmus. Oberirdisch ist New York stürmisch – Fußgänger und Verkehr rasen in alle Richtungen wie heftiger Regen.

Das New Yorker Straßennetz stammt aus dem Jahr 1811. Dank des linearen Aufbaus fällt die Orientierung leicht. Oberhalb der 14th Street verlaufen die Straßen parallel zum Hudson River statt von Norden nach Süden oder Osten nach

Westen. Jeder Fußgänger kann sich sofort orientieren, aber man verschätzt sich leicht bezüglich der Entfernungen, weil ein Gebäude einen ganzen Block einnehmen kann. Einmal trat ich nach einem schlaflosen Nachtflug ins Freie, um den Rest der Strecke zu laufen und den Kopf freizubekommen. Ich unterschätzte die Länge der Blöcke und schleppte deshalb für 40 Minuten einen Koffer mit kaputten Rollen durch die Gluthitze. Ein andermal lief ich abends zwanzig Blöcke zum Haus zweier Schriftsteller. Manhattan war berauschend, fast wie im Film. Ein Mann zerrte eine Kleiderstange an ihren unbekannten Bestimmungsort, ein Fahrer und eine Passantin stritten laut, und an einer Ecke standen zwei Männer – Liebhaber – eng beisammen und flüsterten eindringlich.

10

Diese Wege hatten ein Ziel, aber man braucht keinen Grund, um sich zu Fuß auf den Weg zu machen. In *London: Bilder einer großen Stadt* nutzt Virginia Woolf den Kauf eines Bleistifts als Vorwand, um hinaus in die »champagnerklare Luft und die Geselligkeit der Straßen« zu treten. Sie argumentiert, das Eintauchen in die Stadt biete die Möglichkeit, sich selbst in den Leben der anderen zu verlieren. Dies zeigt sich auch in Brennans nichtfiktionalen Texten. Sie ging ohne Ziel durch die Stadt, schlicht um des Gehens willen, und erhielt dadurch Material für ihre – aus meiner Sicht – besten Arbeiten. Ihr Wanderleben bot Brennan keine vertraute Tür, zu der sie immer wieder zurückkehren konnte, wie Woolf es tat. Das Herumgeistern in den Straßen hat zwei Seiten: Der Einzelne geistert durch die Straßen, und die Stadt selbst geistert durch den Einzelnen.

11

Auf dem Weg zur zweiten Gruppe der von Maeve häufig besuchten Orte liegen zwei der berühmtesten Gebäude Manhat-
tans: der schmale Keil des Flatiron Building und das glänzende
Ausrufezeichen des Empire State Building. Ein paar Blöcke
weiter erhebt sich die New York Public Library, wo Maeve ihre
erste Anstellung hatte. Ich stelle mir vor, wie sie zwischen den
Regalen und Leselampen auf den Moment wartete, in dem
sie über ihre Wahlheimatstadt schreiben konnte und über alles, was ihr dort widerfuhr. Ich gehe von der Bibliothek zum
Bryant Park, einem weiteren ihrer Lieblingsorte. Er ist jetzt, im
Frühling, von einem Teppich aus Tulpen bedeckt. Vor dem Tor
entdeckte Brennan einmal einen dreieckigen Schatten auf dem
Boden, der etwas in ihr wachrief: »Ich erkannte ihn sofort. Es
war genau der gleiche Schatten, der vor über 55 Jahren immer
auf den zementierten Bereich unseres Gartens in Dublin fiel.«

Der Himmel war heute von zinnfarbenen Wolken bedeckt.
Kein Sonnenstrahl konnte die Ecke eines Gartens in Ranelagh
nachbilden. Stattdessen gehe ich zum Hotel Algonquin, das
zwei Blöcke weiter auf der West 44th Street liegt. Nachdem
sie die Anstellung beim *New Yorker* bekommen hatte, hielt
Brennan dort oft Hof. In einer ihrer Kolumnen erzählt sie,
wie sie im Hotel einem Filmdreh mit Julie Andrews zusah.
Brennan beobachtete, wie die Schauspielerin ein Sandwich aß
und »ihr hungriges Gesicht glasig vor Ärger« war. Ihre Bega-
bung bestand darin, offene, verletzliche Momente anderer zu
bemerken und diese private Offenbarung in ihr Schreiben zu
übertragen.

12

Ein paar Blöcke weiter liegt Penn Station, wo ich im Alter von zwanzig Jahren erstmals in New York ankam. Ich stieg mitten in der Rush Hour aus. Genauso hatte ich mir die Stadt vorgestellt: schwindelerregend hohe Türme, Dampf, der aus einem Kanaldeckel hochstieg. Alles wirkte porös und synästhetisch. Ich wollte zu Fuß gehen, war aber bereits verspätet und stieg in ein Taxi, um rechtzeitig die Freundin zu treffen, bei der ich übernachten wollte. Der Broadway war so lang, dass ich glaubte, der Fahrer brächte mich an einen anderen Ort. Ich saß auf dem warmen Ledersitz, der Schweiß lief mir den Nacken herunter, und ich fühlte mich, als sei ich Teil der Kunstwerke anderer – der *Rimbaud*-Serie von David Wojnarowicz, der Filme von Martin Scorsese und der New-York-Fotografien Nan Goldins. Sie alle bilden ein Fenster in das New York Mitte der 1970er- und frühen 1980er-Jahre. Heute sieht die Stadt ganz anders aus.

13

Spazierengehen und Beobachten gehörten genauso zu Brennans Arbeit wie das Schreiben selbst. Sie besaß die einzigartige Fähigkeit, Szenen zu statischen Momenten zu machen und sie sorgfältig auf ihre Seiten zu übertragen. Diese diskrete Überwachung bildet die Grundlage ihrer Kolumnen, in denen sie die Stadt – von den Restaurants über die Architektur bis zu den Parks – feierte, in der »das Empire State Building versuchte, allen anderen Gebäude der Stadt nahe zu sein«. Als nicht in New York geborene Bewohnerin sah Brennan die Stadt aus der gleichen Perspektive wie ein Besucher. Jedes Stück ist ein kleines Schlaglicht auf ein Leben.

Sie benutzte den Ausdruck selbst nicht, aber Brennan war eine *flâneuse* – sie spazierte durch eine Stadt, die Dublin als Sehnsuchtsort langsam ersetzte. Brennan war Wanderin, Außenseiterin, Entdeckerin der Straßen, die eine Ergänzung ihrer Arbeit bilden. Sie gehört zu Woolfs »Armee anonymer Wanderer« und ist das Bindeglied zwischen Woolf und Schriftstellerinnen wie Vivian Gornick, deren Spaziergänge durch New York ein Akt der Befreiung von den Erwartungen an ihr Geschlecht waren, oder Rebecca Solnit, die sich für das Recht der Frauen ausspricht, überall allein zu Fuß unterwegs zu sein. Brennans Schreiben über das Spazierengehen, über Städte und Einsamkeit klingt auch in Olivia Laings *Die einsame Stadt* und in Edward Hoppers Szenen isolierter Menschen hinter Glasscheiben nach.

14

Brennans Kolumnen sind wie Fenster, durch die man in die Leben anderer Leute blickt oder von Restauranttischen hinaus in die Welt. Sie kochte selten und ging lieber allein essen. Spätnachmittags nahm sie ihr Dinner im »Marta's« oder im »Le Steak de Paris« auf der 49th Street ein (das ich auf meinem Spaziergang dort nicht mehr finde). Oder sie saß im »Schrafft's« auf der Fifth Avenue nahe der 46th Street. In einem Text erklärt sie, dass »kleine, günstige Restaurants die heimischen Herde New York Citys« seien. In der Kolumne *Balzacs Lieblingsessen* genießt sie Sardinen auf trockenem Brot – ein Lieblingsgericht des französischen Autors, der die Kunst des Flanierens als »Gastronomie des Auges« bezeichnet hat.

15

Ein andermal war ich in der Stadt, als die Künstlerin Marina Abramović an einer öffentlichen Diskussionsrunde teilnahm. Sie sprach nicht nur über ihre künstlerische Arbeit, sondern auch über ihre Liebe zur Einzigartigkeit New Yorks. Die Stadt habe viele Tugenden, aber die größte sei die einzigartige Energie, die Künstler nähre. Auf die Frage, woher die Energie ihrer Meinung nach stamme, sagte Abramović, weil New York aus Beton gebaut sei, dringe die Energie in alles ein und werde von den großen Gebäuden reflektiert. Man fühlt diese Energie an jeder Ecke wie ein elektrostatisches Zischen.

16

Die Geräusche New Yorks bilden ein eigenes Lied: Autohupen, Schritte und Baulärm. Ich bin hier nie mehr als ein paar Blöcke weit gekommen, ohne auf Baugerüste oder mit grünen Netzen verkleidete Gebäude zu stoßen. In den letzten Jahren ist das mehr geworden, war aber schon zu Brennans Zeit intensiv. Sie beklagte das »Monster namens Bürofläche, das die Stadt verfolgt und nicht besänftigt werden kann«, und schimpfte oft über den »weißen Staub der Abrissbirnen«. Sie schrieb über eine Stadt im Fluss mit wenigen Konstanten und einst vertrauten Ausblicken, die nun durch höhere Gebäude verdeckt wurden, Opfer der vertikalen Suche nach Wohnraum.

Auf meiner Maeve-Karte, auf der ich ihren verschiedenen Adressen nachspüre, gibt es Geisterräume: Orte, die lange verschwunden sind, Büros, die zu Wohnungen wurden, und Restaurants, die zu Firmengebäuden wurden. Es ist erstaunlich, wie viele Gebäude abgerissen und neu errichtet wurden. Gleich hier, an der 44th Ecke Third Street, befand sich das von den irischen Brüdern Tim und Joe betriebene »Costello's«.

Es eröffnete als billige Kneipe. Brennan gehörte zu den Stammgästen. Heute wird hier gebaut. Staubige Männer mit kräftigen Nacken rufen etwas; ihr Akzent stammt aus New Jersey. Ich zucke zusammen – nicht wegen des Akzents, sondern weil meine Schmerzen mich zu einer schlechten *flâneuse* machen. Ich liebe lange Stadtspaziergänge, aber ich kenne meine Grenzen. Ein vertrauter Schmerz kriecht meinen Rücken hoch. Wenn es das »Costello's« noch gäbe, könnte ich mich auf einen Barhocker wuchten und einen Manhattan trinken – als eine irische Schriftstellerin auf den Spuren des Geists einer anderen.

17

Langsam wird es Abend. Geleitet von grünen Schildern, mache ich mich über den Broadway auf den Rückweg. Die Sonne ist ein Magnet, der alle Farben des Tages anzieht. New York ist eine Stadt der stillen Beobachter. Das ergibt Sinn an einem Ort, an dem sich so viele Menschen so wenig Platz teilen. Brennans Kolumnen fingen diese Enge ein, beschrieben die Menschen, die sich auf den Fußwegen aneinanderdrängten, und die mit Autos verstopften Straßen. Ich bin nicht weit von der West 49th Street nahe dem Broadway, wo Brennan in einem Hotel wohnte. Über dieses Gebiet schrieb sie, es befinde sich in einer »heruntergekommenen Übergangsphase«. In der Kurzgeschichte *Eine verschneite Nacht auf der West 49th Street* widerspricht sie diesem Eindruck mit einer poetischen Beschreibung des Blicks aus ihrem Fenster: »Der Broadway leuchtet und verwandelt die verfallene, provisorische Welt in ein nächtliches Königreich.« Die Höhe spielt hier die entscheidende Rolle, denn die beste Aussicht gibt es von oben. Von den Dächern blickt man in all die Rechtecke aus Licht, hinter denen Büros und Wohnungen zu sehen sind, man blickt auf die Gehwege, die sich wie Tausendfüßler durch die Stadt ziehen, und schwebt hoch über dem säuerlichen Geruch, den der Müll im Sommer verbreitet.

18

Zuletzt mache ich in der Nähe meines Hotels an einem Ort Halt, den ich mehr als jeden anderen mit Maeve Brennan verbinde. Hier war sie wohl am zufriedensten und produktivsten. Das Rot der Ziegelmauern von Nr. 5 East Tenth Street ist ausgeblichen; die Feuerleitern winden sich darum wie eiserne Schnörkel. In den 1940er-Jahren schrieb Brennan hier ihren längsten Text, eine – posthum erschienene – Novelle mit dem passenden Titel *Die Besucherin*. Viele ihrer anderen Anschriften sind nicht mehr bekannt, untergegangen im eiligen Wechsel zwischen immer neuen Wohnorten, doch »5 East 10th Street« steht in ihrer Handschrift im Manuskript der Novelle. In *Ferne Orte in der Nähe* erzählt sie von einigen Wohnungen, in denen es während der heißen New Yorker Sommer oft drückend heiß wurde. Psychogeografen glauben, dass an jedem Ort etwas aus der Vergangenheit zurückbleibt. Ich versuche, draußen auf den Stufen eine Erinnerung an sie zu finden, und weiß nicht, ob der Versuch, ihr über die Jahrzehnte hinweg zu begegnen, eine angemessene oder verrückte Hoffnung ist. Auf den Türklingeln stehen Namen. Käme jemand heraus, würde ich die Chance ergreifen und schnell hineinschlüpfen, um die Treppe bis zu ihrer alten Wohnung zu erklimmen.

Das Auffälligste während meiner Erkundung dieser Orte in Manhattan ist ihre Nähe zueinander. New York ist zwar riesig, die Straßen sind breit und die Architektur ist schwindelerregend. Aber Brennan bewegte sich in kleinen Radien. Das Hotel Algonquin auf der West 44th Street liegt nur eine Straße vom ehemaligen Büro des *New Yorker* auf der West 45th entfernt. Zur Zeit dieses Spaziergangs hatte das Magazin seinen Sitz am Times Square. Anstelle des alten Büros ist jetzt eine FedEx-Filiale. Ich stehe davor, kann aber Maeve nicht wiederauferstehen lassen. Hier tippte sie im zweiten Stock ihre Texte und rauchte Kette. Ihre New Yorker Geografie hat viele Leerstellen: Einige Teile der Stadt hat sie nie besucht; sie hielt sich an den selbst auferlegten Umkreis. Auf dieser Reise habe ich es nicht nach East Hampton auf Long Island geschafft, wo sie die Winter verbrachte. 1993 starb sie dort in einem Pflegeheim. Vielleicht liegt das daran, dass ich Maeve mit Manhattan und Dublin verbinde, mit geschäftiger Urbanität und vorstädtischer Einsamkeit.

19

Als ich über diesen Spaziergang schreiben und jeden Schritt noch einmal nachvollziehen wollte, wurde mir klar, dass er 2013 stattgefunden hat – zu der Zeit, als ich mit dem Schreiben begann. Vorsichtig tupfte ich Worte und Szenen auf die Seiten und wusste nicht, wohin ich damit wollte. Die Suche nach Maeve Brennan war der Versuch, in ihre Welt einzutreten, aber gleichzeitig die Suche nach mir selbst innerhalb eines literarischen Kontexts. Ich unterstellte oder erwartete nicht, dass sie mir den Weg erhellen würde, aber in gewisser Weise tat sie das.

Der Rückweg zum Hotel war vom salzigen Glühen der Straßenlaternen erhellt. Vielleicht stand Maeve rauchend irgendwo im Schatten inmitten gespenstisch-zauberhafter Schwaden und überlegte, welchen Fensterplatz sie an jenem Abend einnehmen sollte.

Glücksspiel

Kathleen Rooney

Das Wort »Casino« stammt aus dem Italienischen und bedeutet »kleines Haus«, doch das Horseshoe Casino in Hammond, Indiana, ist weder besonders klein noch häuslich gemütlich. Als 37.000 Quadratmeter großes Gaming-Center Mitte der 1990er-Jahre ans Ufer des Lake Michigan gestellt, liegt es umgeben vom Sand des nordwestlichen Indiana südlich der Hafenanlagen von Hammond und nördlich von Whihala Beach.

Aufgerundet sind es vom Horseshoe gut 40 Kilometer bis zur Nordgrenze von Chicago, dem Stadtviertel Edgewater, in dem ich wohne, und nach Rogers Park, wo mein Freund Eric zu Hause ist. Obwohl die Gegend um Chicago als Teil des Rustbelts gilt, haben Eric und ich Bürojobs: Wir arbeiten als Dozenten an der DePaul University. Wir sind uns dort als Kollegen begegnet und haben uns über unseren gemeinsamen Hang zum Umherschweifen angefreundet.

Eric ist ein hingebungsvoller Flaneur, der sich als versierter Zu-Fuß-Phänomenologe intuitiv auf die Stimmungen unserer Stadt einzustellen weiß, und damit in dieser Galaxie einer der besten Begleiter für ausladende Spaziergänge. Gemeinsam nutzen wir oft die Freitage, an denen wir beide frei haben, um durch Chicago zu streifen, als wäre das unser Job, treffen uns um neun und sind nicht vor fünf Uhr zurück. Ich gehe von Natur aus gerne mit ihm, weil er als philosophischer Wanderbegleiter mit allen Wassern gewaschen ist, aber auch, weil ich als Spaziergängerin – als *flâneuse* wohl – nicht von Männern angemacht werde, wenn ich mit einem der ihren spazieren gehe. Die Pfiffe, Hupen und gruseligen Verfolger, denen ich allein immer begegne, verschwinden, wenn Eric und ich zusammen unterwegs sind.

Im Sommer haben Eric und ich beide Urlaub, was es uns erlaubt, noch größeren geografischen und zeitlichen Ambitionen nachzugehen, als wir sie während der Vorlesungszeit an den Tag legen. Deswegen schlug Eric im Juli 2017 vor, er und ich könnten vom Horseshoe nach Chicago wandern, ein Ausflug, der der Entfernung nach nicht schrecklich weit ist, aber in den Köpfen der Einheimischen etwas sagenhaft Bedrohliches hat. Wenn man jemandem aus Illinois erzählt, dass man zu Fuß von Hammond zurück nach Chicago gegangen ist, klettern seine Augenbrauen die Stirn empor, und die Stimme erhebt sich in ein ungläubiges Register, um dann in ein Kopfschütteln zu münden und einen Gesichtsausdruck, der Respekt zum Ausdruck bringt.

In diesem Sommer hatte Eric sich mit dem Glücksspiel beschäftigt. Bei Kartenspielen wie Poker und Blackjack, sagte er, komme es zu einem gewissen Anteil aufs Geschick an, was sie anderen Angeboten im Casino überlegen mache. Bisher hatte er nur allein geübt und online gespielt, aber jetzt war er bereit, sein Können im echten Leben auf die Probe zu stellen. Beim Googeln hatte er diverse Tricks gefunden, etwa Grafiken, mit denen sich der Kartenspieler wahrscheinliche Blätter einfacher

merken konnte, und Tabellen mit statistischen Wahrschein-
lichkeiten für einen Sieg gegen das Haus.

Doch das Beste, was er ausfindig gemacht hatte und was auch
mich interessierte – ich bin zu risikoscheu, um an Glücksspiel
auch nur zu denken –, war, dass das Horseshoe von verschiedenen Orten im Raum Chicago Shuttlebusse direkt bis vor die
Casinotür organisierte, und das als Freifahrt. Am beliebtesten
war die Sammelstation an der Wentworth Avenue im Herzen
von Chinatown, nicht so weit von unserem Viertel entfernt
wie Hammond selbst, aber immer noch ziemlich weit. Doch
zwei Meilen südlich von mir zu Hause, in dem Teil von Up-
town, der wahlweise auch New Chinatown oder Little Saigon
genannt wird, gab es noch eine Station.

Vom Büro der Chicago Entertainment Tour Inc., eingeklemmt
zwischen einem *Banh mi*-Laden und dem China-Restaurant Fu-
rama, ging stündlich ein Shuttlebus. Um einsteigen zu dürfen,
musste man lediglich über 21 Jahre alt sein. Für den Heimweg
zeigte man den Rückfahrschein vor, den einem der Fahrer beim
Aussteigen reichte, dazu die Quittung vom Glücksspiel.

Spielen würde nur Eric, aber das war kein Problem: Ich würde
keine Quittung brauchen – weil wir den Rückweg vom Horseshoe in die Stadt der breiten Schultern aus eigener Kraft bewältigen würden, sofern die Umstände es erlaubten. Eric, der nicht
nur als Spieler, sondern auch als *flâneur* risikofreudiger ist als ich,
warnte mich, der Weg, den wir nehmen müssten, sei gefährlich:
fußgängerfeindlich, gehweglos, durchzogen von übergroßen
Fahrbahnteilern und voller rasender Fahrzeuge. Ich verabscheue
Autos. Das sind Todesmaschinen. Ich bin seit 2010 nicht mehr
Auto gefahren, weil ich es hasse, am Steuer zu sitzen. Diese Warnung gefiel mir nicht, aber ich sagte, ich würde es versuchen.

Am Donnerstag, den 13. Juli – auf ihn fiel die Wahl, weil es
laut Vorhersage bedeckt, aber nicht regnerisch sein sollte und

die schwülen 29 Grad damit erträglich würden –, nahmen wir den Shuttle um elf Uhr. Wenn Eric und ich richtig durch die Stadt ziehen, mache ich mich häufig schick. Mir gefällt an der *flânerie* der Gedanke, dass der Umherstreifende in einem dandyhaften Gestus für jemand anderen etwas Zauber in die Kulisse bringen kann, indem er einen Hauch Stil oder Farbe in die Landschaft tupft, die sich vor der Menge namenloser Fremder entfaltet. An diesem Tag aber trug ich Jeans und Stiefel, um Splitt und Glasscherben auf dem ungepflegten Asphalt und den struppigen Seitenstreifen besser trotzen zu können.

Der Beginn unserer Eskapade war soziologisch interessant – so viele Menschen so verschiedenen Alters und unterschiedlicher Hautfarbe saßen auf den Plätzen rund um uns –, aber im Sitzen zu bewältigen. Der Bus roch nach Desinfektionsmittel und Klimaanlage, und die Stadt, an der wir auf dem Lake Shore Drive vorbeiflitzten, verschwamm durch die Fenster mit schwarzen Netzrollos. Kribbelnd kroch mir die Nervosität den Rücken hoch, als der Bus die Auffahrt auf den Chicago Skyway nahm. Der Name dieser 1958 erbauten Stadtautobahn ist weitaus romantischer als seine heutige Realität: 12,5 Kilometer Mautstraße als Verbindung zwischen der Indiana Toll Route und dem Dan Ryan Expressway an der South Side von Chicago. Andererseits verläuft der Skyway tatsächlich gewissermaßen im Himmel, weil er sich über die normalen Straßen darunter erhebt. Später würden wir in seinem Schatten wandern.

Als der Bus uns am überdachten Shuttle-Eingang absetzte, versuchte ich, mich von dem riesigen Wort HORSESHOE an der nahen Leuchtwand aufmuntern zu lassen, helle weiße Glühbirnen füllten die Buchstaben in einer altmodischen Western-Schrift – lauter Großbuchstaben wie auf einem WANTED-Plakat –, und das, obwohl wir hierher Richtung Osten gefahren waren.

In seiner Grundbedeutung geht es bei dem Wort »Glücksspiel« darum, um einen Einsatz zu spielen, um Geld zu wetten. Metaphorisch ist es ein »Glücksspiel«, wenn man in der Hoffnung auf ein erwünschtes Ergebnis ein Risiko eingeht.

Nach meiner Einschätzung reichten unsere Chancen bei der Heimkehr vom Casino von dem nicht schrecklich kostspieligen Ergebnis, uns eine Mitfahrgelegenheit suchen zu müssen, die uns auf vier langweiligen Rädern nach Hause bringen würde, bis zu dem blutigen und unvorstellbar teuren Ergebnis, von einem rasenden LKW erfasst und verkrüppelt oder getötet zu werden. Das Ergebnis, auf das wir hofften, lautete dagegen einfach, den ganzen Weg zurück in die Stadt wandern zu können und von dort mit öffentlichen Verkehrsmitteln nach Hause zu fahren.

Zuerst aber wollte sich Eric an den vorhandenen Glücksspielen versuchen. Das Casino stank nach Zigarettenqualm und dem Duftspray, das hineingepumpt wurde, um diesen Gestank darin zu ertränken. Unsägliche Kristallleuchter hingen von der Decke herab, beleuchteten die ineinander verflochtenen Hufeisen auf dem Teppich und konkurrierten mit dem Blinken von 3000 Münzautomaten und 250 Videopoker-Stationen. Die Rouletteräder, Würfeltische und Angestellten, die die Kunden zum Spielen aufforderten, entmutigten mich.

Während ich Leute beobachtete – ein deprimierendes Tableau vorwiegend aus Menschen, die Geld verloren, auf das zu verzichten sie sich gar nicht leisten konnten –, spielte Eric ein Blackjack mit zehn Dollar Mindesteinsatz und gewann in zehn Minuten vierzig Dollar. Ein vielversprechendes Omen, sagte er, für unser bedeutenderes Unterfangen. Er ließ sich seine Jetons auszahlen, und wir verließen das Horseshoe und machten uns an das wahre Glücksspiel, das darin bestehen sollte, die Staatsgrenze zu überqueren.

Und nun erlebten wir die ganz normale Veränderung von Zeit und Entfernung, die nur ein langer, zielloser Fußweg bieten kann. Ein Gefühl wie ein Spannungswechsel, das ich bei jeder Wanderung, egal durch welche Gegend, genieße.

Wir verlassen das Parkhaus und passieren das Klärwerk von Hammond sowie unzählige Gleise, die nicht alle in Gebrauch sind: blaue Wegwarte zwischen den Schwellen, mit Graffiti besprühte Güterwagen. Bevor wir auf die Hauptzufahrt zum Indianapolis Boulevard gelangen, der uns unter den Skyway führen wird, schlängeln wir uns durch ein Wohnviertel mit kleinen beigen Häusern mit Kunststoffverkleidung, vor den Fenstern Markisen wie Lider vor schläfrigen Augen.

In seiner »Einführung in die Kritik einer urbanen Geographie« von 1955 schreibt Guy Debord, die Geografie gebe »Aufschluss über den bestimmenden Einfluss allgemeiner Naturkräfte – etwa der Bodenbeschaffenheit oder der klimatischen Verhältnisse – auf die ökonomische Struktur einer Gesellschaft und damit auch auf ihre Weltanschauung«. Die Psychogeografie dagegen erforsche die »genauen Gesetzmäßigkeiten und exakten Auswirkungen des geographischen Milieus [...], das, ob bewusst eingerichtet oder nicht, direkt auf das emotionale Verhalten des Einzelnen einwirkt«.

Psychogeografisch betrachtet fühlt sich Lake County, Indiana, um Lichtjahre anders an als Cook County, Illinois – misstrauisch und leer und alles andere als freundlich.

Debord ergänzt: »Das erfreulich unbestimmt bleibende Adjektiv *psychogeographisch* lässt sich also auf die durch solche Untersuchungen gewonnenen Daten anwenden, auf die Ergebnisse ihres Einflusses auf die menschlichen Gefühle und sogar noch allgemeiner auf jede Situation oder jedes Verhalten, das von einem ähnlichen Entdeckergeist zeugt.«

Unter unseren Entdeckungen finden sich mysteriöse Momentaufnahmen. Ein Aufkleber auf einer Leitplanke, über die wir steigen, verkündet in weißer Schrift auf lila Hintergrund: »Drei Dinge bleiben nie lange verborgen: die Sonne, der Mond und die Wahrheit«, angeblich ein Ausspruch Buddhas. Die Wahrheit ist, dass der Indianapolis Boulevard spaziergängerfeindlich ist; wir sehen außer uns nicht eine Seele zu Fuß. Der auf Autos ausgerichtete Streifen mit Ladenfronten und Restaurants zeigt leere Räume mit ZU VERMIETEN-Schildern, Plakatwerbung für FEUERWERK und Burger-Shops. Die Fahrer und Beifahrer vorbeifahrender Pick-ups und Limousinen beäugen uns weniger neugierig als misstrauisch. Wer hier zu Fuß geht, wirkt suspekt, führt potenziell etwas im Schilde.

In seiner *Kunst des Handelns* fragt Michel de Certeau, wie Bürger die Massenkultur individualisieren können. In einem Kapitel namens »Gehen in der Stadt« geht es darum, das zu Fuß zu tun und die Umgebung nicht von oben zu erforschen, sondern auf Straßenniveau.

Er schreibt über New York aus der Vogelperspektive, betrachtet von der Spitze des heute nicht mehr existierenden World Trade Centers, von wo aus »die größten Schriftzeichen der Welt eine gigantische Rhetorik des Exzesses« bilden, und fragt: »Mit welcher Erotik des Wissens kann die Ekstase, einen solchen Kosmos zu entziffern, verglichen werden?« Damit kontrastiert er die voyeuristische Perspektive auf die Stadt aus solcher Höhe mit der Perspektive aus Augenhöhe der niederen Fußgänger, deren Körper, wie er ergänzt, »dem mehr oder weniger deutlichen Schriftbild eines städtischen ›Texts‹ folgen, den sie schreiben, ohne ihn lesen zu können«.

Doch als wir den riskanteren Teil unseres Ausflugs erreichen, den Streifen ohne Sonne unter dem Skyway, möchte ich de Certeau nur zu gern widersprechen. Die Psychogeografie mit ihrem Augenmerk darauf, welches Gefühl ein gegebener Ort dem Fußgänger vermittelt, macht es dem Einzelnen möglich, zumindest seine eigenen Emotionen und Gedanken über Städte und ihre Bewohner zu lesen. Wie sie sich begegnen, wie sie interagieren, wie sie ihre gemeinsame Umgebung nutzen. Eric und ich lesen unsere Erfahrungen wörtlich und metaphorisch, und wir sind uns einig, dass wir, obwohl nur zwei Meilen vor der Stadtgrenze, Chicago vermissen.

Wir lesen das Werbeschild des Horseshoe Casinos, den glamourösesten und ansprechendsten Aspekt der Spielbank, die jetzt weit hinter uns liegt; es steht als Leuchtsignal für den Verkehr an der I-90 mit seiner Massivität und seinen Lichtern, eine mehrere Stockwerke hohe Fontäne aus Gelb und Rot und Orange, die aus der Erde aufsteigt, mit Glühbirnen besetzt und gekrönt von einem riesigen H, das in einem als Glücksbringer oben offenen Hufeisen ruht.

Wir steigen über noch eine Leitplanke, diesmal bei einem Aufkleber mit einem Zitat von Ray Bradbury, das ich laut vorlese: »Man braucht keine Bücher zu verbrennen, um eine Kultur zu zerstören. Bringen Sie einfach die Leute dazu, sie nicht mehr zu lesen.« Wir sehen eine Unilever-Fabrik, die die Seife bewirbt, die darin hergestellt wird: »Das Zuhause von Dove, Caress und Lever 2000«. Die Trostlosigkeit einer klobig bebauten Umgebung ohne andere Fußgänger – nicht einer – fühlt sich unheimlich an. Die Ungastlichkeit der Landschaft bietet die stumme Antwort auf das Warum.

Unter dem Skyway und dem Rauschen der I-90 West blicken uns mit undurchdringlichen Augen Schwarzäugige Susannen entgegen, und von der ungemähten Standspur greifen Disteln nach unseren Hosenbeinen, als wollte Indiana uns nicht gehen lassen. Wie die Hände der Verdammten in einem Horrorfilm, die uns zurückhalten. Zumindest fühlt es sich für mich eine Sekunde lang so an. Eric wirkt zufrieden, er stapft voraus in unserem Gänsemarsch auf dem schmalen Streifen begehbaren Landes.

Rückwärts passieren wir das Schild »Willkommen in der Stadt Hammond/Bürgermeister Thomas McDermott, Jr.« und müssen uns umdrehen, um es zu fotografieren. Ich posiere mit meinem Sonnenschirm, grinsend wie ein hirnloser Tourist. Ich wette, niemand sonst hat dieses Bild auf seinem Instagram Account.

Autos und Limousinen wischen vorbei, während wir jetzt auf dem Mittelstreifen zwischen den Straßen unter dem Skyway entlanggehen, der selbst wie der Deckel auf einer vergessenen Hölle liegt. Das heruntergekommene Bauwerk mit der abblätternden Farbe und dem verbeulten Metall wird unser Himmel. Der Verkehr ist laut, sehr laut, laut wie ein Fluss voller Stromschnellen und Wasserfälle. Man kann kaum reden, ohne zu schreien, was allem, was wir sagen, einen aggressiven Zug gibt, ob wir es wollen oder nicht. Spannung liegt in der Luft. Mir missfällt das. Eigentlich bereue ich nicht, mich auf diese Wanderung eingelassen zu haben, aber ich genieße sie nicht, sondern erdulde sie eher.

Bis wir wieder nach Chicago kommen und uns auf der Stelle willkommen fühlen. Kompasspflanzen, benannt nach der kompassartigen Ausrichtung ihrer Blätter, säumen die Straßenränder mit ihren gelben Blüten. Auch sie folgen der Sonne wie im Grunde auch wir, obwohl es teils bewölkt ist und wir genauso nach Norden wie nach Westen gehen.

Wir stehen an der Staatsgrenze unter dem Viadukt auf einem staubigen Stück urbanen Brachlands, das nur deshalb nicht nutzlos ist, weil die American Legion einen kleinen Panzer aufgestellt hat, laut Tafel zum Gedenken an den Zweiten Weltkrieg. Dahinter erhebt sich ein Wandbild mit den Blues Brothers, ein Ausbruch Chicagoer Stolzes unter den Güterwaggons darüber.

Es gibt hier kaum mehr Fußgänger als auf dem Indianapolis Boulevard, aber ein paar gibt es, und ihre Gegenwart verwandelt die Ewing Avenue in freundliches Gelände. Die Geschäfte sind zwar weder herausgeputzt noch irgendwie neu, aber sie scheinen die Passanten zu begrüßen, einzuladen. Route 66 Pizza, das Zuhause von Pasta, Broasted Chicken und Sandwiches (gibt es *broasting*, also Druckfrittieren, überhaupt anderswo als im Mittleren Westen?), steht zwischen Karosseriebetrieben und spanischsprachigen Werbeschildern für McDonald's, Vet's Köder und Haken, Pucci's Restaurant und Pizzeria. Wir wollen nicht anhalten, aber wir sind froh, sie zu sehen. Es fühlt sich besser an, sie und ihre Kundschaft um sich zu haben, als dort zu sein, von wo wir kommen.

In seinem kurzen Roman *Im Café der verlorenen Jugend* schreibt Patrick Modiano von seiner intuitiven Methode der Psychogeografie: »Ich habe immer geglaubt, dass manche Orte Magnete sind und dass man angezogen wird, sobald man in ihre Nähe kommt.«

Ich bewundere es, wie dieses Buch das Gespür für Unausweichlichkeit und Fließen artikuliert, das man beim Wandern durch eine Stadt kultivieren kann: »Passivität und Langsamkeit, so konnte man die Atmosphäre der Örtlichkeiten sachte auf sich einwirken lassen.«

Psychogeograf zu sein bedeutet, sein Augenmerk dem Unsichtbaren zu schenken, dem Undefinierbaren, warum eine bestimmte Straße einen verängstigt und eine andere einen zufrieden macht. Begrenzungen und Grenzen. Orte, an denen man innehält, die man liebt und von denen man weiß, dass man sie verlassen muss. Orte, bei denen einem unbehaglich wird, die man mit Erleichterung hinter sich lässt. Eric und ich freuen uns riesig, zurück in unserer geliebten Stadt zu sein. Es hat vielleicht eine Stunde gedauert, vom Horseshoe bis hierher zu kommen, aber es hat sich angefühlt wie ein Zeitalter.

Unerklärlich, warum wir so erleichtert sind, in East Side zu sein, dem südöstlichsten Viertel von Chicago. Die Ewing Avenue, die Hauptstraße, ist sichtbar heruntergekommen, eindeutig der Standort von jahrzehntelanger Desinvestition infolge der Schließung der ansässigen Stahlfabriken. Eine leere Ladenfront nach der anderen säumt die Avenue Richtung

St. George's Church. Und doch ist die Atmosphäre in East Side weitaus angenehmer als in Hammond.

Allein schon der Name des Viertels, sagen wir uns, ist irgendwie magisch. Denn Chicago, das sich an den Lake Michigan schmiegt, hat laut verbreiteter Meinung gar kein Ostend, schließlich ist das Gewässer so groß, dass man, wüsste man nicht, worauf man hinausblickt, denken würde, es wäre das Meer. Doch in diesem Stadtteil, in dem fast niemand per Zufall landet, krümmt sich das Land so weit in Richtung Indiana, dass es hier unten an diesem Ende des Sees genügend Platz für ein kilometerweites Straßennetz gibt, ein Gitter, wie es im fernen Norden der Stadt gar nicht vorkommt.

Die einzige Stelle, an der die Atmosphäre des Orts kurz feindselig wird – wo ich das Gefühl habe, als würde unser Glücksspiel vielleicht doch nicht in unserem Sinn ausgehen –, ist ein tiefer liegender Hof neben einem klapprigen Backsteinhaus. Unbewohnt oder verlassen, denkt man, aber am Rand des Grundstücks steht eine blasse weibliche Schaufensterpuppe mit einer blonden Perücke, ein Kind, lebensgroß und in einer angestrengten Pose am hinteren Ende des leeren Geländes, wo vielleicht etwas abgerissen wurde und früher ein Garten war. Eric und ich greifen beide nach unseren Kameras – wir haben schon die ganze Zeit herumgeknipst –, dann entscheiden wir uns jedoch dagegen, die Puppe zu fotografieren. Im ersten Moment sprechen wir nicht darüber, warum nicht, doch für mich liegt es daran, dass ihr Anblick etwas Abschreckendes hat. Es ist inzwischen ein schöner Tag, heiter und sonnig mit einer sanften Brise. Warmes Licht beleuchtet das falsche Kind vollständig, aber es könnte gar nicht kälter wirken. Ich will keinesfalls, dass es sich in meine Kamera brennt oder ich eine digitale Erinnerung daran besitze. Es ist eins von diesen Wesen, dessen Abbild, würde man es fotografieren, fortan eine unheilvolle

Macht über einen besäße. Das Viertel ist abgewirtschaftet, aber an vielen Stellen immer noch ordentlich gepflegt, der ominöse Blick des Kindes ist also nicht einfach ein Ergebnis seiner Umgebung. Es liegt allein an dem Kind. Sein Zustand wirkt ordentlich, aber gleichzeitig vom Wetter gegerbt. Wer hat es hierhergestellt und wann? Vor allem aber: warum?

Doch wie bei jedem Ausflug, der seine Meilen wert ist, gehen wir weiter, und wieder verändert sich die Atmosphäre. An der 95th Street treffen wir auf einen *raspados*-Wagen, bei dem Eric einer Spanisch sprechenden Dame mit Haarnetz und rot gepunkteter Schürze ein Wasser abkauft, dem *shaved ice* mit Kirsch-, Kokos-, Ananas-, Brombeer- und Piña-Colada-Sirup aber widersteht. Wir sind beinahe beim berühmtesten Wahrzeichen der Region, den Calumet Fisheries, einer schlichten Fischbude am Calumet River, dem für die Industrie zum Kanalnetz ausgebauten Fluss zwischen South Chicago und ganz nach Gary.

Alles, was nach der Kinderpuppe kommt, ist heiter. Wir haben es geschafft. Wir haben die Staatsgrenze gequert. Wir sind sicher wieder in der Stadt unserer Wahl angekommen. Wir sind nicht gestorben, kein einziges Mal. Was für ein Glück!

Die Zugbrücke über den Kanal geht auf. Wir warten, starren auf die alten Stahlbrücken, und es ist unmöglich, nicht durch die Zeit zu reisen und zurückzudenken an damals, als dieses Viertel ein pulsierendes Industriezentrum war – Jobs für die Menschen, Hoffnung für die Zukunft. Schiffsbau und Stahlindustrie. Wir wenden uns wieder nordwärts, vorbei an altmodischen Werbungen für gekühltes Bier, ein Wandbild feiert den Sieg der Cubs in der World Series 2016. Vorbei an der God First Last and Always, Inc., deren Schild uns erklärt: »Gott liebt dich & Jesus auch!« – eine unerwartete Botschaft von einem Schrottplatz mit einem ramponierten Klavier am Tor und einem Weg, der auf unzählige Unfallwagen zuführt.

Vorbei an einer Gedenktafel von 1972 »für die Einwohner von South Chicago, die beim Unfall eines Vorortzugs auf der Illinois Central Gulf Railroad ihr Leben ließen«. Unser Plan ist es, ebenfalls in einen Vorortzug zu steigen, die Metra Electric, schließlich befinden wir uns immer noch mehr als 32 Meilen südlich von da, wo wir uns wirklich zu Hause fühlen. Doch die Reste dieser fast ein halbes Jahrhundert zurückliegenden Tragödie bringen uns nicht aus der Fassung. Es wird schon gut gehen. Wie Eric am Blackjacktisch wissen wir, dass wir gewonnen haben.

Wir gleiten an den verschiedenen Haltestellen in South Side vorbei bis zum Chicago Loop, wo wir für das letzte Teilstück der Reise in die Subway umsteigen werden. Mit einem verträumten Blick durch die grün getönten Scheiben des Vorortzugs durchqueren wir im Eiltempo noch einmal die Meilen, die wir im Shuttle Bus und zu Fuß zurückgelegt haben.

Für manche Menschen ist die *flânerie* – oder die Herumtreiberei oder die Psychogeografie oder was immer ihr liebstes Wort dafür ist – ein Akt der Transgression oder gar der Subversion. Doch nichts von dem, was Eric und ich getan haben, fühlte sich so aggressiv an. Es war nicht so sehr ein Regelverstoß als ein kreativer Missbrauch. Die Wahrnehmung einer verfügbaren, aber zu wenig genutzten Chance. Wer sonst würde mit dem Horseshoe-Casino-Shuttle nach Hammond fahren und dann auf die seltsame Idee kommen zurückzuwandern? Wir natürlich. Wir würden es tun. Wir haben es getan. Glücksspiel kostet Geld, aber für das Glücksspiel eines Fußmarschs ist der Eintritt frei, und ein paar abgefahrene Stunden an diesem Tag waren wir das auch.

Schärfentiefe

Josephine Rowe

*Keine Leute in diesem Gedicht. Als existierte es gerade
durch das Verschwinden von Orten und Leuten.*

Czesław Miłosz: »Beim Lesen des
japanischen Dichters Issa (1762–1826)«

Am Morgen seines Geburtstags schicke ich meinem in seinem
Loft festsitzenden besten Freund die Tonaufnahme einer Geschichte von Yasunari Kawabata. Eigentlich wollten wir uns
um diese Zeit in Japan treffen und auf dem Nakasendo Trail
von einem Berggasthof zum nächsten schlendern. Stattdessen
bleiben wir erzählerisch saubere 16.000 Kilometer voneinander getrennt, als die Pandemie von 2020 von einer globalen
Angst zur Lebenswirklichkeit wird.

In Australien ist man von der eigenen Unverwundbarkeit
überzeugt; wir werden aufgrund unserer geografischen Ab-
geschiedenheit (abgeschieden wovon?) – und natürlich dank
unseres legendären Mumms – verschont bleiben. Von meinem
Fenster im dritten Stock auf der Buchtseite von Melbourne

beobachte ich die allmähliche Ausdifferenzierung der Laub-verfärbung im Wandel der Jahreszeiten und versuche, Vögel an ihren Gesängen zu erkennen.

In Toronto zeigt sich an den Ästen der Gleditschie vor Patricks Fenster das erste Grün, und in Ontario ist der Ausnahmezustand ausgerufen worden. Unten am Boden stöbert eine vorwitzige Waschbärenfamilie in der überquellenden Mülltonne hinter dem neuerdings verlassenen Secondhandladen; Vorspiel zu einem Thema, das sich in den nächsten Monaten ausbreiten wird – wenn die nichtmenschliche Welt da draußen heimlich die Grenzen überschreitet, die wir ihr auferlegt haben.

Während sich die Pandemie zuspitzt und sich unser beider Städte nach innen kehren, schmuggeln wir uns gegenseitig mittels FaceTime-Spaziergängen durch Stadt und Wildnis aus dem Lockdown, tauschen Depeschen über auftauende Straßen und quallenübersäte Küstenabschnitte, bei denen kalter Südwind die Hälfte meiner Worte mit sich reißt; Audio-Schnipsel aus nördlichen Wäldern und Eukalyptusgehölzen, durchbrochen von lärmenden Schwärmen von Kakadus und Würger-krähen oder dem einsam geflöteten Tremolo eines Seetauchers.

Wir zehren von einem ständig wachsenden Pantheon von Leuchtfeuern der Einsamkeit – die Bilder von Agnes Martin, die wiederentdeckten Tonbandaufnahmen von Connie Converse – und teilen Passagen aus Robin Wall Kimmerers *Das Sammeln von Moos*, das die neuerdings komplizierte Beziehung der Menschheit zur gemäßigten Distanz mitten ins Herz zu treffen scheint:

Wir armen, kurzsichtigen Menschen, die wir weder
die scharfe Fernsicht der Greifvögel noch die
Panoramavision einer Stubenfliege besitzen ... Mit

raffinierten Technologien versuchen wir zu sehen, was außerhalb unseres Vermögens liegt, aber für die zahllos funkelnden Facetten vor uns sind wir oft merkwürdig blind.

Viel von unserer Freundschaft – und einen Teil der Jahre unserer Ehe – haben wir in einer Distanzbeziehung gelebt. So hat es begonnen, und nach so vielen Jahren in weit voneinander entfernten Breiten sind wir geübt darin, mit dem auszukommen, was wir an gemeinsamen Räumen finden können: eine Schallplatte, ein Film oder der wunderbare Einklang, wenn man ein Buch parallel liest oder einer dem andern dabei auf den Fersen ist und dieselben Landschaften und Innenräume bereist, an denselben Türen horcht, das Licht in dieselben Zimmer fallen und das Wetter dieselben Gesichter herausarbeiten sieht.

Aus der Nähe betrachtet, haben die von uns gemeinsam besuchten Orte häufig etwas kaum Wahrnehmbares, Ausgemustertes oder Verlassenes an sich. Unser erster gemeinsamer Spaziergang führte durch einen Olivenhain, der zu einem Zufluchtsort für ausgediente Tasteninstrumente geworden war – dort in der Hitze von Westaustralien vertrockneten allmählich Klaviere, Flügel, Pianolas und Cembali, nur hin und wieder vom Regen oder Lärm-Musikanten gekitzelt und ansonsten Heimat für Baumfrösche und Schlangen. Manche waren immer noch stattlich anzusehen und mit ihrem abplatzenden Lack immer noch spielbar; andere rieselten still zurück in die Erde – kaum mehr als ein Rahmen aus Eisenguss und eine am Boden verstreute Ansammlung von Elfenbeintasten.

In Patricks Arbeitszimmer hängt eine blaue handgemalte Karte einer mittlerweile verlassenen Insel in einem abgelegenen Teil von Neufundland, auf der seine Mutter geboren wurde. Die Karte wurde 2016 anlässlich des 50. Jahrestreffens nach der Aufgabe der Siedlung erstellt.

Einzelheiten, die dem Hersteller kartenwürdig erschienen: dass die Insel 1912 von Barren Island – einer Anglisierung des französischen Isle Sterile – in Bar Haven umbenannt, also gewissermaßen mit einem neuen Image versehen wurde. Dass ihre Kirche St. Francis Xavier am 7. September 1919 geweiht wurde und die letzte Zählung vor der Umsiedlung von 1966 eine Einwohnerzahl von 243 ergab.

Die Karte scheint eine Kombination aus kollektivem Gedächtnis und objektiveren, von offizieller Stelle aufgezeichneten Ortsbeschreibungen zu sein. In einem vergrößerten Teil sind die beiden wichtigsten Siedlungen zu sehen, Familiennamen in Filzstift-Großbuchstaben mit krakeligen Linien zu den Orten, wo die zugehörigen Häuser einst standen, und dazu die namengebenden Wahrzeichen im Wasser und an Land: der Fischfels, der Schwarze Ententeich, der Garten der Nanny, das Weiße Pferd, die Gelbe Marsch, die Telegrafenleitung der Richterbucht, die Otter-Sandbank.

Der zwischen den Siedlungen verlaufende Weg durch den Wald hat keinen Namen und erscheint als deutliche durchgezogene Linie, die Bar Haven mit Western Cove verbindet und dabei durch Chapel Head, Pencil Hill und Salmon Cove Hill führt.

Vor zehn Jahren hat mich Patrick zu dieser Insel mitgenommen. Genau genommen war es sein Vater, der uns mit dem Motorboot von Swift Current aus hingebracht hat. Jetzt beim Schreiben sehe ich selbst zusammengezimmerte Bootsrampen vor mir – aus Birkenstämmen, schwindelerregend, so wie in der ganzen Provinz. Und Ted, der das Boot durch den berüchtigt dichten Nebel von Placentia Bay steuert. Seine Hände leicht auf dem Steuerrad, die Finger gespreizt, der fehlende Daumen, der dort kurz ins Auge sticht. Zerquetscht von der Maschinerie einer Bohrinsel, auf der er in seinen Dreißigern gejobbt hatte. (Nach der Umsiedlung und dem sich schon lange abzeichnenden Niedergang der Kabeljaufischerei fanden viele ans Leben auf See gewöhnte Insulaner Arbeit auf Erdöl- und Ölsandfeldern oder Bohrinseln.) Später wird mir Patrick erzählen, er wundere sich, dass sein Vater die wahre Geschichte erzählt hat – nichts von Tricks mit Messern oder tödlichen Kämpfen mit monströsen Fischen.

Dann gab es widersprüchliche Informationen über den Weg, den wir an diesem Tag wandern wollten – ob ihn jemand in den letzten Jahren gegangen war und in welchem Ausmaß sich die Natur ihn inzwischen zurückerobert haben könnte. Die alte Verbindung zwischen den beiden Siedlungen der Insel war in den Jahrzehnten seit der Entvölkerung sich selbst und den Elchen und Karibus überlassen worden.

Wahrscheinlich war er immer noch passierbar, weshalb auch nicht. Man konnte auch kaum verloren gehen; es handelte sich nur um wenige Kilometer, und man war nie länger außer Sicht- und Hörweite vom Ozean. Vor 40 Jahren hätte ihn ein kleines Kind gehen können, allein und ohne Widerspruch von Erwachsenen, um etwas bei den Nachbarn auf der anderen Seite der Bucht zu erledigen oder sich schon früh mit Kleinigkeiten etwas dazuzuverdienen. (Damit ist Patricks Mutter Carmel gemeint, die von Bar Haven durch flechtenbehangene Wälder streifte, um den Leuten in Western Cove Päckchen mit Sämereien zu verkaufen.)

Es war die Rede davon, diesen Weg im kommenden Sommer wieder freizuschneiden, wenn genügend Jungs aus Alberta zurück wären, jetzt, da in allen bislang verlassenen Siedlungen wieder Rückkehrtendenzen zu beobachten waren; ein saisonaler Zustrom von Bewohnern, zumindest während der milderen Monate des Jahres, sodass nun wieder einfache Sommerhütten auf den verlassenen Grundstücken der Häuser der Familien auftauchten.

Mit elf Jahren zog Carmel 1961 mit ihrer Familie aufs Festland von Neufundland um. Sie waren unter den Ersten in einem Fünfjahresprogramm, mit dem die gesamte Einwohnerschaft der Insel umgesiedelt wurde – wie Zehntausende andere in der ganzen Provinz nach Regierungsbeschlüssen aus den 1950er- bis 1970er-Jahren. Durch die äußerst umstrittenen, ökonomisch begründeten Kampagnen sollten die abgelegenen Gemeinden mit ihren etwa 30.000 hauptsächlich von der unsicheren Fischerei abhängigen Bewohnern zusammengefasst und modernisiert werden.

* * *

Manchmal ist der Geruch wieder da. Ich kann ihn auch heraufbeschwören, und das fast so gut wie den würzigen Duft des australischen Buschs, wenn ich zu lange fort war. Oder Teile davon treffen mich wie aus heiterem Himmel; die Avalon-Halbinsel, harzig und üppig, wie sie hinter einem Hauch von scharfem grünem Baumsaft aufscheint oder einer verirrten Spur von Rauch. Fichten an erster Stelle, vor allem anderen. Und dann, schwächer, Salz, Nebel und der süßliche Geruch von Schiffsbenzin in feuchter Luft.

* * *

Für die 14 Seemeilen von Swift Current braucht man etwa 45 Minuten. Dieselbe Distanz reisten die Häuser von Bar Haven und benachbarten Inselgemeinden auf Flößen aus

Birkenstämmen und Ölfässern, die mit allen verfügbaren Wasserfahrzeugen zum Festland hinübergeschleppt wurden.

In den Atlantikprovinzen Kanadas ist dieses Bild – zwei Stockwerke Außenschalung auf dem Wasser treibend oder mit Stahltrossen übers Eis gezogen – allgegenwärtig als gerahmtes Foto mit Stockflecken an jeder zweiten Wohnzimmerwand, zwischen den Folienblättern der Familienalben oder wenn sie auf Garagenflohmärkten aus Schuhkartons mit Vergänglichem herausrutschen. Viele Flöße wirken nicht einmal annähernd seetauglich; bestimmt sind Häuser heruntergekippt oder einfach hindurchgebrochen wie ein Tier bei einer getarnten Fallgrube und dann bis an den Grund der Bucht abgesunken. Aber Ted kann sich nur an einen einzigen solchen Fall erinnern.

Die Kirche ließ man als einziges Gebäude auf der Insel stehen. Für eine so kleine Gemeinde war sie vergleichsweise groß und als Backsteinbau unbeweglich. Sie blieb zurück, zusammen mit den Grabsteinen auf dem Friedhof, den Beton- und Steinfundamenten der normalen Holzhäuser, die man weggeschafft hatte, den hölzernen Anlegestellen, die man verwittern und von Salz und Meer annagen ließ, und den Wegen, die zuwucherten und zu Wildwechseln verkamen.

Wenige Jahre nach der Umsiedlung steckte jemand – bekannt oder unbekannt, je nachdem, wen man fragt – die Kirche in Brand, und sie stürzte ein. Alle sagen, der Priester habe mit der Brooklyn-Mafia unter einer Decke gesteckt. Und alle sagen: »Jedenfalls behaupten die Leute das ...«

Wenn ich Patrick frage, woran er sich erinnert, dann sagt er: »An dasselbe wie du.« Was nicht ganz den Tatsachen entspricht – obwohl wir diesen Weg in den letzten zehn Jahren so oft gegangen sind, dass manche Erinnerungen an den Rändern schon leicht angekohlt, andere dagegen in einer Art Doppelbelichtung fixiert geblieben sind.

Manches bleibt unverändert: Ted setzt uns mit unseren Tagesrucksäcken am Steg ab, und wir starten am Nordende der Sandbank, nach der die Insel nun benannt ist. Wir stapfen in geborgten übergroßen Jagdstiefeln durchs hohe Gras; mit den stumpfen Stiefelspitzen suchen wir nach der steinernen Türschwelle von Carmels Geburtshaus. Das Haus selbst gibt es nicht mehr. Jedenfalls nicht hier. Man hat es mit all den anderen über die Bucht geschleppt und weiterverkauft, für 50 Dollar, und nach allem, was wir wissen, könnte es immer noch als Behausung dienen, wo immer es angelandet wurde.

Die Türschwelle finden wir nicht. Stattdessen finden wir die Fundamente und verfallenden Betonbottiche der von Carmels Familie betriebenen Fischverarbeitung. Ihre Geschwister und sie hatten Hummer auf ihren Schulbroten, weil es damals noch keinen Markt für so etwas gab. Sie zogen mit anderen Kindern herum, zerquetschte Konservendosen unter die Schuhe geschnallt, einen frechen Kinderreim auf den Lippen, den uns Carmel einmal vorsang. Ich erinnere mich nur noch vage an den Rhythmus, nicht den Wortlaut, aber es ging darum, sich keinen Dreck um etwas zu scheren, oder eine Feige oder eine Nadel. Genauer habe ich ihr Lachen im Ohr, diesen wieder erwachten kindlichen Übermut.

Auf der anderen Seite des Hafens eine Ansammlung neuer Hütten in verschiedenen Zuständen der Fertigstellung und Raffinesse. Die bescheidenste und wahrscheinlich älteste gehört Carmels Bruder Bernard, einem Netzflicker par excellence, der mit als Erster zurückkehrte. Seine Hütte ist kaum mehr als ein Bootsschuppen aus Spanplatten und Dachpappe, ein einziger Raum am Ende eines Anlegestegs. Innen gibt es eine einfache Bank; außen an einem Nagel an der Wand hängt ein Gitter zum Kochen.

Irgendwann während der 1990er kapierten die ehemaligen Insulaner, dass ihnen das Grundeigentum trotz der für die Umsiedlung bezahlten Entschädigung nie entzogen worden war; sie und ihre Familien besaßen weiterhin die Grundstücke, auf denen ihre Häuser einst gestanden hatten. Seither kehren Bewohner, die als Kinder umgesiedelt wurden, mit ihren eigenen Kindern tröpfchenweise wieder zurück und bauen von Neuem.

Was wir in den Rucksäcken tragen: Notizbücher und Stifte, nicht genügend Wasser und nicht genügend Verpflegung der erinnerungswürdigen Art, die unvergesslichen Brote mit Erdnussbutter einmal ausgenommen – unvergesslich, weil man sie immer zuletzt aß, kurz vorm Verhungern. Eine Flasche Bier ...

Nein, sagt Patrick. Bier hatten wir keins. Er kann sich nicht vorstellen, dass wir warmes Bier getrunken hätten.

... eine Flasche Bier, die wir vielleicht irgendwo da vorn im Bach gekühlt hätten? Ich habe eine vage Erinnerung, dass wir Bier in einem Bach kühlten.

Das ist eine romantische Vorstellung, aber ich bin mir ziemlich sicher, dass es nicht so war. Wie ich uns kenne, hatten wir eher einen Flachmann dabei. Whisky vielleicht.

So wird es sein: einen Flachmann mit Whisky und noch etwas anderes zu trinken, das nicht kalt genug war. Vielleicht irgendeine esoterische Limonade, die man palettenweise bei Costco kauft.

Wir finden den Friedhof, nur wir zwei, und sehen, dass hier kürzlich jemand Hand angelegt hat – hölzerne Grabeinfassungen hergerichtet und frisch weiß gestrichen ...

Oder: Wir finden den Friedhof gar nicht selbst. Wir finden ihn erst später. Mit Emmet.

Also gut. Emmet führt uns her.

Da steht er in einem orangefarbenen Overall auf der anderen Hafenseite und hämmert an einem Deck. Dann schwenkt er weit die Arme. Er ruft, als wir näher kommen – bevor wir nach dem Weg fragen oder unsere Namen nennen können –, und lädt uns auf einen Kaffee ein.

Sie sagen Hütte dazu, Emmet und seine Frau Donna; die hohen Decken und die neuen hellen Bretter schaffen honigfarbenes Licht. Wir werden am Tisch platziert – mit Filterkaffee und Blaubeer-Pancakes frisch aus der Pfanne. So, du bist also Carmel Farrells Junge? Ja, hier kennt man sich.

Die Fensterbänke sind voller Krimskrams, eine Art egalitärer Reliquienschrein – großzügige Gaben von Kindern, die im Hafen tauchen, wie Otter im Ozeanboden scharren und mit bunten Glasflaschen auftauchen, die ein halbes Jahrhundert zuvor ins Meer geworfen wurden.

Sorgfältiger verstaut, in Watte gebettet, was Donna selbst aus dem aschigen Boden unter der Kirchenruine ausgegraben hat: einen Strang Rosenkranzperlen, eine Vase, einen Salzstreuer. Christus ohne Kreuz, weil das Holz zusammen mit der Kirche verbrannt ist. Der von der Hitze verzogene und 40 Jahre lang im Silt bewahrte Erlöser. Salböflfläschchen, ein Stück verkohltes Geländer, bunte Glasscherben – kein Gegenstand wird im Wert den anderen vorgezogen, keiner länger in der Hand gehalten als die anderen, die sie uns zeigt.

Ihr Mann hat seine eigenen Erhaltungsrituale und erklärt uns eine kleine Sammlung von Fotografien – fotokopierten Fotos. Der riesige Innenraum der einstmals prächtigen Kirche; eine Frau, das Gesicht immer weggekratzt, offenbar von eigener Hand. Junge Männer, die auf Walfangbooten Unfug treiben, mal vor einer Harpune, dann vor dem gewaltigen Penis eines Buckelwals.

Emmet begleitet uns bis zum Friedhof, wo er am steilen Hang alte Grabsteine abstützt und die zierlichen weißen Zäune der Grabeinfassungen instand setzt. Er erklärt uns beiläufige Details der Grabsteine – Familiennamen, deren Schreibweise sich aufgrund mangelnder Belesenheit im Lauf der Jahre wandelte; Hinweise auf den Grund für das Ableben der Begrabenen: Tuberkulose, Typhus, Entbindung, das fünfjährige Mädchen, das mit einem spitzen Bleistift in der Hand vom Küchenstuhl fiel und sich ins Auge stach. Es war Winter, die Insel vom Eis eingeschlossen und man konnte nichts oder nicht genug für sie tun.

* * *

»Tuckamore« werden die Nadelbäume – vor allem Fichten – genannt, die wirr und im ständigen Kampf gegen den Seewind fast ganz zur Seite gebogen flach an der Erde wachsen. Die Wurzeln breiten sie über den Boden aus und krallen sich zäh und knorrig fest. Kaum eine literarische Erwähnung dieser für Neufundland typischen Wuchsformation bleibt ohne den offenen oder versteckten Verweis auf die ähnliche Widerstandskraft von Bäumen und Bewohnern.

* * *

Vom Friedhof machen wir uns auf den Weg durch den Wald; er ist nun doch sichtbar genug, wenn auch hie und da überprägt oder mit Verzweigungen nach den Bedürfnissen anderer Lebewesen versehen – allenthalben Huf-, Pfoten- und Klauenabdrücke im Schlamm, die ins Unterholz abbiegen. Widersinnigerweise trösten uns diese Zeugnisse für die Fähigkeit der Natur, sich von unserer Art etwas zurückzuholen und schadlos zu halten, etwas, das wir »Renaturierung« nennen, wenn menschliche Absicht dahintersteckt. In diesem Fall hat die natürliche Abfolge der Wiederbesitznahme nichts mit uns zu tun. Menschliche Anwesenheit und Absicht sind hier wieder zu einer kurzfristigen und flüchtigen Größe geworden.

Die Luft schwirrt vor den Gesprächen von Vögeln, Fröschen und Insekten, eine Fuge biophoner Übermittlungen.

Isle Sterile. Das kann man schon so sehen. Die Franzosen müssen aber im Winter vorbeigeschaut haben.

Wie die Insel vorher genannt wurde – von den Beothuk und ihren Vorfahren, die solche Orte wohl auf Jagdzügen und als Fischgründe besucht haben –, ist vergessen. Die Überlieferungen sind spärlich, Wortlisten mit ein paar Hundert Beothuk-Vokabeln: für Lodden, Multebeeren, Ebereschen, Hirsche – alles heute ebenso im Überfluss vorhanden wie einstmals, obwohl das Volk verschwunden ist, das diese Worte aussprach, diese Namen vergab – *shamook, abidemasheek, menome, osweet.*

Wir steigen so allmählich an, dass wir es kaum bemerken. Oder uns jedenfalls später kaum daran erinnern werden. Immer wieder erreichen wir – in der Erinnerung wie in der Wirklichkeit – die Wiese oben auf dem Hügel, wo der Weg gänzlich verschluckt wird. Wir waten durchs hüfthohe Gras einer alten Viehweide und wundern uns über zahlreiche Inseln mit niedergetrampeltem Gras; große runde, flachgedrückte Flecken, rätselhaft wie Kornkreise und kuschelig wie ein Kinderversteck. Und schließlich macht es klick: Liegeplätze der Elche. Diesen Ort halten die großen Huftiere zum Schlafen für geeignet, im freien Gelände, die großen zotteligen Mäuler zum Meer gerichtet – vom wichtigsten Fressfeind ihrer Cousins auf dem Festland unbeeinträchtigt, der schon lange vor ihrer Geburt der Insel den Rücken kehrte.

Wo sind sie hin, diese Elche? Für mich sind sie dämmerungsaktive Kreaturen – mit lichtreflektierenden Augen, die unvermittelt aus dem Gehölz am Straßenrand aufblitzen, mal eindrucksvoll durchs Unterholz brechen, dann wieder stocksteif am Randstreifen stehen, während man im Schritttempo vorüberkriecht und sie inständig beschwört: *nicht losrennen, nicht losrennen, nicht losrennen.* Entweder im Stillen oder laut. Legen sie sich nun tagsüber auf die Wiese oder nachts oder beides? Vielleicht sind sie gerade beim Äsen im Wald, schälen Streifen von den Espen oder schöpfen Grünzeug aus Tümpeln, oder haben sie uns kommen hören und haben eben erst im Wald Deckung gesucht? Aber auf welchem Weg?

Es führt kein offensichtlicher Weg von der Lichtung. Kein deutlicher Hinweis auf menschliche Wegebedürfnisse. Keine augenfälligen, jedenfalls im Moment. Vielleicht wäre im Licht früher am Tag mehr zu sehen gewesen, aber die feuchte Luft hat schon einen bläulich-dämmerigen Schimmer. Hier und da finden sich schattige Nischen, Vestibüle zwischen den Bäumen, die Wege nach irgendwo sonst verbergen könnten. Wir bücken uns tief, tauchen durchs Farndickicht, über moosig-pelzige Felsen, machen die Stiefel mal links, mal rechts des Rinnsals nass, in dem Versuch, seiner Logik zu folgen; er kann ja nur in eine Richtung fließen. Einer von uns – er, glaube ich – verdreht sich das Fußgelenk. Wie es sich für einen verwunschenen Ort gehört, löst sich jeder vielversprechende Pfad auf, endet nach kurzer Strecke im Nichts, verschwimmt im undurchdringlichen Wald oder windet sich im Kreis zurück zu einer anderen Stelle der Wiese, sodass wir aufs Neue zwischen Elchnestern durchs hüfthohe Gras pflügen müssen.

Das Licht schwindet zusammen mit dem Akku von Patricks Handy; laut GPS haben wir erst die halbe Strecke geschafft. Die Feuchte Neufundlands kriecht durch die Schichten unserer Kleidung und legt sich auf die Knochen. Aber wir sind auf zweierlei Weise dickköpfig – immerhin ist das hier ja kinderleicht –, und deshalb geht es immer weiter. Jeder bahnt sich selbst einen Weg durchs Farngestrüpp, auf Wegen, die der andere nicht kennt, die in der Schilderung dann und wann zusammenfließen, sich wieder trennen, aber auf der Wiese immer wieder zusammenkommen, während der Abend anbricht. Wir kehren zu dieser Geschichte zurück, zum Erzählen. Kommen jedes Mal aus einem anderen Blickwinkel und brechen durch ein anderes Wäldchen. Das Gewirr und das Herumirren werden zu einem gemeinsamen Zuhause, wie es Ziegelsteine und Mörtel nicht besser bieten könnten.

Irgendwann macht sich Zwielicht breit, und unser Stolz weicht der Vernunft und gutem Benehmen, denn jemand – von seinen Leuten – macht in einer Hütte in Western Cove Licht, weil man sich dort fragt, wann wir zwei endlich aus dem Dickicht auftauchen.

Eine Antiklimax, fast irrelevant: Oben auf der Wiese stellen wir fest, dass man von dieser Insel auf einer Insel, aus der Zeit gefallen und vom Nebel verschluckt, besten Empfang hat. Das GPS kann uns zwar nicht sagen, wo der nicht verzeichnete Pfad weitergeht, aber wir können Ted unsere Koordinaten schicken, uns dann den am wenigsten halsbrecherischen Schutthang hinunterhangeln, durch Tuckamore oder auch nicht, und in der nächsten erreichbaren Bucht warten. Wir lauschen zwischen den Brechern auf den Motor und spähen in den Nebel hinaus, bis das Boot im letzten Lichtschein auftaucht. Die Luft ist jetzt sehr blau, fast wie Tinte, das Wasser grauschwarz und silbern, als wir ins Flache hinauswaten, während der eisige Atlantik über die Krempen der Stiefel schwappt, wem auch immer sie gehören.

Dies sind die Fixpunkte, Tritte, Griffe, an die wir uns klammern, auf die wir uns verlassen, um zu einem tauglichen Schluss zu kommen. Auch die Strickleiter ist tauglich; sie bleibt, wo sie ist, fest am Bootsrumpf verankert. So fest, dass das ganze Gefährt unter dem Gewicht wippt, wenn man den Fuß auf die unterste Sprosse setzt.

Wir sind so jung, schrieb ich damals mit fünfundzwanzig mit einem stumpfen Bleistift aus dem Schreibkästchen seines Großvaters. *Wir sind nicht sicher, ob uns die wichtigen Dinge schon passiert sind.*

Die wichtigen Dinge. Manche waren natürlich schon passiert. Andere warteten außerhalb des Bildausschnitts und tun es vielleicht noch. Als ich das schrieb, muss ich aber begriffen haben, dass dies eins dieser Dinge war oder dazu werden sollte; verloren gehen und daran erinnert werden, wie winzig wir selbst an einem so winzigen Ort sind (abgeschieden wovon, für wen?).

Jahre später ist da immer noch eine Dringlichkeit, etwas Bedeutsames an dieser unbekannt gebliebenen zweiten Weghälfte, dieser nicht erwanderten, noch immer im Wald verborgenen Meile. Die Sehnsucht, über das Bekannte hinauszublicken, so wie wir manchmal die Hälse recken, um über die Ränder bestimmter Filme oder Fotografien hinauszuspähen.

Im Boot lehnen wir uns aneinander, zu erschöpft und verlegen, um etwas zu sagen, blicken nach Steuerbord zur Küste und suchen im dunklen und nun dicht geschlossenen Waldgürtel über uns nach Anhaltspunkten für einen anderen Weg, den wir hätten nehmen können.

Raus aus dem Käfig

Kamila Shamsie

Ich kenne diese Straße. Ich habe sie mein Leben lang gekannt –
oder lange genug, um diese Aussage als wahr zu empfinden.
Meine Eltern, meine Schwester und ich bezogen ein Haus in
dieser Straße, als ich sieben Jahre alt war. Obwohl ich schon
seit einiger Zeit in London lebe, verbinde ich mit diesem Ort
noch immer den Begriff »Zuhause« und kehre jeden Winter
hierher zurück. Ich kenne diese Straße also. Wie könnte es anders sein?

Gleichzeitig kenne ich diese Straße kein bisschen. Dieser
Gedanke kommt mir an einem Wintertag, als ich gerade meine
Laufschuhe anziehe und, begleitet von meiner Schwester
Saman, durch das Tor auf die Straße gehe. Schon nach wenigen
Schritten überkommt mich ein Gefühl der Fremdheit, fast der
Falschheit. Zum ersten Mal gehe ich die Straße, in der ich seit
meinem siebten Lebensjahr gewohnt habe, zu Fuß hinunter.

Karachi, die Stadt, in der ich geboren und aufgewachsen
bin, ist nicht für Fußgänger gebaut. Wenn man zu Fuß gehen
möchte, wie ich es gerne tue, steigt man ins Auto und fährt zu
einem Park, in dem es einen Rundweg gibt. In dem Park, in

den ich meistens fahre, ist der Rundweg einen Kilometer lang, weshalb ich selten mehr als drei oder vier Kilometer gehe, ehe es mir zu monoton wird. Es gibt mehrere solcher Parks, die nur wenige Autominuten von meinem Haus entfernt sind. Doch die Straßen der Stadt selbst haben sich immer abweisend und unzugänglich angefühlt. Das änderte sich, als 2020 während des Lockdowns die Parks geschlossen wurden. Im fernen London staunte ich über die Nachrichten von Saman und meinen Eltern, die berichteten: »Wir sind auf der Straße spazieren gegangen.« Das wirkte wie eine aufregende Grenzüberschreitung. Jetzt bin ich in Karachi. Die Parks sind zwar seit Langem wieder geöffnet, aber ich will die Straße entlanggehen und sogar weiter, bis zum Meer, das weniger als drei Kilometer von unserem Haus entfernt ist.

Saman und ich gehen gemeinsam los. Es ist um die 25 Grad Celsius, für einen Nachmittag in Karachi also winterlich. Am Himmel sind kaum Wolken. Ich habe die Häuser in unserer Straße immer nur aus dem Autofenster gesehen. Bislang war mir nicht klar, dass man beim Fahren zwar einen Blick aus dem Fenster werfen, beim Gehen aber richtig *hinsehen* kann. Ich betrachte also die Häuser meiner Nachbarn. Es gibt nicht viel zu sehen, weil meistens hohe Mauern vor Blicken schützen. Doch zum ersten Mal bemerke ich, vor welchen Häusern sich Blumenkübel und Büsche befinden und vor welchen nicht. Ein paar Tage zuvor hatte mir eine Freundin aus Kalifornien Bilder ihrer Aloe vera geschickt. Ich hatte über die Stacheln gestaunt, die zwischen den fleischigen Blättern wuchsen, und über die Blüten an ihren Spitzen. Jetzt sehe ich, dass ein Nachbar gegenüber genau diese blühenden Aloepflanzen in roten Töpfen vor seinem Haus hat. Ich bleibe stehen, um die Pflanzen zu betrachten. Eine Katze läuft vorbei. Es ist eine jener Katzen, die oft durch unseren Garten laufen, und ich bilde mir ein – oder merke –, dass sie mich seltsam ansieht, als wundere sie sich, was ich außerhalb meines Käfigs zu suchen habe.

Wir gehen weiter. Jemand Wichtiges – vielleicht ein Diplomat? – lebt in dieser Straße. Schon oft habe ich die Wachen in Tarnuniformen bemerkt, die vor einem bestimmten Haus stehen. Bisher nicht aufgefallen war mir, dass die Wachen den Elektrozaun des Hauses als Wäscheleine benutzen. An der Leine hängt eine Tarnuniform. Ich versuche, nicht darüber nachzudenken, ob das Aufhängen nasser Kleidung an Stromkabeln eine gute Idee ist.

Weil Karachi nicht für Fußgänger gemacht ist, gibt es oft keinen richtigen Gehweg und erst recht keine Ampeln. Saman und ich flitzen über eine dreispurige Straße. Zum Glück ist wenig Verkehr. Ein paar Minuten später winken wir den Schwestern Juni und Zehra, die wir seit Kindertagen kennen. Juni und ich leben in London, Zehra und meine Schwester in Karachi. Jeden Sommer treffen wir uns in London und manchmal auch weiter weg, etwa am linken Seineufer in Paris oder in den Ruinen von Kenilworth Castle. Beim Spazierengehen bilden wir immer Pärchen – Zehra und ich sind »Raserinnen«, Juni und Saman »Schleicherinnen«. Diese Begriffe benutzen wir, um uns sanft zu necken – wir Raserinnen müssen uns anhören, wir nähmen uns keine Zeit, auf die wichtigen Dinge zu achten. Umgekehrt sagen wir den Schleicherinnen, sie schlenderten bloß durchs Leben.

In jeder Gruppe aus vier Freunden gibt es immer mehr als eine Möglichkeit der Aufteilung. Zehra und meine Schwester leben hier und sind oft zusammen zum Strand gegangen, seit die Parks geschlossen hatten. Für Juni und mich ist dieser Spaziergang etwas Neues. Wie Touristen deuten wir unterwegs auf »Sehenswürdigkeiten« – auf den schönen Baum mit den gelben Blüten, die über eine Gartenmauer hängen, die hübschen

Terrassenstühle vor einem Haus, wo Reisende Schatten und Ruhe finden können, oder das Laken, das in einer Baumhöhle steckt. Plötzlich entdecken wir am Straßenrand seltsamerweise einen stählernen Wasserkühler, der von einem Schutzgitter umgeben ist. Er ist so schwer, dass man ihn nicht bewegen kann. Durch eine Lücke im Gitter kann man den Hahn aufdrehen und einen Behälter oder die bloße Hand mit Wasser füllen. In seiner seltsamen Mischung aus Gastfreundschaft und Misstrauen passt der Kühlbehälter perfekt zu dieser Stadt. Er sagt: Sei großzügig, aber mach dir keine zu idealistischen Vorstellungen vom menschlichen Charakter.

Wir sind noch immer in einem Wohngebiet. Die Straßen sind weitgehend leer, aber ab und zu begegnen wir Autos, Radfahrern oder Fußgängern. Die Radfahrer und Fußgänger sind alle Männer – genau wie fast alle Autofahrer. Niemand behelligt uns. Mir wird klar, dass wir mittleren Alters sind. Es ist ein Schock, diese Formulierung in der Stadt meiner Kindheit auf mich anzuwenden. Als wir jünger waren, hätten wir diese Strecke nicht geschafft, ohne dass Männer abgebremst hätten, um neben uns herzufahren, uns in ein Gespräch zu verwickeln oder uns anzustarren. Jetzt sind wir für sie fast unsichtbar. Es ist eine Erleichterung, unterhalb derer aber eine gewisse Irritation lauert.

Auch für die Straßenhunde sind wir unsichtbar. Sie laufen überall in Karachi herum, schlank, mit eleganten Schnauzen und graubraun und weiß gemustertem Fell. Zehra macht uns darauf aufmerksam, wie stolz sie aussehen, wie nobel, und ich sehe sie plötzlich auf ganz neue Art. Sie hat recht: Ob im Rudel oder allein, sie haben eine gewisse Eleganz, eine Verachtung gegenüber Menschen und Autos. Sie machen keine Anstalten, etwas von uns zu wollen, weder Nahrung noch Zuneigung oder Aufmerksamkeit. Was sie wohl von Haushunden denken?, frage ich, und Zehra vermutet, sie bemitleiden sie bestimmt wegen ihrer Bedürftigkeit und Unterwürfigkeit. Ich liebe Hunde, habe aber noch nie über das Wesen der Straßenhunde von Karachi nachgedacht. Ich weiß, dass erst der Spaziergang dies möglich macht. Hier sind wir zusammen, Hunde und Menschen, unsere Beine tragen uns dieselben Straßen entlang. »Hallo!«, sagt Zehra zu den Hunden, denen wir begegnen. »Hallo, Onkel!« Sie trotten vorbei, leichtfüßig, gleichgültig.

Ein paar Wochen später werden wir alle voller Sorge an diese Hunde denken. Die beiden Welpen einer Freundin werden sterben, weil in den Straßen vergiftetes Fleisch gegen die »Streuner« verteilt wurde. Ein Vogel wird das vergiftete Fleisch aufheben und im Garten meiner Freundin fallen lassen, wo ihre Labradore es finden werden. Wir alle sind mit diesen Horrorgeschichten aufgewachsen: Manchmal entscheidet irgendeine Behörde aufgrund von Beschwerden der Bürger, dass Schluss sein müsse mit den Straßenhunden. Es gibt keine Vorwarnung, keinen Hinweis. Doch plötzlich fallen Vögel vom Himmel, nachdem sie das vergiftete Fleisch angepickt haben, und Haushunde sterben qualvoll, weil sie gefressen haben, was für ihre herumstreunenden Cousins gedacht war. All das ist jedoch für uns noch undenkbar, als wir zum Meer spazieren und von den beinahe stolzierenden Hunden ignoriert werden.

Saman weist darauf hin, dass Juni und ich uns ein Jahr lang nicht gesehen haben, obwohl wir in der gleichen Stadt leben. Das scheint unmöglich, stimmt aber. Als Vierergruppe sind wir befreundet, aber aus irgendeinem Grund kommt es Juni und mir nicht in den Sinn, uns ohne die beiden anderen zu treffen. Wenige Minuten nach dem Kommentar meiner Schwester gehen Juni und ich nebeneinanderher und lassen die anderen hinter uns. »Du bist eine Raserin geworden«, sage ich zu Juni. Wir warten auf die anderen beiden, damit ich Zehra sagen kann, dass sie auf den Rang der Schleicherin abgerutscht ist. »Nein, nein«, sagt Zehra. »Ich habe dich beobachtet. Du bist langsamer geworden. Wir alle haben uns einander angepasst.«

Das entzückt uns alle, als sei es der Beweis für das Geben und Nehmen im Zentrum unserer Freundschaft. Natürlich gibt es so etwas wie Spazierfreundschaften. Das soll heißen, es gibt Leute, mit denen man gerne durch die Stadt, auf einen Berg oder durch Wiesen und Wälder geht – und solche, mit denen sich diese Frage nie stellt. Ungeachtet unserer Scherze über Raserinnen und Schleicherinnen schätzen wir uns glücklich, dass wir so gut zusammen spazieren gehen können. Wir können zu viert laufen oder in Pärchen, und – was für eine Gruppe Fußgänger sehr wichtig ist – es stört uns nicht, wenn eine vorausgeht oder zurückfällt und sich nicht mehr an der Unterhaltung beteiligt. Schritt halten – im Gespräch oder ganz wörtlich – ist keine Bedingung für eine Spazierfreundschaft. Jemand fällt zurück, jemand lässt sich ablenken und alle anderen machen weiter. Wer bereit ist, zur Gruppe zurückzukehren, kann dies jederzeit tun.

Meine Gedanken driften ab, als wir uns dem Meer nähern. Während meiner Kindheit und Jugend lebte meine beste Freundin in einem der flachen Gebäude mit Meerblick. In den letzten Monaten habe ich an einem Roman gearbeitet, der in den 1980er-Jahren spielt. Der Flachbau ist darin das Haus einer meiner Figuren. Durch die Arbeit am Roman sehnte ich mich nach der Zeit, die ich dort verbracht habe. Zugleich entwarf ich das Haus neu – als einen Raum, in dem ich meine gänzlich fiktionalen Figuren zum Leben erwecke. Es ist ein seltsames Gefühl, jenem Ort jetzt so nahe zu sein, der im letzten Jahr den Raum zwischen Erinnerung und Fantasie eingenommen hat. Aber er hat sich so verändert. Die in den 1980er-Jahren neu erbauten Wohnungen sind jetzt heruntergekommen und durch das Salzwasser korrodiert. Merkwürdigerweise wirkt das Gebäude auch kleiner.

Die Flachbauten und die Bäume auf dem Mittelstreifen versperren uns den Blick aufs Meer, bis wir es fast erreicht haben. In meiner Erinnerung riecht man das Meer, lange bevor man es sieht, aber meine Erinnerung ist falsch – oder basiert vielleicht auf einem Tag, an dem der Wind anders stand. Im einen Moment gehen wir noch neben hohen Mauern her und geben uns Mühe, einen Mann mit Goldketten und schönen schwarzen Locken nicht anzustarren, der uns mit einer Dose Cola in der Hand entgegenkommt, als stamme er direkt aus einem Werbefilm, in dem die Konsumenten des richtigen kohlensäurehaltigen Getränks sofort von einer Aura des coolen Machismo umweht werden. Im nächsten Augenblick sind wir schon auf der Straße, die parallel zum Strand verläuft.

Dieser Teil des Wegs ist am gefährlichsten. Der Verkehr ist dicht – Autos, Lieferwagen und Motorräder rauschen in beiden Richtungen vorbei. Wir bleiben eine Weile stehen. Niemand macht Anstalten abzubremsen. Irgendwann treibt uns die Ungeduld voran, wir rennen zwischen den Fahrzeugen hindurch und erreichen die niedrige Mauer am Meer. Es herrscht Ebbe. Vor uns erstreckt sich der Sand in dunklem Grau. So könnte die Oberfläche des Mondes aussehen. Wir laufen zum blaugrauen Wasser vor, in dem niemand schwimmt. Um an einen Strand zu kommen, an dem das Wasser so klar ist, dass man hineintauchen möchte, muss man über eine Stunde fahren. Und doch zieht das Meer hier alle an. Hunderte Menschen sind hier. Der Strand heißt seit der Kolonialzeit Clifton Beach und ist Karachis beliebtester Platz. Alle sind über die große Sandfläche zum Wasser gelaufen. Dort schieben ein paar Männer Eiswagen herum; andere bieten Buggy-Fahrten durch die Dünen an. Jungen versuchen, jedem Paar, das aussieht, als befände es sich auf einem romantischen Spaziergang, Rosen zu verkaufen.

Vor allem ein Mann weckt meine Aufmerksamkeit. Er blickt zum Meer und scheint nichts um sich herum wahrzunehmen. Er trägt eine enganliegende Mütze mit blau-weißen, geometrischen Mustern. Sein Gesicht wird von einem kurzen Bart eingerahmt. Am Handgelenk trägt er zwei silberne Armreife.

Er könnte 35, aber auch 55 Jahre alt sein. Er hält ein quadratisches Stück Pappe mit der groben Zeichnung einer Palme in der Hand. ZEIG HAND, steht auf der einen Seite der Pappe. Eine weniger knappe Version dieser Nachricht steht in Urdu auf der anderen Seite. Er ist Handleser, wirkt aber, als wäre es aufdringlich, ihm die Hand hinzuhalten, da er doch einfach nur hier stehen und die Wellen betrachten will.

Wie auch immer. Die Sonne geht jetzt unter. Im Dunkeln unterwegs zu sein ist für Frauen etwas ganz anderes, als tagsüber herumzulaufen. Wir kehren zurück. Die Straßen fühlen sich jetzt schon in einer Weise vertraut an, wie ich sie vorher nie gespürt habe. Aber das ist eine andere Spaziergangsgeschichte.

Küste

Cynan Jones

Ich sehe mir wieder die Gezeitentafel an. Die von diesem Jahr ist kaum abgegriffen. Den beiliegenden Brief von meiner Frau, nicht den zu diesem Weihnachten, das vor der Tür steht, sondern den zum vorigen, der in seinem Umschlag steckt. *Nutze deine Zeit.* Darunter ein Kuss und ihre Initialen.

Wenn mein Blick über die Gezeitentabellen wandert, sehe ich keine Zahlen, ich sehe einen bestimmten Strand.

Ich weiß, welche »Orientierungssteine« freiliegen werden, wie tief das verbliebene Wasser in den Pfützen sein wird.

Nach all der Zeit weiß ich auch, dass ich nicht in allem recht behalten werde.

* * *

Meine Füße rutschen knirschend weg. Der Strand ist schlecht begehbar. Ein nach Westen ausgerichteter Abschnitt, der sich nordöstlich von dem Dorf, in dessen Nähe ich lebe, etwa zwei Meilen weit hinzieht.

Seit der Küstenschutz südlich der Ortschaft verbessert worden ist, bekommt der Strand hier mehr ab. Die Steine werden unberechenbar herumgeworfen, sodass es schwerfällt, in einem gleichmäßigen Rhythmus zu gehen. Besonders seit der Sache mit meinem Knie. Ich muss von Stein zu Stein springen.

Als ich das noch regelmäßig tat, habe ich meist nur daran gedacht, wo ich als Nächstes den Fuß hinsetzen soll, von einem Stein zu anderen, bis ich beim Netz war. Das werde ich wieder lernen müssen.

Seit der Geburt meiner Tochter habe ich die Netze nicht mehr ausgelegt. Ich bin mit dem Kajak rausgefahren und habe Makrelen gefangen, aber das Netz war mir zu viel. Jetzt ist sie fast drei.

Ich denke, ich werde ihr einen Fisch mit nach Hause bringen. Einen schönen großen Fisch, sodass sie Augen machen wird. Bevor wieder ein Jahr um ist.

* * *

Weiter oben am Strand kann ich die tiefen Aushöhlungen im Lehm sehen. Hin und wieder gibt eine Wand nach und sackt auf die Steine herab. Es scheint, als wäre der ganze Rand des Landes erschlafft und nach vorne gekommen.

Ein paar Möwen schweben nahezu reglos hoch oben, wie aufgedruckt auf das blasse Himmelstuch.

Monat für Monat klare, präzise Zahlen. Januar, Februar und weiter bis Dezember, ohne eine einzige Markierung mit dem Kuli. Erst gestern ein Punkt.

Gestern habe ich das Netz bei der Halbinsel ausgelegt, hinter der die Küste abfällt, sandiger wird und von flachen, ebenen Feldern gesäumt ist.

Vom Strand vor der Halbinsel ragen große graue Felsblöcke wie Denkmäler empor, als ob Podeste aus der Klippe gebrochen wären.

Mir kommt es so vor, als ob sie den Punkt in der Bucht markieren, wo Süden und Norden zusammenstoßen. Einen Punkt, der auch zwei Phasen meines Lebens trennt.

In den ersten elf Jahren bin ich ein Stück nördlich der Halbinsel aufgewachsen. Meine Großeltern besaßen dort Ackerland, das bis ans Meer heranreichte.

Dann zogen wir ungefähr zehn Kilometer nach Süden, in das Haus, in dem ich noch heute wohne, nur ein Stück von diesem Strand entfernt.

Ich bin schon mehrmals von zu Hause aus zu den Klippen und am Strand entlang zu dem Dorf gelaufen, in dem ich zuerst gewohnt habe, dem zweiten Dorf »oben«.

Dabei komme ich am ersten Dorf vorbei, in dem meine Mutter zur Schule ging, am Bolzplatz meiner ersten Fußballmannschaft, dann an den Kalkbrennereien – einst mein Privatschloss, heute mit einem »Betreten verboten«-Schild versehen –, und ich setze den Fuß auf Land, das einst meinen Großeltern gehörte. Für immer, dachte ich damals.

Ich gehe die Strände hinauf – ich hatte einen hellblauen Spielzeug-Kipplaster – über die kurze klapprige Brücke – mein Bruder verwirrter als ich über die kleine Bachforelle an seiner Angelschnur, deren Regenbogen verschwunden war, als wir sie nach Hause brachten – zu dem kleinen Hof.

Ich stehe am Eingang zu dem Hof. Und dann kneife ich. Ich gehe nicht zum Sommerhaus meiner Kindheit, weil ich jedes Mal das Gefühl habe, dass der Kieselrauputz unter meinen Händen von der Wand fällt.

* * *

Vom Land ablaufendes Wasser hat tiefe Rinnen in den rutschigen Lehm gegraben. Deshalb erinnert dieser Teil der Klippe vom Meer aus gesehen an ein Gebiss.

Aus der Ferne wirkt es herausfordernd. Gefletscht. Der Unterkiefer wie gegen den Ozean vorgereckt.

Vor diesem Abschnitt die Überreste einer Fischfalle aus dem zwölften Jahrhundert, halbkreisförmig wie ein Bissabdruck. Ein geometrischer Bogen aus schweren Steinen.

Weit draußen, außer Sicht, sind andere Mauern, versunkene. Dammwege. Gletschermoränen. Was wäre Ihnen lieber?

Etwa zwanzig Meilen weiter nördlich können, wenn starke Stürme den Sand vom Strand blasen, die Stümpfe versteinerter

Bäume freigelegt werden. Kiefern, Erlen, Birken, Eichen. Reste eines Holzstegs aus der Bronzezeit, der über den aufgeweichten Boden hinwegführte. Die Dinge, die sie gefunden haben. Das Skelett eines Auerochsen. Die Fußabdrücke eines Vierjährigen.

Vor dem Strand, auf dem ich jetzt stehe, die Überreste einer Schotterbank aus der Eiszeit. Einer von sieben, die zu Wegen oder *sarnau* in ein fruchtbares Land wurden, das, so viel ist sicher, unterhalb des Meeresspiegels lag.

Ich stelle mir vor, wie die Bauern bei Ebbe mit Karren auf einem großen Dammweg hinausfuhren und Seetang für ihre Feldfrüchte ernteten; die Abzugsgräben, die Salzwasser von ihren Äckern ableiteten; die disziplinierten, einfachen Soldaten, die die Fluttore bedienten. Und dann, wie die Lippe der Welt sich aufwarf.

Seit Tausenden von Jahren Land vor dem Deich, bis der Deich brach. Die Schuldigen wechselten mit den Zeiten. Eine Priesterin, die einen Zauberbrunnen vernachlässigte; eine Edelfrau, die in den Bann eines Königs geriet; ein Soldat.

Was muss das für ein Gefühl gewesen sein. Meilenweit weg am Hof. Zu hören, wie in der Ferne die Wellen gegen den Deich branden, wie der Sturm tobt. Flackerndes Nachtlicht. Plötzlich erwacht, krank und betrunken, aber im festen Wissen, dass deine Männer zu gut gedrillt sind, um die Fluttore ohne deinen Befehl zu schließen.

Dein vergeblicher Ritt in den Rachen des Sturms. Der Ozeanwall.

Wir haben hier einen Küstenmanagement-Plan, der Maßnahmen vorsieht gegen den Anstieg des Meeresspiegels und die fortschreitende Erosion in den kommenden hundert Jahren. Die Sprache, in der die Optionen für jede Küstensiedlung geschildert werden, ist militärisch: die Stellung halten, die Front nach vorne schieben, geordnete Rückverlegung, kein aktives Eingreifen.

Ich wuchs in dem Glauben auf, ich könnte in ruhigen Nächten die Glocke des versunkenen Königreichs unter Wasser läuten hören.

* * *

Ein Gestank nach verdorbenem Eiweiß wabert in der Luft, und ich suche die Umgebung nach dem Katzenhai ab. Ich brauche ihn gar nicht zu sehen, ich weiß auch so, dass die weichere Haut unter seinem Schlund aufgeschlitzt ist. Fischer tun das. Möglichweise um ihre Köder zurückzuholen oder vielleicht auch, weil sie so etwas einfach nicht fangen wollen. Vielleicht wurde er auch aus einem Netz der Boote geworfen, die sich neulich am Horizont reihten und wie eine Lichterkette aussahen.

Ich habe nicht besonders auf den Wind geachtet, doch als ich den gekrümmten Fisch mit der obligaten klaffenden Wunde am Hals entdecke, bläst er von hinten. Seit gestern hat der Wind gedreht. Gestern schlug mir der Gestank entgegen, bevor ich an Ort und Stelle war.

Einmal fing ich gleich mehrere Katzenhaie. Ich beging den Fehler, unweit der Stelle, an der ich das Netz auslegte, Reusen aufzustellen.

Die Katzenhaie kamen, angelockt vom Geruch der Köder in den Reusen, und gerieten ins Netz. Sie steckten alle ganz unten in den Maschen, denn sie hatten sich am Grund entlang den Weg erschnüffelt, beinahe wie Hunde.

Ins Netz gegangen war auch ein Glatthai, der sogar noch mehr wie ein richtiger Hai aussah, doch im Unterschied zu den Katzenhaien war er offensichtlich tot.

Ich nestelte die Katzenhaie heraus. Ihre Oberhaut, ledrig weich, als ich ihnen mit der Hand über den Rücken fuhr, schmirgelte Schichten von mir ab, als sie sich in meinem Griff wanden. Ihre Leiber hatten die pulsierend straffe Biegsamkeit von Schlangen. Manche schieden weißes Zeug durch ihre Spritzlöcher aus. Sie waren alle noch am Leben und kehrten ins Wasser zurück, glitten langsam aus meinen Händen und schlängelten sich zum Grund hinunter, wie um in sich zu gehen.

Doch die Augen des Glatthais waren geschlossen. Der große Fisch hatte Qualen gelitten. Ich fühlte mich schrecklich. Als ich ihn hochhob, war ich sprachlos. Er war so lang wie ich. Ich hatte nie zuvor etwas gefangen, was ich nicht wollte.

Trotzdem wickelte ich ihn in den großen Wertstoffsack, den ich dabeihatte, und legte ihn in den Kühlschrank meiner Mutter, bei der ich zu der Zeit wohnte.

Am nächsten Morgen hing ein Zettel am Kühlschrank: Raus mit dem Hai! Ich fand das lustig.

Ich hatte die Absicht, die langen Filets herauszulösen, die vom Kopfende bis zu der Stelle verlaufen, wo der Schwanz zum Essen zu dünn wird. Ich wollte sie zerteilen und in Milch kochen.

Ein Freund war zu Besuch und half mir, Sachen auf den Dachboden zu schaffen. Er reichte mir Kartons durch die Luke.

Als ich nach unten rief, er solle Wasser aufsetzen, öffnete er den Kühlschrank, um Milch herauszuholen.

Der Gestank drang durch die Bungalow-Decke bis zu mir.

Ich kann die anfängliche Wucht des Gestanks nicht von dem Laut trennen, den mein Freund in diesem Augenblick ausstieß. Dann hörte ich, wie krachend die Tür aufflog, und ein Würgen, gedämpft durch die Giebelwand.

Ich konnte nirgends hin. Der Gestank war so durchdringend, dass ich keinen klaren Gedanken fassen konnte. Mein Freund erbrach sich jetzt, und vor lauter Grauen begann ich zu lachen. Ich musste durch die Luke steigen, runter in den Gestank.

Ich fasste in den Kühlschrank.

Der Hai hatte im Wertstoffsack etwas ausgeschwitzt und lag geringelt in einer eklig grauen Brühe. Es war, als ob er vor Nässe triefte. Nichts wie raus. Ich rannte mit ihm los, betete, dass der Sack nicht leckte, kippte ihn auf den Boden, der stechende Geruch, das dumpfe Aufklatschen des Hais.

Ich hob ihn am Schwanz hoch, wollte ihn einfach nur loswerden. Doch er war steif geworden, entringelte sich nur zu einem anderthalb Meter langen Bumerang, das Gesicht zur Seite gedreht, als versuche er, zu mir heraufzugrinsen.

Ich rannte. Von Neuem. Durch das Tor. Dann schleuderte ich den Kadaver mit einer Art Hammerwurf im hohen Bogen ins Gebüsch. Einen schrecklichen Augenblick lang hing er in einem Baum. Dann plumpste er in die Brombeeren.

Wochenlang stellte ich mir einen bedauernswerten Hundehalter beim Spaziergang vor. Sein Gesicht, wenn der Hund mit einem toten Hai im Maul aus dem Gemeindewald getrabt kam.

* * *

Das Geräusch des Rinnsals hat sich verändert. Vom Tröpfeln durch weichen Lehm zu einem Plätschern über hartes Gestein. Ein heller Sprühnebel von Wasserfällen.

Ich habe die Stelle erreicht, wo die Klippe bis auf den Fels abgetragen ist. Der plötzliche Übergang. Eben noch Lehm, der streitbar und abgenutzt aussieht, dann teilnahmslose, statische Blöcke.

Das Trillern eines Austernfischers, der Flügelschlag eines Pie-
pers, hin und wieder das Krächzen von Krähen, die taumelnd
auf der Thermik reiten.

Letzte Weihnachten sah ich von dem Pfad da oben weit über
mir einen Farbblitz über den freigelegten Strand huschen. Beobachtete den bläulichen Punkt eines Eisvogels, der an den
Pfützen entlang fischte, als halte er mit mir Schritt, eine halbe
Stunde lang, bevor er schnell in gerader Linie davonflog.

Noch während ich ihm nachblickte, wusste ich, dass ich so etwas nie wieder zu sehen bekommen würde.

Aus dem Augenwinkel bemerke ich, wie sich etwas aus der
Klippe löst und in einem Bogen entschwindet. Ein Wander-
falke.

Ich sehe sie immer nur aus dem felsigen Abschnitt kommen,
als würden sie von ihm auf die Welt gebracht.

An dem ockerfarbenen und grauen Lehm hängt manchmal ein
Turmfalke und gleitet dann in die Luft.

Als ich auf den Strand zurückschaue, zur Lehmwand, sehe ich
ein Stück Zaun verloren in der Luft hängen.

Dohlen hocken da und steigen auf, hocken da und steigen auf
und stoßen ein gedämpftes Schnarren aus, als ein loser Zaun-
pfahl fällt und auf einen abgestürzten Trog prallt.

* * *

Ich bemerke den Fisch erst, als ich direkt über ihm bin. Eine graue Meeräsche, die sich, so lang wie mein Arm, am anderen Ende in einer flachen Pfütze im Netz verheddert hat.

Mein Herz klopft. Die großen Augen der Tochter. Fenchelbüschel, die dem Frost getrotzt haben. Die Schuppen des Fischs größer als ihre Fingernägel.

Ich sollte die Leine von den Ankersteinen lösen. Das Netz an den Strand bringen, mir dort den Knoten vornehmen. Unbedrängt von der Flut den Fisch befreien.

Dann zappelt der Fisch heftig, und ich sehe ihn glotzen.

* * *

Ich bemühe mich, zügig zu arbeiten. Der Fisch scheint derweil zu erlahmen. Ich hebe ihn hoch, löse das Netz von Flossen und Kiemen, Schwanz und Maul. Spüre wieder ein geschärftes Bewusstsein, etwas, das mir abhandengekommen ist. Füße finden den nächsten Stein, Finger finden selbstständig Maschen.

Ich zerbreche mir zu sehr den Kopf. Der Druck des lebenden Fischs. Und der mich beherrschende Gedanke, das auflaufende Wasser. Jedes Mal, wenn es die von Ringelwürmern durchlöcherte Sandbank neben mir überspült, züngelt Schaum in die Pfütze, in der ich versuche, die Meeräsche ruhig zu halten.

Meine Füße werden nass.

Jedes Mal, wenn ich denke, der Fisch sei frei, mault er leise.

236

Mach schon, sage ich, mach schon.

* * *

Als der Fisch endlich los ist, schwappt mir die Flut um die Knie.

Gebückt und mit nackten Armen halte ich den Fisch in die Wellen. Einen Moment lang, bevor ich ihn nach unten drücke, sehe ich, wie meine Hand seinen Stanniolrücken umschließt, sehe ich, wie ihre kleinen Hände ein silbernes Kochgeschirr umklammern. Dann ist er im Wasser. Ich spüre, wie er unter der Oberfläche pumpt. Ich blicke zu dem hellen Spitzengeflecht der Wasserfälle, zu dem schmalen Strand im Süden. Zu der abfallenden Küste im Norden.

Es ist so weit, sage ich mir. Das Meer wird nicht weiter steigen.

Unmöglich, jetzt das Netz einzuholen. Ich denke: Ich werde kurz nach Tagesanbruch wiederkommen müssen. Wenn Ebbe ist. Morgen.

Das Netz hierlassen. Das wird dich zum Gehen zwingen. Die Gewohnheit wird sich wieder einstellen.

Noch ist das Jahr nicht um.

Dann buckelt der Fisch einmal. Er scheint plötzlich wieder bei Kräften zu sein, und ich lasse ihn frei.

Lots Frau
und einige Gedanken
zum Wandern bei Nacht

Nicholas Shakespeare

Ein Spaziergang muss nicht lang dauern, um Bedeutung zu haben. Für die tschechische Künstlerin Helga Hošková-Weissová war er im Alter von fünfzehn nur so lang wie eine Rampe. Doch war es der ultimative Weg, der alle Wege übersteigt, eine Reise von der Dunkelheit ins Licht.

Am Ende der Rampe stand ein deutscher Offizier, der die Menschen nach rechts und links dirigierte. »An sein Gesicht erinnere ich mich nicht, nur an seine Handschuhe, aber sein Gesicht ist auch nicht wichtig. Wichtig war sein Finger, weil er damit abwechselnd nach rechts und links zeigte.« Während Helga zögernd einen Schritt auf ihn zumachte und dann noch einen, hob er aus was für einem Grund auch immer den Finger und rief barsch: »Rechts!«

Sie erzählte mir das siebzig Jahre später in derselben Prager Wohnung, in der sie auch aufgewachsen war. »Ich werde oft gefragt, ob dieser Offizier Josef Mengele war. Wahrscheinlich war er es.«

Gehen ist wie keine andere Tätigkeit eine Bestätigung dafür, dass man auf dieser Erde und lebendig ist. Wenn ein einziges

Bild Tel Aviv auf den Punkt bringt, eine Stadt, in der die Juden zum ersten Mal sie selbst sein konnten, dann das Bild der Füße. Barfuß, in Flipflops, in orangefarbenen Turnschuhen, in grünen High Heels oder in Büroslippern. Nicht mehr jedoch die Füße des Wandernden Juden, der seit der Zeit Abrahams auf der Flucht ist und verfolgt wird. Eine englische Reisende in Tel Aviv, Dorothy Kahn, hatte die schöne Beobachtung gemacht, dass man, wenn man einmal die Musik in der Freiheit dieser Füße eingefangen hat – wenn sie joggen, Beachtennis spielen, mit einem Hund im Schlepptau in die Pedale treten oder auf einem Tisch in Ninochkas Bar tanzen –, die Wirkung nicht mehr rückgängig machen kann. »Und als diese Füße vorbeimarschierten, schienen sie Wunder zu vollbringen, Jahrhunderte in einer Stunde auszulöschen, weil sie frei waren.«

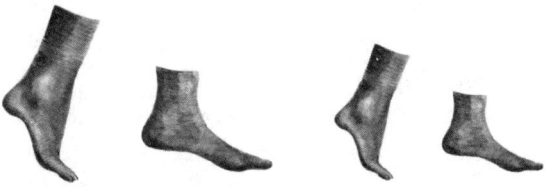

Ein anderer Überlebender des Holocaust war der intellektuelle Wanderer George Steiner. Mit zwei Ausnahmen sind alle jüdischen Mitschüler seiner Klasse am Pariser Lycée wie Helgas Vater in Auschwitz umgekommen. Steiner dagegen wurde, wie Amos Oz mir in Tel Aviv sagte, »zu einem der großen kulturellen Mittler und Interpreten des 20. Jahrhunderts. Er lässt Bücher von einer Kultur in die andere wandern.«

An einem regnerischen Maitag in seinem siebenundachtzigsten Lebensjahr entsprach Steiner meiner Bitte, ihn auf einem Spaziergang zu begleiten.

Obwohl er sich damals dem Ende seines Lebens näherte, war er geistig weiterhin wacher als die meisten seiner Generation. Jeder Satz, den er sagte, war wie ein Sprint in einem Marathon. Mit der schwungvollen Geste eines Zauberers hielt er mir eine Visitenkarte vor die Nase. Darauf waren mit schwarzer Tinte eine Nachricht und ein Datum geschrieben. »3. 4. 1921.«

»Lesen Sie, von wem die Karte ist!«

Der kursiv geschriebene Name erklärte seine Aufregung: *Prof. Dr. Freud.*

Sigmund Freuds handgeschriebene Nachricht war an Steiners Vater Frederick gerichtet, »einen strengen, schwierigen Mann«, der für eine Bank in Wien arbeitete. Die beiden waren befreundet. Sie gingen in der hügeligen Umgebung Wiens spazieren und unterhielten sich. Der geistig so bewegliche Steiner konnte sich nicht vorstellen, dass Adolf Hitler, Freud, sein Vater und auch Gustav Mahler einander nicht auf der Ringstraße begegnet sind. »Es muss so gewesen sein. Sie lebten zwei, drei Jahre zur selben Zeit in derselben Stadt.«

Mein kurzer Spaziergang mit George Steiner an jenem nieseligen Nachmittag führte uns von seinem Wohnzimmer voller Bücherregale in Cambridge nach draußen zu seinem eigens zu diesem Zweck erbauten Arbeitszimmer am Ende des Gartens und wieder zurück. Ein Weg von nicht einmal hundert Metern. Trotzdem, denke ich gern, war es eine Illustration von Jorge Luis Borges' berühmtem Gleichnis des alten Wanderers, der eine Karte von allen Orten zeichnet, an denen er in seinem Leben war, und dann feststellt, dass dabei sein eigenes Gesicht herauskommt.

Steiner machte seine ersten Spaziergänge in Paris. Rue Lafontaine und Place Victor Hugo. »Als Kind fuhr ich im Sommer in unseren Ferienort in der Normandie, nach Étretat, wo Monet gemalt hat.« Später, als er in Genf wohnte, entdeckte er das Wandern in den Bergen und stieg die Felswand des Mont

Salève hinauf, wie Borges es getan hatte, als er noch sehen konnte (»Ich bin nie einem Menschen begegnet, der Augenlider so wenig zu brauchen schien.«).

»Was ist Ihre Lieblingswanderung?«

»Sie führt im Jura in der Nähe der Stelle, wo Courbet ein Haus hatte, durch eine Berggruppe oberhalb von Ornans. Eine wunderbare Gegend, die Spuren alter Zivilisationen mit einer wilden Landschaft verbindet – Reste von römischen und gallischen Befestigungen und sehr spannende Spuren der Burgunderkriege.«

Zur Zeit unseres Spaziergangs hatte Steiner gerade seinen Essay *The Idea of Europe* neu veröffentlicht, in dem er über die Bedeutung des Spazierengehens geschrieben hatte. Kants Gang durch Königsberg immer exakt zur selben Zeit, Kierkegaards Streifzüge durch Kopenhagen oder die fast fünfzig Kilometer, die der korpulente Coleridge täglich durch schwieriges, hügeliges Gelände zurücklegte, während er dichtete oder komplexe theologische Abhandlungen verfasste. Darin unterschieden wir uns von Amerika, glaubte Steiner. »In Amerika geht man nicht zu Fuß von einer Stadt zur anderen.« Europa dagegen wurde von menschlichen Füßen geformt und humanisiert. Es war keine Übertreibung, zu sagen, dass unsere gesamte Philosophie vom Gehen geprägt ist, dem einfachen Vorgang des Einen-Fuß-vor-den-anderen-Setzens.

Mein Großvater war ein gewaltiger Spaziergänger. »Auf allen Spaziergängen«, so eine seiner Regeln, »sollte man es zumindest einmal alle fünf Minuten Lots Frau gleichtun – und zurückblicken.«

Er hieß S. P. B. Mais. Wenn ich zu ihm zurückblicke, sehe ich einen hyperaktiven Schriftsteller von über zweihundert Reisebüchern – die weitaus meisten über seine langsamen Reisen zu Fuß von einem englischen Ort zum anderen. Bekannt wurde er in der Weltwirtschaftskrise als »Botschafter der englischen Landschaft«. Im Januar 1932 gab die BBC eine topografische Serie mit dem Titel *Die unbekannte Insel* in Auftrag, um den Tourismus in den britischen Ferienorten anzukurbeln. »SPB«, wie er weithin genannt wurde, reiste in siebzehn Gebiete. Seine Botschaft an die Menschen, zu erkunden, was vor ihrer Tür lag, vorzugsweise in Wanderstiefeln, hatte eine starke Anziehungskraft auf alle, die sich keine Auslandsreise leisten konnten, von einem Auto ganz zu schweigen. Im Juli 1932 beobachtete er auf den Sussex Downs zusammen mit 16.000 Menschen den Sonnenaufgang über der eisenzeitlichen Festung Chanctonbury. Vier Sonderzüge mussten für den mitternächtlichen Ausflug eingesetzt werden. Aber die Lieblingsgeschichte meiner Großmutter handelte davon, wie SPB einmal eingeladen wurde, einen Vortrag im Gefängnis von Lewes zu halten. Er ließ sich von seiner Begeisterung für die englische Landschaft so mitreißen – »kein Land der Welt kann es mit England aufnehmen, was die Schönheit der Landschaft betrifft« –, dass er die Insassen drängte, mehr nach draußen zu gehen, um die Landschaft selbst kennenzulernen.

SPB war der festen Überzeugung, dass das Wandern genauso viel Technik erfordere wie das Singen oder Schreiben (*Listen to the Country*, 1939). Eine andere seiner Regeln lautete: »Geh in einer Stunde nie mehr als anderthalb Kilometer.« Das Bummeln, so meinte er, gehöre wesentlich dazu. »Wer England richtig sehen will, muss sich das Schlendern zur Gewohnheit machen, muss sich die Zeit nehmen, sich über Tore zu lehnen und das Getreide zu betrachten oder sich auf eine Brücke zu setzen und das Wasser vorbeifließen zu sehen.« Seine vielleicht wichtigste Regel war, allein zu reisen. »Ich habe es immer sehr befürwortet, allein zu wandern.« Wandervereine sah er kritisch und genauso Wanderer, die unterwegs waren, um Gesellschaft zu haben, und deren Gedanken hauptsächlich um den Nachmittagstee kreisten.

> Allein dadurch, dass sie einen Gefährten haben,
> bleiben ihre Gedanken dem Alltag verhaftet. Wären
> sie allein unterwegs, bestünde die Möglichkeit, dass
> sie wirklich aus sich heraustreten, hören, sehen,
> riechen, berühren, mit sich selbst kommunizieren
> und zur Ruhe kommen ... Nur wenn wir allein
> sind, hören wir die Lieder der Vögel, das Summen
> der Insekten und den ganzen unsichtbaren Chor in
> unserer Umgebung.

Für meinen manischen, wahrscheinlich bipolaren Großvater ging es wie für C. P. Cavafy um das Reisen und nicht um das Ziel. »Beim Wandern geht es nicht darum, einen Ort zu erreichen, sondern um das Wandern selbst«, schrieb er in *Weekends in England* (1933). »Ich gehe allein aufs Land, genauso wie ein leerer Krug zum Brunnen geht – um gefüllt zu werden.«

Mein Großvater hielt sich nie an seine eigenen Regeln. In Zeiten der Unruhe und Anspannung, von denen es viele gab, zog er seine dornenfesten Knickerbocker an und wanderte mit dem jungen Naturforscher Henry Williamson, dem späteren Verfasser von *Tarka, der Otter*, über die Sussex Downs. »Auf diesen sanften Hängen scheint sich jedes Durcheinander zu entwirren und jedes Problem zu klären.« Genau wie Paddy Leigh Fermor und Bruce Chatwin auf ihren gemeinsamen Wanderungen durch die Landschaft des Peloponnes war SPB bestrebt, ob nun bewusst oder unbewusst, Diogenes' Rezept des *solvitur ambulando* (»Es wird durch Gehen gelöst«) umzusetzen. Bei einem anstrengenden Bewegungsprogramm zum Zweck der Selbstmedikation berief er sich oft auf das Diktum von G. M. Trevelyan: »Ich habe zwei Ärzte, mein linkes Bein und mein rechtes.«

In der Gesellschaft von Williamson hielt mein Großvater sich manchmal nicht mit den anderthalb Kilometern pro Stunde auf, sondern raste los wie ein von der Leine gelassener Hund. Sein Gefährte erinnerte sich, wie er im Stechschritt vorausstürmte, ganz bewusst, ohne sich umzudrehen. »Und obwohl ihn das Tempo ziemlich erschöpfte, atmete er doch, wie mir auffiel, wenn ich in seine Nähe kam, fast lautlos durch den offenen Mund. Er schien zu gehen, um seinen Gedanken zu entkommen. Eine Bremse hatte sich in seinem Gehirn eingenistet.«

Bei zumindest zwei Gelegenheiten, schreibt SPB, sei er nachts gewandert.

* * *

Im Dunkeln zu gehen ist ein ganz anderes Erlebnis. Zum einen klingt alles anders. Ein Löwe brüllt am frühen Morgen, weil das Gebrüll in der feuchten Luft weiter trägt. Nachts klingt das Geräusch von Reifen auf der Straße gedämpft, als würde es von der Dunkelheit absorbiert, und ich brauche eine Taschenlampe, um den Lebensmittellieferanten zu bremsen, wenn er ohne Vorwarnung unser kleines Landsträßchen in Wiltshire entlangbrettert.

Wenn ich mit Sancho zum letzten Mal am Tag nach draußen gehe, zieht der Hund mich kraftvoll in ein schwarz-weißes Negativ meiner vormittäglichen Welt. In bewohnten Häusern brennt Licht. Alarmanlagen und Großbildfernseher leuchten. Ich begegne anderen Spaziergängern mit blinkenden Stirnlampen und Warnwesten. Spaziergänger ohne Taschenlampe oder unbewohnte Häuser mit Fensterscheiben wie leere Augenhöhlen wirken bedrohlich.

Dazu kommt der Faktor Sichtbarkeit. Irgendwo in der Nacht vor mir nimmt Sancho, dessen goldene Konturen von der winterlichen Dunkelheit umspielt und abgeschwächt werden, ein geisterhaftes Schimmern an, das mich weniger an die rasch kleiner werdende Gestalt meines Großvaters in einer seiner rebellischen Stimmungen erinnert als an ein Glühwürmchen. Glühwürmchen sind an den meisten Orten Englands ausgestorben, sie haben nur auf unkultiviertem Land überlebt. Sancho, der am Ende seiner Leine hin und her läuft, sieht mich zwar, aber ich habe oft keine Ahnung, wo er ist. Er verschwindet immer wieder, vom Dunkel verschluckt, und taucht dann auf wie das kleine gelbliche Blinklicht, das ich eines Mitternachts auf einer stillgelegten Eisenbahnstrecke in Cumbria bemerkt habe. Von oben hat er keine Konkurrenz. Wir befinden uns in Wiltshire im Dezember 2020. Sterne sind nicht zu sehen.

Und schließlich noch die Temperatur. »Alle echten Wanderer sind lieber im Winter unterwegs«, glaubte mein Großvater in *The Happiest Days of My Life* (1953), der zweiten seiner drei Autobiografien. »Im Winter gehen wir, um uns zu kräftigen, um warm zu werden und um die scharfe, kalte Luft zu genießen, die uns töten könnte, wenn wir stehenbleiben, und uns belebt, wenn wir uns bewegen.«

Ich bin ganz klar nicht der Enkel meines Großvaters. In jedem anderen Jahr wäre ich nicht hier auf diesem eisigen dunklen Sträßchen in Wiltshire, bemüht, in Zeiten des Lockdowns mit einem teilweise unsichtbaren Hund Schritt zu halten. Ich wäre auf der anderen Seite der Welt, in Tasmanien, und würde zur Milchstraße hinaufblicken, in Sternenlicht, das fast hell genug zum Lesen ist.

Es gibt in Tasmanien eine unbefestigte Straße, die sich durch eine bewaldete Gegend mit hohen und sehr alten Eukalyptusbäumen windet. Man kann sich vorstellen, dass noch niemand diesen Wald betreten hat. 2007 bin ich mit meinem Vater diese Straße entlanggefahren. Vermutlich waren wir die Einzigen, die an diesem Tag oder vielleicht sogar in diesem Monat dort unterwegs waren. Einige Kilometer weiter kamen wir an einem Straßenschild vorbei, das nach rechts ins Buschland zeigte und den Namen Synotts Road trug. Spontan dachten wir beide dasselbe. Beide hätten wir uns auf unseren Reisen nicht vorstellen können, je an einem so abgelegenen Ort zu wohnen.

»Wenn du dich da hinten verstecken würdest«, sagte mein Vater und spähte die rötliche Piste entlang, »würde dich niemand finden.«

Zu unserer Überraschung stellte sich heraus, dass wir den Besitzer dieses imaginären Paradieses kannten. Seitdem hat Geoff Bull, ein Winzer, dessen Kinder dieselbe Schule besuchten wie meine, unsere Familie jedes Jahr auf sein Anwesen am Ende der Piste eingeladen. In den vergangenen dreizehn Jahren haben immer noch zwei oder drei andere Familien an dem Ritual teilgenommen.

Wir übernachten in Zelten um das Feuer und unterhalten uns meist bis nach Mitternacht, während die Flammen unsere Gesichter wärmen und über sie spielen, als wollten sie sie lesen und herausfinden, was für neue Falten in den Monaten seit unserem letzten Treffen dazugekommen sind.

Dann, wenn alle schlafen, öffne ich den Reißverschluss meines Zelts und gehe spazieren.

Auf meinem allerersten »Synotts« – wie wir diese jährliche Zusammenkunft inzwischen nennen. »Vielleicht ›St. Anthony‹ rückwärts gelesen?«, meint Geoff. »Niemand weiß, was Synotts bedeutet. Wenn ihr es herausfindet, wären wir sehr beeindruckt« – trat ich unter zwei riesigen Blaugummibäumen hindurch auf eine Lichtung von der Größe eines

Cricketfelds. Es war zwei Uhr morgens. Kein Lüftchen regte sich, kein Laut war zu hören, und am herbstlichen Himmel über mir funkelten so viele Sterne, wie ich sie noch nie an einem Himmel gesehen hatte. Ihr Licht fiel auf seltsame weiße Gegenstände. Wie in Trance bückte ich mich und berührte die Gerippe von Kängurus und Schafen. Dass sie auf dem Boden lagen, war höchst ungewöhnlich. In jedem anderen Jahr wären die Knochen nachts von Tasmanischen Teufeln gefressen worden.

Den Teufel – den größten Vertreter der Raubbeutler – gibt es nur noch in Tasmanien. So groß wie ein schwarz-weißer Mops, ist er mit seinem kräftigen Kiefer ein effizienter nächtlicher Aasfresser. Seinen teuflischen Namen verdankt er einem durchdringenden Heulen, das man mit einem über Asphalt schleifenden Auspuff verglichen hat. Eine geheimnisvolle Krebserkrankung hat die Bestände des Teufels in Tasmanien dezimiert, sodass es im Busch still geworden ist. Praktisch über Nacht, seit dem Auftauchen dieses Gesichtskrebses *(Devil Facial Tumour Disease)*, ist die Art wie seinerzeit ihr größerer Verwandter unter den Beuteltieren, der Tasmanische Tiger, vom Aussterben bedroht. Nicht zu vergessen die Ureinwohner der Insel, die Aborigines Tasmaniens. Wie sich herausstellt, steht mein Zelt mitten auf einem ihrer traditionellen Jagdgründe.

Das wenige, das wir über die Aborigines Tasmaniens wissen, verdanken wir zum großen Teil einem kratzbürstigen englischen Missionar des 19. Jahrhunderts, George Augustus Robinson, der immer wieder für längere Zeit mit den Stämmen durch den Busch zog und ihre Bräuche und Überzeugungen aufschrieb.

Zwei seiner Einträge sind für nächtliche Spaziergänger relevant.

Am 13. Juni 1831 notierte Robinson im Schein des Feuers in sein Tagebuch: »Die Aborigines von Van-Diemens-Land [wie Tasmanien damals genannt wurde] sind nachtschwärmend, das heißt, sie sind nachts unterwegs.«

Und nicht nur das. Die Aborigines glaubten auch an einen Teufel, den »Raegowrapper«, der dafür sorgte, dass Leute, die nachts allein in den Busch gingen, nicht zurückkehrten.

Bezeichnenderweise war der Raegowrapper in Jahren mit tödlichen Infektionskrankheiten oder Viren besonders aktiv. Laut Robinson lebte der Raegowrapper (ausgesprochen »radje-eeoo-wrapper«) im Dunkeln und infizierte sein Opfer mit einer Krankheit, die es zu einer Leiche machte. »Es gibt bei den Eingeborenen eine Tradition«, schrieb Robinson, »der zufolge ein Stammesangehöriger, der an dieser Infektion stirbt, nachts umherwandert. Er führt eine bestimmte Menge der Krankheit in einem Kängurufell mit sich und gibt sie an den Rest des Stammes weiter.« Aus dem altüberkommenen Glauben an diese Tradition könnte man schließen, dass die tasmanischen Aborigines unsere Seuche des Jahres 2020 in eine Erzählung eingebaut hätten, die viel sinnfälliger und allgemeingültiger gewesen wäre, als uns das möglich scheint. Für sie wäre das Coronavirus nur eine weitere Manifestation etwa jener Krankheit gewesen, die von Zeit zu Zeit die Aborigines Tasmaniens und auch die Tasmanischen Tiger heimgesucht hat.

Aber zurück zu jenem ersten Synotts. Während ich verschiedenen Gedanken über Teufel nachhing und zwischen nicht abgenagten Känguruknochen hindurchging, erhob sich plötzlich eine Armee undurchdringlich schwarzer Schatten vor mir.

Mein Herz klopfte schneller als eine Voodoo-Trommel. In dieser stillen Nacht im Busch lud meine Fantasie die Schatten mit Bedeutung auf. Sie waren die nachts umherziehenden Geister des verschwundenen Stammes der Oyster Bay. Instinktiv kniete ich mich hin – auch um ihre Umrisse gegen die Milchstraße zu erkennen –, und da wurde mir klar, dass es sich nicht um tote Krieger handelte, die ihre Teebaumspeere auf mich gerichtet hatten, sondern um Büschel von Strandhafer.

* * *

Nicht lange nach diesem ersten Synotts kam ein Mann meines Alters an die Tür unseres Strandhauses an der tasmanischen Ostküste und stellte sich als dessen früherer Besitzer vor.

Zu meinem Erstaunen und meiner Freude erzählte Brad Wilson, dass dort, wo jetzt das Haus steht, früher eine Sternwarte gestanden habe. Brad hatte sie aus Wellblech auf einem Rahmen selbst gefällter Kiefern errichtet und darauf ein Schiebedach angebracht, das sich zum Himmel öffnete. Drinnen hatte er Sternkarten aufgehängt und eine Autobatterie installiert, mit der er ein Zehn-Zoll-Newtonteleskop betrieb.

»Ich bin vor allem wegen des herrlichen Südhimmels hergekommen«, sagte er.

Die Hauptattraktion war die Milchstraße, zu der wir gehören, aber Brad hat am südlichen Horizont auch das südliche Polarlicht in roten und grünen Schleiern aufflammen sehen. Er hat zahllose Galaxien gezählt, darunter auch den Virgo-Galaxienhaufen – »das wären 2000 Galaxien, alle auf einer so kleinen Fläche, wie man sie mit Daumen und Zeigefinger umfassen kann.« Ein Ufo hat Brad in all den Jahren dagegen nie gesichtet – wie zahlreiche andere Beobachter des südlichen Himmels es behaupten –, dafür eines Nachts einen Boliden, eine große Sternschnuppe, die den ganzen Himmel erhellte und eine Rauchspur hinter sich herzog, die er durch sein Teleskop zwei Minuten lang beobachten konnte. »Und in einer Nacht«, sagte Brad, »komme ich von einem Nachtspaziergang durch die Kiefern hierher zurück und sehe etwas auf dem Boden leuchten, keine Taschenlampe, wie ich zuerst dachte, sondern eine Stelle mit Pilzen, die geleuchtet haben, wie man es nicht glauben würde.«

Wenn man nachts unterwegs ist, sieht man die Welt, wie der blinde Borges sie gesehen hat. (Als Teenager bin ich einmal mit Borges ein paar Blocks durch seine endlose, lärmende und dekadente Stadt spaziert. »Gelb kann ich erkennen, wie das da ...« Er hielt an, streckte die Hand aus und berührte ein goldfarbenes Plakat. »Alles andere sehe ich wie einen undeutlichen Nebel.«)

Man hat Gedanken, die man tagsüber nicht hat. Nicht nur die Formen und Konturen auf dem Boden beflügeln die Fantasie auf ganz andere Weise, sondern auch die am Himmel über einem. Und mehr als die so oft bewölkte (und verschmutzte) nördliche Hemisphäre bestätigt der Südhimmel – und ganz besonders das leuchtende Band der Milchstraße – den Eindruck, dass wir tatsächlich so winzig sind wie das allgegenwärtige Sandkorn, von dem es an Tasmaniens verlassenen Stränden Milliarden gibt.

Ein paar Nächte nach Brads Besuch, als der Vollmond über der Halbinsel Freycinet aufging, zwang ich meinen siebenjährigen Sohn dazu, mit mir zum Strand zu gehen. Er zappelte und schrie, weil er nicht im Dunkeln unterwegs sein wollte, aber das Mondlicht beruhigte ihn, und auf einmal lief seine schlaksige Gestalt an mir vorbei.

Es ist einer von den seltenen Stränden, auf denen man in den Sonnenaufgang und am Tagesende in den Sonnenuntergang gehen kann. Offiziell heißt die Zunge aus weißem Sand, die sich in ostwestlicher Richtung erstreckt, Bagehot Point, nach einem frühen Militärkommandanten des Ortes. Seit zweihundert Jahren wird sie auch Isthmus genannt, Landzunge, Halbinsel, Sandy Point, Merediths Sandbank, Scrubby Point – und neuerdings Dolphin Sands. Für die Einheimischen vom Stamm der Oyster Bay hieß sie – man möge mir die Übersetzung verzeihen (obwohl traurigerweise niemand mehr lebt, der sie anfechten könnte) – Larwey Niree Tana Bona, Weg zu den Göttern. Einmal im Leben musste man sie entlanggehen, auf einer Pilgerreise zu der faszinierenden Halbinsel vor uns, auf der nach allgemeinem Glauben eine Familie von Gottheiten der Aborigines schlief. Und über deren Granitgipfel von einer rauchig-kompakten Farbe wie Aquarellpigment in wenigen Stunden die Sonne aufgehen würde.

Der Nachthimmel war so hell, dass er schon blau war. Der sandige Weg war mit scharfkantigen Schatten überzogen, die mir im Sonnenlicht nie aufgefallen waren und mich jetzt an die Mondoberfläche erinnerten. Im Busch herrschte reges Leben. Die Tasmanischen Teufel mochten fehlen, dafür waren sämtliche Kängurus auf Nahrungssuche. Zaunkönige und Honigfresser sangen, als ob es Tag wäre, und entlang der Dolphin Sands leuchteten die anrollenden Wellen phosphoreszierend.

Vor ein paar Tagen hatte es einen Sturm gegeben, aber jetzt war die Bucht ruhig. Der Mond schimmerte durch den Seenebel, und über mir konnte ich den Saturn, den Gürtel des Orion und das Kreuz des Südens erkennen. Ich ging weiter, und meine nackten Fußsohlen machten in dem feinen Sand knarrende Geräusche. Ich hätte auf einem Strand aus lauter Sternen gehen können. Eine mystische Erfahrung, die durch eine leise Stimme unterbrochen wurde: »Dad, mir ist kalt.« Und mein Sohn machte kehrt und rannte zurück.

»Pass auf die Schlangen auf!«, rief ich und drehte mich um. Aber ich hörte nur noch seine Füße wie herunterfallende Früchte auf den Weg klopfen.

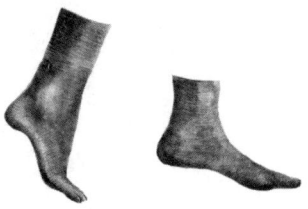

Heimkehr

Patrick Gale

Spazierengehen liegt mir im Blut und ist ein genauso fester Bestandteil meines Tagesablaufs wie Flat White trinken oder ins Gewächshaus gehen und nach den Setzlingen sehen. Schriftsteller sitzen bekanntlich viel und sind anfällig für Krankheiten. Ich bilde da keine Ausnahme. Wenn ein Buch Gestalt annimmt, lebe ich so sehr in meinem Kopf, dass ich darüber leicht vergesse, in meinem Körper zu leben. Da hilft es, einen Hund zu haben. Jagdhunde brauchen beim Spazierengehen keine Zuwendung; im Unterschied zu Collies bedürfen Whippets und Windhunde nicht der ständigen Bestätigung durch die Aufmerksamkeit ihres Menschen, sondern sind sichtlich zufrieden, wenn sie von einem faszinierenden Geruch zum nächsten traben, gelegentlich ausbüxen und einen Fasan aufscheuchen oder der Show halber ein Kaninchen jagen können. Sie gehen für ihr Leben gern spazieren, aber sie drängen einen nicht ständig, zu sagen: »Ich genieße den Spaziergang. Das tue ich. Und du? Genießt du ihn auch? Wirklich?« Sie sind nicht wie Dalmatiner, die jeden Tag meilenweit laufen müssen, brauchen aber trotzdem zwei gute Runden Auslauf. Und das passt genau in meine Abläufe. An guten Tagen gehe ich daher mit ihnen Gassi, bevor ich zu arbeiten beginne, und ein zweites Mal, wenn ich aufhöre, bevor es dunkel wird.

Freunde, die Russland kennen, haben mir erzählt, dass Häuser dort einen unbeheizten Vorraum oder eine Veranda besitzen, wo es nicht so gefährlich kalt ist wie draußen, sodass Besucher sich im Winter dort abkühlen oder aufwärmen können, bevor sie ins beheizte Innere oder ins eisige Freie treten. Meine täglichen Spaziergänge sind das Pendant des Schriftstellers dazu: Sie bieten einen mentalen Vorraum, in dem ich die häuslichen Sorgen – den defekten Schalter im Trockenschrank, die Schwierigkeit, das Haus von Plastik zu befreien – ablege wie verschneite Kleidungsstücke und wieder in den Roman einsteige, an dem ich gerade arbeite. Es funktioniert auch in die andere Richtung. Beim Abendspaziergang kann ich verarbeiten, was ich tagsüber geschrieben habe, Anspannung abbauen und wieder normal werden. Was ich tagsüber zu Papier gebracht habe, mag oft frustrierend oder stümperhaft gewesen sein oder gerade erst ein Gesicht bekommen haben, wenn der Garten in Schatten fällt und der Whippet mit unerbittlicher Pünktlichkeit seine kleinen scharfen Pfoten auf meinen Oberschenkel legt. An solchen Abenden wird der zweite Spaziergang zur tintenlosen Weiterführung der anstehenden Aufgabe, und ich werde feststellen, dass ich beim Gehen den Stoff mühelos neu ordnen und erkennen kann, welche Richtung ich einschlagen muss, was mir unmöglich wäre, würde ich in mein Notizbuch starren und Randbemerkungen hineinkritzeln.

Es ist ja nicht so, dass ich diese regelmäßigen Spaziergänge nicht genieße oder auf mich wirken lasse – ich bin leicht verrückt nach Wildblumen und Vögeln und führe in meinem Kopf eine Liste derjenigen, die ich wahrscheinlich zu sehen bekommen werde –, aber meine Spaziergänge haben weder ein spezielles Ziel, noch will ich dabei etwas Bestimmtes entdecken. Die Hunde und ich haben ein schmales Repertoire an Routen rund um unsere Farm. Einige führen ausschließlich über Felder und Wiesen und machen besonders in den Wochen nach unserer Gerstenernte große Freude, wenn weite Flächen wieder begehbar sind oder wenn, wie jetzt im Juni, auf angrenzenden Äckern, die erst im Spätsommer umgepflügt werden, Lerchen nisten, Stieglitze verzücken und eine Fülle von Feldblumen mehrere Hektar Land in einen zweiten Garten verwandeln. Manche Strecken über die Felder bieten einen atemberaubenden Blick aufs Meer, über den Longships-Leuchtturm hinaus bis zu den Scilly-Inseln, andere sind bei schlechtem Wetter besser, weil sie durch ein Tal führen, das Schutz bietet.

Dann ist da noch die Route, die wir als »einmal um den Block« bezeichnen. Sie quert eine Seite der hufeisenförmigen Farm, mündet auf einer Klippe in ein spektakuläres Stück Küstenweg und führt dann vom anderen Schenkel des Hufeisens zur Farm zurück. Diese Route ist die beste zum Nachdenken, denn sie verlangt uns nur eine Entscheidung ab – gehen wir gegen den Uhrzeigersinn, was mit einem schroffen Anstieg zur Klippe am Ende verbunden ist, oder gehen wir im Uhrzeigersinn mit einem steilen Abstieg und einem gleichmäßigeren Wiederaufstieg? Dies ist die Route, auf der ich trotz Robben, Krähen, Blumenkolonien am schwindelerregenden Klippenrand und einer Brandung wie im Filmvorspann von *Rebecca* am häufigsten feststelle, dass ich auf einer Strecke von ein oder zwei Meilen so tief in Gedanken versunken gewesen bin, dass ich nichts wahrgenommen habe. Natürlich tauche ich zwischendurch immer wieder auf, wenn auch unfreiwillig, weil mir jemand entgegenkommt oder weil ich (ärgerlicherweise) jemandem begegne, der in dieselbe Richtung geht; doch selbst dann vermag das vertraute Alltägliche, auch wenn ich es stets erneut bewundere wie etwa in den Blüten der Wilden Möhre oder einem Turmfalken, der in der Luft über einer Maus rüttelt, meinen Gedanken keine andere Richtung zu geben. Das könnte nur etwas vollkommen Neues.

Die Spaziergänge am Meer sind vor allem deshalb so meditativ, weil die meiste Zeit über keine Häuser zu sehen sind. Der Anstieg vom Küstenweg über unsere Felder ist gleichmäßig, und erst wenn man die Kuppe erreicht, tauchen unvermittelt Kirchturm und Dorf wieder auf, ein Fingerzeig, Überlegungen zu Romanfiguren und Handlung hinter sich zu lassen und wieder Mitglied eines Haushalts zu werden.

* * *

Wir waren eine Familie von Spaziergängern. Meine Mutter war besonders rege und rastlos und wollte immer, dass wir rausgingen und etwas erlebten. Mit den Ferien begann ein reichhaltiges Programm erbaulicher Exkursionen, doch selbst in der Schulzeit unternahmen wir allwöchentlich eine Wanderung. Es muss zwar auch Wochen gegeben haben, in denen uns sintflutartiger Regen oder unaufschiebbare Arbeiten in ihren geliebten Gärten ans Haus fesselten, doch soweit ich mich an die Sonntage meiner Kindheit erinnere, gab es nachmittags immer einen längeren Spaziergang mit anschließendem Tee. Und noch lang nachdem wir Kinder nacheinander aufgehört hatten, unsere Eltern in die Kirche zu begleiten (wohin uns meine Mutter gewöhnlich mit dem Versprechen lockte, auf dem Nachhauseweg bei einem Sonntagsbäcker süße Stückchen zu besorgen), gingen wir mit der Familie spazieren. Wir wanderten über Hügel, über stillgelegte Zuggleise (auf Drängen meiner eisenbahnverrückten Brüder), hinauf zu Festungsanlagen aus der Eisenzeit und weiter hinauf, um auf irgendeinem alten

Viehtriebpfad oder Pilgerweg Drachen steigen zu lassen. Dabei glänzten meine Eltern als wandelnde Observer's Books: Er bestimmte Rinderrassen und Bauepochen, aus denen Kirchen stammten, sie Wildblumen und Bäume. Deswegen wurde auf Familienausflügen so viel geredet und belehrt wie in der Schule. Außerdem waren sie anstrengend, denn ich war der Jüngste, Dickste und irgendwie der Letzte in der Familie, dem lange Beine wuchsen, sodass ich oft weit hinter die ausschreitenden Gestalten der anderen zurückfiel und theatralisch jammernd rief: »Wartet auf mich!« Doch irgendwann begriff ich, dass in diesem Zurückfallen der eigentliche Reiz lag, denn es ersparte mir, Pilze bestimmen zu müssen und über den Unterschied zwischen Weizen und Gerste ausgefragt zu werden, sodass ich meinen eigenen Gedanken nachhängen konnte, während meine dicken kleinen Beine den raumgreifenden Schritten der Erwachsenen folgten.

* * *

Die Heimkehr von den Spaziergängen meiner Kindheit hat sich in meiner Erinnerung zu einer zutiefst tröstlichen Mischung aus dampfendem Tee, heißem Buttertoast und Kuchen verdichtet. Es wird geredet, unablässig geredet, und es riecht unverkennbar nach frisch abgetrocknetem Hund. Es muss etwas Entsprechendes im Sommer gegeben haben – etwa mit Limonade und Kuchen im Garten –, aber eine Heimkehr im Winter übt den stärksten Zauber aus. Ich beschwöre die Erinnerungen daran jetzt herauf, da ich von meinem zweiten Spaziergang des Tages nach Hause komme, einem Spaziergang, bei dem alles Reden nur in meinem Kopf stattgefunden hat. Hinter mir versinkt die Sonne über dem Meer und verlängert meinen Schatten und die der Hunde und unserer Rinder ins

Aberwitzige. Drüben im Dorf gehen rings um die Kirche und den Campingplatz die Lichter an.

Ich werde jetzt die Hunde abrubbeln und füttern, dann den Wasserkessel aufsetzen und in die Welt zurückkehren.

Biografien

Duncan Minshull arbeitet als Radioproduzent und Autor. Über das Thema Wandern hat er bereits zahlreiche Bücher und Artikel verfasst, unter anderem für die *Times* und *Financial Times*, den *Guardian* und die *Vogue*. Die britische Zeitschrift *Country Life* bezeichnete ihn als den *poeta laureatus* des Wanderns. Er lebt im Westen von London.

Richard Ford ist ein amerikanischer Autor von Romanen, Kurzgeschichten und Essays. Seine Werke wurden in 35 Sprachen übersetzt, und er hat eine Reihe amerikanischer und internationaler Preise erhalten, darunter den Prinzessin-von-Asturien-Preis in Spanien, den Prix Femina in Frankreich und den La-Lettura-Preis in Italien sowie Pulitzer- und Library-of-Congress-Preise in seinem Heimatland. Mit seiner Frau Kristina Ford wohnt er in Boothbay im US-Bundesstaat Maine.

Tim Parks ist Romanschriftsteller, Essayist und Übersetzer und lebt in Mailand. Er ist Autor von 18 Romanen, darunter *Europa*, *Schicksal* und *In Extremis*. Zu seinen zahlreichen Büchern zählen *Ein Haus im Veneto*, *Eine Saison mit Verona* und *Italian Life* sowie eine Denkschrift über chronische Schmerzen und Meditation mit dem Titel *Die Kunst stillzusitzen*. In seinem jüngsten Buch *Der Weg des Helden* folgt er den Spuren von Giuseppe Garibaldi.

Ingrid Persaud stammt aus Trinidad. Ihr Debütroman *Love After Love* erhielt den Costa First Novel Award 2020. Außerdem hat sie 2018 den BBC National Short Story Award sowie 2017 den Commonwealth-Short-Story-Preis gewonnen. Sie studierte Rechtswissenschaften an der London School of Economics, wechselte dann aber zu Kunst am Goldsmith College sowie an der Central Saint Martins Art School. Ihre Texte erscheinen in einer Reihe von Zeitungen und Zeitschriften wie *Granta*, *Prospect*, *Five Dials*, *Alexander*, im *Guardian* sowie im *National Geographic*.

A. L. Kennedy wurde im schottischen Dundee geboren und hat fast 30 Jahre lang in Glasgow gelebt. Sie ist Autorin von acht Romanen, einer literarischen Fabel, einem Jugendroman, sieben Sammlungen von Kurzgeschichten sowie drei Sachbüchern. Außerdem schreibt sie für Film, Fernsehen, Theater und Radio. Ihre Werke erhielten zahlreiche Preise in fünf Ländern, darunter den Costa-Preis und den Heinrich-Heine-Preis.

Pico Iyer ist Autor von 15 Büchern, die in 23 Sprachen übersetzt wurden. Zu seinen jüngsten Werken zählt ein Buchdoppel über das japanische Nara, seit langer Zeit sein Wohnort: *Autumn Light* und *A Beginner's Guide to Japan (dt.: Japan für Anfänger)*.

Keshava Guha ist Autor des Romans *Accidental Magic* (HarperCollins, 2019). Er wuchs in Bangalore auf, studierte in den USA und lebt seit vielen Jahren in Delhi. Seine journalistischen Arbeiten über Politik, Kultur und Sport sind in einer Reihe indischer wie internationaler Presseorgane erschienen.

Jessica J. Lee ist eine britisch-kanadisch-taiwanesische Schriftstellerin und Umwelthistorikerin. Sie ist Gewinnerin des Sachbuchpreises des Hilary Weston Writers' Trust 2020, des Boardman-Tasker-Preises 2020 für Bergliteratur sowie des RBC-Taylor-Preises für Nachwuchsautoren 2019. Sie ist Autorin zweier Bücher zu Naturthemen: *Mein Jahr im Wasser. Tagebuch einer Schwimmerin* (2017) und *Zwei Bäume machen einen Wald* (2020). Jessica ist Gründerin und Herausgeberin der *Willowherb Review* und arbeitet an der Universität von Cambridge. Sie lebt in London.

Sally Bayley ist Autorin von *The Private Life of the Diary*, dem autobiografischen Bestseller *Girl with Dove* und dessen aktueller Fortsetzung *No Boys Play Here*. Im Jahr 1990 ging sie als erstes Kind aus der West Sussex County Council Care an die Universität und studierte an der Universität von St. Andrews. Derzeit ist sie Dozentin für Englisch am Hertford College in Oxford und lehrt dort auch im Sarah-Lawrence-Austauschprogramm des Wadham College.

Harland Miller ist Schriftsteller und Künstler. Er stammt aus Yorkshire und erwarb 1988 an der Chelsea School of Art einen Master-Abschluss. Sein von Kritikern gelobtes Romandebüt *Slow Down Arthur, Stick to Thirty* erschien 2000. Darüber hinaus verfasst er Beiträge für eine Reihe von Zeitungen, Zeitschriften und BBC Radio. Derzeit arbeitet er an seinem autobiografischen Roman *One Bar Electric Memoir*.

Will Self ist Autor von 25 Büchern, von denen einige in 25 Sprachen übersetzt wurden. Sein jüngstes Werk ist das Memoir *Will*. Er wohnt im Süden von London und ist Professor für Contemporary Thought an der Brunel-Universität. Self ist regelmäßig in Funk und Fernsehen präsent, als Journalist sehr produktiv, als Kommentator zu Themen über die vom Menschen veränderte Umwelt bekannt und als Autor mit Orten, Räumen und dem, was dazwischen liegt, beschäftigt.

Irenosen Okojie wurde in Nigeria geboren und kam als Kind nach England. Ihr erster Roman *Butterfly Fish* (2015) erhielt den Betty Trask Award. Ihr erster Kurzgeschichtenband *Speak Gigantular* (2016) war bei der ersten Vergabe des Jhalak Prize auf der Shortlist, gewann den Shirley Jackson Award sowie den Edge-Hill-Preis für Kurzgeschichten 2017. *Nudibranch* (2019) war auf der Longlist für den Jhalak Prize und ihre Geschichte »Grace Jones« erhielt den AKO-Caine-Preis für Afrikanische Literatur. Ihr Roman *Curandera* wird bei Dialogue Books erscheinen. Sie ist Mitglied der Royal Society of Literature.

Joanna Kavenna ist in Großbritannien aufgewachsen und hat in den USA, Frankreich, Deutschland, China, Sri Lanka und Skandinavien gelebt. Sie ist Autorin einer Reihe von Romanen, Sachbüchern und vielem dazwischen, so wie beispielsweise *A Field Guide to Reality*, *The Ice Museum*, *Inglorious* und *Zed*. Im Jahr 2013 wurde sie von *Granta* unter den besten jungen britischen Romanschriftstellerinnen gelistet.

Agnès Poirier lebt als Journalistin und Schriftstellerin zwischen Paris und London. Sie ist Autorin von *An den Ufern der Seine. Die magischen Jahre von Paris 1940–1950* und *Notre Dame. Die Seele Frankreichs*.

Sinéad Gleeson gewann mit ihrem Erstlingswerk, der Essay-Sammlung *Constellations*, bei den Irish Book Awards 2019 den Preis für das Sachbuch des Jahres sowie den Dalkey Literary Award. Sie hat vier Kurzgeschichten-Anthologien herausgegeben und ist zusammen mit Kim Gordon Herausgeberin von *This Woman's Work: Essays on Music* (2022). Derzeit schreibt sie einen Roman.

Kathleen Rooney ist Gründerin und Herausgeberin von Rose Metal Press sowie Gründungsmitglied von Poems While You Wait. Zu ihren aktuellen Büchern zählen der Roman *Lillian Boxfish Takes a Walk* und *The Listening Room: A Novel of Georgette and Loulou Magritte*. Ihr Weltkriegsroman *Cher Ami and Major Whittlesey* kam im August 2020 bei Penguin heraus. Ihre Kritiken erscheinen u. a. im *New York Times Magazine*, auf der Website der Poetry Foundation, in der *Chicago Tribune* und der *Los Angeles Review of Books*. Sie lebt in Chicago und lehrt an der DePaul-Universität.

Josephine Rowe ist eine australische Autorin von drei Sammlungen von Kurzgeschichten sowie dem Roman *Ein liebendes, treues Tier.* Sie genießt Stipendien des Wallace Stegner Program an der Stanford-Universität, des International Writing Program an der Universität von Iowa sowie dem BR Whiting Studio in Rom und ist gegenwärtig Janice B. and Milford D. Gerton/Arts Fellow und Letters Foundation Fellow der New York Public Library. Ihr aktueller Geschichtenband trägt den Titel *Here Until August.*

Kamila Shamsie hat sieben Romane verfasst, die in mehr als 30 Sprachen übersetzt wurden. Ihr jüngster Roman *Hausbrand* erhielt den Women's Prize for Fiction, war auf der Shortlist für den Costa Novel Award sowie der Longlist für den Man Booker Prize. Sie ist Vizepräsidentin und Mitglied der Royal Society of Literature und zählt zu *Grantas* besten jungen britischen Romanautorinnen. Shamsie ist in Karachi aufgewachsen und lebt in London.

Cynan Jones kam 1975 an der Westküste von Wales zur Welt. Seine Erzählliteratur erscheint in 20 Ländern und hat zahllose Preise errungen. Jones schreibt auch für Fernsehen und Radio, und seine Kurzgeschichten sind in einer großen Bandbreite von Publikationen erschienen, beispielsweise in *Granta* und im *New Yorker.*

Nicholas Shakespeare ist ein Romanautor und Biograf, dessen Werke in 22 Sprachen übersetzt wurden. Zu seinen Werken zählen *Der Obrist und die Tänzerin*, von John Malkovich verfilmt, sowie die autorisierte Biografie von Bruce Chatwin. Shakespeare lebt im englischen Wiltshire und in Tasmanien.

Patrick Gale ist Autor zahlreicher Romane wie beispielsweise *Rough Music*, *Notes from an Exhibition* und *A Place Called Winter* sowie des Drehbuchs zur BBC-Produktion *Man in an Orange Shirt*. Sein aktueller Roman ist *Mother's Boy*. Er lebt zusammen mit seinem Ehemann, dem Bildhauer und Farmer Aidan Hicks, auf dem westlichsten Bauernhof Englands.

DANK

Die Geschichten in *Von Wegen und Umwegen* zeugen von der Tatsache, dass das Wandern eine Sache des Einzelnen und der Gruppe ist, ganz wie Sie wollen. Die Geschichten auf diesen Seiten zusammenzustellen, bedeutete immer, sich mit anderen zu bewegen, und mein erster Dank gilt der »Kavalkade« bei William Collins. An Arabella Pike, die sich sofort für die Idee begeisterte und etwas sagte wie: »Ja, machen!« An Jo Thompson, die mir eine große Hilfe war, alle zu beauftragen. An Katy Archer als unverzichtbare Redakteurin. Kit Shepherd und Jane Donovan für das sorgfältige Lektorat und Korrektorat. An Graham Holmes für die gelungene Gestaltung. Und an Helen Ellis für die Öffentlichkeitsarbeit und Werbung.

An die Autoren selbst – danke, dass Sie in schwierigen Zeiten gewandert sind oder alte Spaziergänge wiederbelebt haben, und für die Bereitstellung der Bilder, die zeigen, welche geschickten Skizzenzeichner, Kartografen und Fotografen in Ihnen stecken. Dank auch an Arizona Smith und Blythe Kavenna, Gillian Johnson und Angela Minshull, die Sally Bayley, Joanna Kavenna, Nicholas Shakespeare und Sinéad Gleeson stilvoll visualisiert haben. Ich dachte mir, dass mich ein Spaziergang durch mein Viertel Maida Vale im Westen Londons auf eine Idee für den Titel dieser Sammlung bringen könnte, aber nach ein paar Runden ... Nein, es kam nichts ans Licht. Also ein letztes dankbares Nicken an Jessica J. Lee, von der ich den englischen Titel übernommen habe und die es nicht störte.